从秦朝说起 到清朝结束

安邦定国

历史不是僵尸◎著

浙江人民出版社

图书在版编目（CIP）数据

安邦定国 / 历史不是僵尸著. — 杭州 : 浙江人民出版社, 2023.1

（从秦朝说起，到清朝结束）

ISBN 978-7-213-10716-0

Ⅰ. ①安… Ⅱ. ①历… Ⅲ. ①中国历史—西汉时代—通俗读物 Ⅳ. ①K234.109

中国版本图书馆CIP数据核字（2022）第136713号

从秦朝说起，到清朝结束

安邦定国

历史不是僵尸 著

出版发行：浙江人民出版社（杭州市体育场路 347 号　邮编：310006）

市场部电话：（0571）85061682　85176516

责任编辑：方　程

特约编辑：陈佳迪

营销编辑：陈雯怡　赵　娜　陈芊如

责任校对：朱　妍

责任印务：刘彭年

封面设计：人马艺术设计·储平

电脑制版：北京之江文化传媒有限公司

印　　刷：杭州丰源印刷有限公司

开　　本：710 毫米 ×1000 毫米　1/16　　印　　张：22.5

字　　数：311 千字　　插　　页：1

版　　次：2023 年 1 月第 1 版　　印　　次：2023 年 1 月第 1 次印刷

书　　号：ISBN 978-7-213-10716-0

定　　价：68.00 元

第四章 藩王之乱

第五章 分封之争

第六章 修订朝仪

第七章 亲征匈奴

第八章 福大命大

第九章 废嫡之争

第十章 韩信之死

第十一章 诛杀彭越

第十二章 游说南越

第十三章 平叛英布

第一章

成功之道

1. 哭祭项羽

项羽自刎时，齐将王翳距离项羽最近。这小子见项羽已经死了，反应很快，抢步上前割取了项羽的头颅，提着走了。其他汉军将士这才反应过来，也纷纷上前争夺项羽的尸体，互相践踏，彼此残杀。

按照刘邦的悬赏令，得到项羽的一块肉便可封侯！这诱惑也忒大了，面对眼前唾手可得的富贵荣华，谁不拼命啊？由于争夺太过激烈，当场就有十多人被杀死。

最后，郎中骑将杨喜、骑司马吕马童、郎中吕胜、郎中杨武各争得项羽一截肢体。他们高高兴兴跑到刘邦那里邀功请赏，刘邦还是很讲诚信的，当即兑现之前的承诺。

前面说过，刘邦这个人喜欢给人家画饼，而且饼画好了，他一般都真的分掉，这一点很能打动人心。

俗话说："人无信不立，业无信不兴，国无信则衰。"特别是在创业打江山阶段，更是如此。

刘邦深谙此道，他将楚地拿出来一部分，加封给这五个人：王翳为杜衍侯，杨喜为赤泉侯，吕马童为中水侯，吕胜为涅阳侯，杨武为吴防侯。

侯都已经封了，项羽自刎而死的消息，自然不胫而走，迅速传遍了整个楚国。楚国各地闻风而动，纷纷开城投降，欢迎刘邦汉军。但有一个地方却不为所动，当地百姓和守军表示不服，宣称誓死为项羽尽忠。

这个地方是哪里呢？它是鲁县，也就是今天的山东曲阜，孔子故乡。

前面说过，楚怀王熊心曾经加封项羽为鲁公。所谓鲁公，也就是鲁县县令，跟刘邦当初的沛公差不多。鲁县百姓长期受儒家思想熏陶，恪守礼仪，他们声称要为他们的鲁公项羽守节。

刘邦闻讯大怒。

这确实让人生气，人死了，精神还在，谁受得了啊？本来自从项羽死后，刘邦可能就没少做噩梦，梦见项羽死而复生，瞪着那双与众不同的重瞳大眼，找他报仇雪恨。现在倒好，竟然还有人在鲁县为项羽守节，难道要借尸还魂吗？

于是，刘邦决定亲自率领大军前去讨伐，准备屠戮鲁城。

到达城下后，不知道是良心发现，还是有人劝阻，刘邦突然改了主意。他认为，鲁县百姓恪守礼义，不惜一死，值得称颂，应该招降才是。

怎么招降呢？

刘邦命人用竹竿将项羽的头颅高高挑起，让城中守军和百姓看看项羽是否已经真的死了，并且传话进去，凡是主动投降者免死。城中守军和百姓看到项羽那颗大脑袋，知道项羽当真死了，只好开城投降。

这就有点奇怪了！

不是说要恪守礼义，要为项羽守节吗？怎么在确认项羽真死后就投降了呢？

大家可能会有疑问，其实我也疑惑不解，可史书上就是这么记载的：“持项王头视鲁，鲁父兄乃降。”

估计鲁县守军和百姓认为刘邦为人狡诈，可能在哄骗他们投降。项羽那么神勇，怎么可能会那么容易死呢？现在眼见为实，这才投降。

刘邦这家伙多世故啊，洞察人性。他心想，既然你们那么能装，我也跟着装，看谁演技好，装得更逼真。

待进入鲁城，刘邦下令按照鲁公的规格，将项羽安葬在谷城南边，也就是今天的山东省泰安市东平县旧县乡旧县三村。这还不算，他命人写了一篇祭文，亲自给项羽发丧。

这篇祭文主要是回顾过去他和项羽两个人怎么成了兄弟，怎么一起战斗，结果却不想成了仇敌；项羽又如何厚道，抓到他老爸刘太公而不杀，关着他老婆吕雉而不侵犯；等等。反正，都是些赞颂项羽的话。

更夸张的是，在念祭文时，刘邦竟然潸然泪下。旁边的人看到此情此景，无不被刘邦的言行所感动，有的人甚至还陪着流下了眼泪。

有人认为，刘邦此举是“猫哭耗子假慈悲”，目的是安抚项羽残余势力。这种说法有一定的道理，政治人物嘛，玩这套不稀奇。

但我个人不太认同这个观点，至少不完全认同，因为此时的刘邦完全没有必要这样做，搞臭和打垮对手才是当务之急。所以，刘邦哭祭项羽应该有真情实感在里面，不完全是在演戏。

前面说过，刘邦早年是跟着项羽的叔叔项梁起家的，曾经和项羽结拜为兄弟，一起战斗过，而战斗中建立起的感情最难割舍。

哭祭完项羽，刘邦这才离开鲁县。之后不久，他又下达了一个事关项羽家族未来命运的指令。这又会是一个什么指令呢？

2. 有人欢喜有人忧

刘邦以鲁公的规格，好生安葬了项羽。之后不久，他又下达了一个指令：“凡项氏宗亲一律免罪。”

这个决定实属不易！

历史上如此对待自己敌人家族的例子不多，一般都是斩草除根。无论你怎么评价刘邦，但这件事我们真不好说什么。

当听说项羽的叔叔项伯已经逃到张良那里时，刘邦特别召见了项伯，加封他为射阳侯，赐姓为刘氏。至于当年两个人约定好的儿女亲事，肯定“黄”了，谁会跟这种吃里爬外的人结成亲家呢？

还有其他项氏子弟，刘邦也都赐“刘”姓，能封侯的也尽量封侯，那意思，刘项两家以后就是一家人了，不分彼此。不过后来，有相当一部分项氏子孙，又将刘姓渐渐改为了项姓。现在刘姓中，应该还有一部分属于项氏后裔。

项羽死了，刘邦无疑成了当时天下势力最大的一个王，诸侯无不俯首称臣。但有一个诸侯王却不买账，他就是临江王共尉。

关于共尉，我们之前没有提过。他的老爸是共敖，曾经说过一次。

在项羽分封诸侯时，共敖因攻取南郡有功，被项羽加封为临江王，都城江陵。楚汉战争开始后，共敖虽属项羽阵营，但从未出兵参与战事。

汉三年，共敖病逝，儿子共尉继位。

共尉还是比较有良心的，他感念项羽的加封之恩，拒绝归顺刘邦。刘邦无法容忍，便派刘贾和卢绾率兵征讨。久攻不下，双方持续对峙。经过几个月的苦战，共尉终于坚持不住，只好投降了事，结果还是被刘邦处决于洛阳。

此后，天下大局已定，刘邦想到了另外一个潜在对手。这个潜在对手就是韩信。韩信此时坐拥三十万大军，驻扎在定陶，也就是今天的山东省菏泽市定陶区。

于是，刘邦带队来到定陶，突然造访韩信军营。韩信事先没有收到通知，慌忙亲自上前迎接，将刘邦迎到中军帐上座。刚坐定，刘邦就笑呵呵地说道：“将军南征北战，屡建奇功，寡人不会忘记！现在天下大定，以后不用再打仗了，将军可以上交兵符，好好过几天舒坦日子！”

事发突然，韩信一点思想准备都没有，来不及思考，只好把将印取出，交还刘邦。刘邦拿到将印，不动声色，稍微宽慰了韩信几句，扬长而去。韩信心中隐隐掠过一丝不祥，但军权已经交出，只有老老实实听从安排。

不久，从刘邦那里传来了三条命令：

一条说，楚地已经平定，义帝没有后人，考虑到齐王韩信是楚人，熟悉楚地的风俗习惯，因此特将韩信由齐王改封为楚王，镇守淮北，定都下邳。

一条说，彭越关心魏地百姓，爱兵如子，在攻灭项羽的战争中，坚持敌后游击战，以少胜多，多次打败楚军，功不可没，因此将魏国故地分封给彭越，号梁王，都城设置在定陶。

一条说，战争持续了八年，给百姓造成沉重灾难，如今天下已经统一安定，监狱中除死刑犯外，一律赦免释放。

尽管这跟刘邦之前的承诺稍有出入，作为一个打游击出身的非正规军领导人，能够封王，彭越心满意足，所以接到任命后，立即跑到刘邦那里拜谢。但是韩信心里就没那么舒服了，将他从齐地赶到楚地，明明是刘邦记着前嫌，故意为之。事到如今，没有了军权，说什么也没用了，只有乖乖交出齐印，装作很开心的样子去领取楚印，毕竟也算是衣锦还乡，荣归故里嘛！

回到楚地下邳，韩信首先派人寻访曾经在河边给他带饭吃的漂母。很多年过去了，幸好漂母还健在，只是苍老了许多。

听说新楚王召见，漂母莫名其妙，一路上纳闷不已，来到王府一看，原来是韩信，顿时又惊又喜。无论如何她也没想到，当年落魄的穷小子，当真大富大贵了。韩信走上前扶着漂母坐下，嘘寒问暖一番后，赐给她黄金千斤。漂母恍若做梦，在惊喜中领赏拜谢而去。

然后，韩信又派人把当年的好友南昌亭长找来。南昌亭长见到韩信，满脸羞愧，跪倒在地，不停地赔礼道歉。韩信冷笑着说道："你啊，就是一个小人！目光短浅，做好事有始无终！"说完，让人只赐给他百钱，算是当初的饭钱了。

最后，韩信又召见了那个逼他钻裤裆的屠户少年。屠户少年已经成年，长得五大三粗，一副杀猪的模样，看见威风凛凛的楚王韩信，吓得两腿打战，腿一软，扑通跪倒在地乞求韩信原谅。韩信没有与之计较，相反，令他留在军中，做了中尉。

旁边的人都很奇怪，还以为韩信的脑子被刘邦气昏了，问韩信为什么不趁机杀掉这小子以雪前耻。韩信轻轻摇摇头笑着说道："寡人岂是睚眦必报之人？他也算是位壮士！当年侮辱寡人的时候，他还年少，寡人当时难道不能杀死他吗？但杀掉他又有什么意义呢？寡人忍了一时的屈辱，才有机会成就今天的功业。现在让他到军中做事，就是给他机会将功补过！"

左右闻听，无不信服，交口称赞。

不管怎样，韩信总算逮着机会，为自己解释洗白了。

韩信被加封为楚王，彭越被加封为梁王后，包括汉王刘邦在内，当时天下共有八个王：汉王刘邦、楚王韩信、梁王彭越、淮南王英布、韩王韩信、赵王张敖、衡山王吴芮、燕王臧荼。

这几个王，前面大部分都说到过，只有赵王张敖第一次提到。

张敖是赵王张耳的儿子。张耳于汉五年因病去世，谥号景王，儿子张敖继承了王位，后来还成了刘邦的女婿。

关于衡山王吴芮和燕王臧荼，之前都提及过，当年由项羽加封，因为他们在楚汉战争期间及时投靠刘邦，得以保住王位。

大家都是王，这怎么能行呢？打扑克还分大小王呢，否则这天下将来究竟谁说了算？

为此，刘邦心里不舒服了，却又不好直说。其他七个王，都不是一般人，一方诸侯哪里会有傻子，都是精明人，当然能体会到刘邦的心境。于是，他们联名提议道："先时，秦为亡道，天下诛之。大王先得秦王，定关中，于天下功最多。存亡定危，救败继绝，以安万民，功盛德厚。又加惠于诸侯王有功者，使得立社稷。地分已定，而位号比拟，亡上下之分，大王功德之著，于后世不宣。昧死再拜上皇帝尊号！"

这段话我们就不多解释了，很简单，就是请求刘邦做皇帝。

那么，刘邦会欣然同意吗？

3. 刘邦登基

韩信等七个诸侯王联名提议，请求刘邦做皇帝。刘邦内心激动不已，这可是他朝思暮想的事啊！想当年，年轻的时候，第一次来到京城咸阳，看到秦始皇的銮驾，刘邦曾流着口水喇子，无不羡慕地感叹过："大丈夫当如此也！"

当时只不过是南柯一梦，斗转星移，不想竟然梦想成真，能不激动吗？能不欣喜吗？

如今，刘邦不再青涩，不会遇事就说一些意气风发的话了。对于他来说，已经做了五年汉王，早已练就了喜怒不形于色的本领。这天，他把众臣召集过来，非常客气地说道："诸王的提议，大家都知道了吧？他们的心意寡人领了，实在愧不敢当啊！寡人听说，自古以来，只有那种贤德和能力兼备的人才能称帝。如今诸侯王非让寡人称帝，寡人徒有虚名，承受不起啊！"

很明显，刘邦做做样子而已，肯定不是真心话，怎么可能不想当皇帝呢？

当然，如果说刘邦没有一点受之有愧的想法，也不太可能，毕竟是平头百姓出身，通过七八年的奋斗就摇身一变成了皇帝，变化也忒大了，用天翻地覆来形容都不为过。

另外，每个人刚获得类似封号的时候，都或多或少会有忐忑不安的感觉。之所以有这种感觉，更多的是担心大家不是真心服气，只有谦虚一番，得到反复确认后，才会心安理得。否则，难免会被人家嘲笑心急，不懂事，没见过世面。

群臣都是人中龙凤，猴精猴精的，自然懂得这个道理。刘邦不急，他们要装作急切的样子，于是纷纷上前劝说道："大王过谦了！大王白手起家，诛暴逆，平天下，大公无私，裂地封侯。放眼当今天下，谁能做到？大王德加四海，实至名归，理应称帝！如果大王不称帝，那么大王的封赏就没有公信力了，我们这班人愿意以死相求！"

刘邦要的就是这个效果，就是要这帮人死乞白赖地求着自己当皇帝。但他很能沉得住气，还是端着架子不松口。就这样，你来我往，谦让了很多次，刘邦才佯装勉强地答应道："诸君必以为便，便国家！诸侯王幸以为便于天下之民，则可矣！"

别看刘邦是大老粗，这两句话说得还是相当有水平的。

前一句出自《史记》，后一句出自《汉书》，我这里将两句合在一起写了，意思差不多，估计刘邦在不同场合都说过。

什么意思呢？通俗点说就是："大家既然认为我刘邦做皇帝最合适，对国家和人民最有利，那么为了国家和人民，我就将就一下吧！"

看看，无论心里多么着急，都要把表面上搞得很平静。

后来不知道多少人，无论帝王将相，还是平民百姓，都学会了刘邦这一套，俨然成为一种文化流传了下来，直到现在还是如此。

既然同意做皇帝了，而做皇帝不是小孩子过家家，必须举办隆重的仪式才算名正言顺。于是，刘邦安排两个人负责选定黄道吉日，操办登基大典。这两个人一个是他的发小卢绾，一个是博士叔孙通。

不久后，经过一番精心准备，刘邦在定陶城外的汜水北面，拜天祭地，正式登皇帝大位。这一年是汉五年二月，也就是公元前202年。

同时，刘邦下诏大赦天下，册封老婆吕雉为皇后，册立儿子刘盈为皇太子，追认早已去世的老妈刘媪为昭灵夫人。接着，他又连续发出两道谕旨，封了两个王，一个是长沙王吴芮，一个是闽越王无诸。

关于吴芮，大家已经有所了解。他是英布的老丈人，以前被项羽封为衡山王，楚汉相争时，结识了张良，在张良的劝说下，背弃项羽，拥护刘邦。

吴芮手下有个部将，名叫梅绢，前面也提到过，曾经在刘邦西进时，跟随刘邦入关，立有卓著战功。为此，刘邦对吴芮颇有好感，将其改封为长沙王，都城临湘，也就是今天的湖南省临湘市。

关于闽越王无诸，又是怎么回事呢？

无诸姓驺（zōu），相传是越王勾践的十三世孙。

公元前334年，楚国夺取了越国钱塘江以北和以西的土地后，越国从此灭亡解体了。越王子孙分头逃往东南沿海一带活动。他们割据一方，互不隶属。

到了战国晚期，有一支越人武装占领了今天的福建及浙西南周边地区。这支武装的头领就是无诸，在那里，他自称闽越王。

越王后裔中，还有一支跑到了瓯江流域，占地为王，后来被称为东瓯王。越王一族和当地瓯人融合，史称“瓯越族”。秦朝建立前，这里的头领名叫驺摇，相传也是越王勾践的十三世孙。

这样看来，无论是闽越王，还是东瓯王，应该都是越王勾践的后世子孙，只可惜为了争夺正统地位，总是打来打去。

前面说过，秦始皇一统天下后，派出五路大军南征百越。其中有一路东路军，从今天的江西省向东出发，进攻东瓯和闽越地区。因为东瓯和闽越不团结，很快都被政府军征服了。在那里，秦始皇废除封建制，实行郡县制，把闽越和东瓯合二为一，设置闽中郡，郡治在闽越地区，同时废除了闽越王和东瓯王的王号，降为君长。

闽中郡管辖范围包括今天的福建省全境、浙江南部、江西东部、广东潮汕和梅州等地区。由于当时那里是“荒服之国”，又偏又远，山高路险，加上越人强悍，很难管理，秦朝并未直接派官员过来接管，而是仍然让原来的闽越王无诸和东瓯王驺摇分别负责统治和管理自己的地盘。

如果仅仅是这样的话，无诸和驺摇也太潇洒了，成了法外之地的无冕之王。秦始皇可是千古一帝，相当有头脑，怎么可能容忍这种国中之国呢？他虽然没有派军队和官吏过来，却把大量闽越人迁到浙江北部、江西和安徽等地居住，然后再将中原的罪犯流放到闽中郡。

这一招很厉害，有釜底抽薪的效果，既让中原文化进入闽中郡，又动摇了无诸和驺摇的统治基础。无诸和驺摇也不是傻瓜，既然打不过，他们暂时表面上对秦王朝俯首称臣，暗地里积蓄实力，等待时机复国。

那么，时机什么时候会到呢？

4. 人生赢家

无诸和驺摇迫于秦王朝的势力，表面上俯首称臣，暗地里一直积蓄实力，观察中原时局，等待时机复国。

秦二世元年，大泽乡起义爆发，无诸和驺摇趁机以“秦侵夺其地，使其社稷不得血食”为由，率领越人归附了当时已经反叛秦朝的鄱阳县令吴芮，开启了复仇之路。

后来，陈胜吴广起义失败，项羽和刘邦成了反秦主力。无诸和驺摇率领英勇好斗的闽中兵，在梅绢的率领下，跟着刘邦杀入武关，攻入咸阳，推翻了秦王朝，向世人展现了闽越人的威武。但在分封诸侯时，项羽却以楚国和越国曾经有过节为由，偏偏不愿意加封无诸和驺摇为王。为此，两人很不爽，对项羽耿耿于怀。

到了楚汉相争时期，无诸和驺摇毫不迟疑地倒向了刘邦一边，而且派兵参与攻打项羽。如今刘邦当了皇帝，便以“佐汉”战功卓著为名，先封无诸为闽越王，再封驺摇为海阳齐信侯，把原来的闽中郡划拨给他们管理。

当时闽越军队驻扎在今天的福建省福州市附近，为了迎接前来册封的使者，无诸特意在闽江边的一座山上建台，人称“越王台”，在此正式接受册封，成为闽越王。这座山时称惠泽山。

几年后，无诸去世，相传就葬在越王台后面。后人为了纪念无诸，在越王台旁边建造闽越王庙。由此，惠泽山后被称为大庙山。

汉惠帝三年，汉王朝在瓯越重建东瓯国，正式加封驺摇为东海王，时称“闽君”或“闽越君”，后来被称为东瓯王。因为无诸的“闽越王”称号和驺摇的“闽越君”称号实在太像了，又都是越王勾践的后裔，导致后人对他们傻傻分不清，误认为是一个人。

好了，为了述说的完整性，我们特别在这里插叙了闽越王的故事。

这样算来，刘邦称帝时，共分封了八位异姓王：楚王韩信、韩王韩信、淮南王英布、梁王彭越、赵王张敖、燕王臧荼、长沙王吴芮、闽越王无诸。所以，有人说当时分封了七个异姓王，无疑是错误的！

除上述这些地方搞分封外，在其他地方，刘邦仍然采用秦朝时期的郡县制来管理。

待一切安排妥当，刘邦就不想在定陶待着了，这里毕竟已经封给梁王彭越做了都城。那么，他准备把自己的都城设置在哪儿呢？

刘邦首先想到了洛阳。因为洛阳以前是东周都城，国都设置在那里，不但显得正统，而且还有现成的宫殿可以使用。于是，刘邦起驾前往洛阳。同时，他派了三拨人，浩浩荡荡地去接自己家人：一拨人到关中栎阳，去接老爸刘太公、皇后吕雉、太子刘盈、公主刘乐等人；一拨人到沛县老家，去接二哥刘仲夫妇、侄子刘信、情人曹氏和大儿子刘肥等人；还有一拨人，去接戚姬和儿子如意。

关于刘邦的家庭成员，说法很多，比如说情人曹氏很早就死了，戚夫人始终跟随在身边，等等。总之，这些都属于细枝末节，我们没必要过于纠结。

刘邦来到洛阳不久，他的父母兄弟、妻妾子侄陆续到来。一家人在洛阳团聚，无不欢天喜地。

什么叫人生赢家？这才叫人生赢家！

刘邦一个地方小吏，经过短短七八年奋斗，华丽转身，成了皇帝，这在中国历史上前无古人。如果你还哀叹自己的人生多么悲催时，想想刘邦，就应该鼓励自己还有机会！

但皇帝也不好干啊。常年战乱，天下百废待兴，很多政务都需要尽快处理。刘邦高兴了一阵子后，便进入繁忙的工作之中。

同年五月，刘邦下诏，对军队进行大裁员，因为国家安定了，军费开支自然要降下来，养那么多军队，国家负担太重。于是，很多军人以国家功臣的名义，退伍回到故乡，享受朝廷特别优待。

而对于那些诸侯子弟，刘邦出台了更加优厚的政策：愿意留在关中工作的，免除赋税徭役十二年；愿意回到封国去的，免除赋税徭役六年；以上人等，一律被朝廷免费供养一年。

对于普通百姓，刘邦也没忘记，根据实际情况进行区别对待：以前因为战乱逃亡在外的百姓，可以回归故里，恢复原有的爵位与土地，各地官吏要妥善处理，不得歧视；战乱期间，百姓中因贫穷卖身给他人做奴隶或婢女的，都赦免奴婢身份，恢复平民自由身；前秦的军吏士卒一律免罪，其中没有助秦之罪的，赐大夫爵位，原本是大夫的，爵位加一级；前秦时期，爵位在七大夫以上的百姓，均赐给可以收取赋税的封地，爵位在七大夫以下的，都免除本人及家庭的赋税，不服徭役……

诸如以上政策出台了一大堆，刘邦忙了好了几月，才好不容易理出头绪。

一转眼，春去夏来，趁着空闲时间，刘邦在洛阳南宫大摆宴席，放松一下。刘邦天性喜欢热闹，三天不聚餐喝酒就浑身发痒，何况最近几个月一直忙于政务呢？

宴会上，群臣有说有笑，气氛热烈，好不热闹。酒过三巡，看大家完全进入了状态，刘邦突然貌似一本正经地对大家说道："列侯和各位将军辅佐朕得了这天下，今天才有幸欢聚一堂，欢歌畅饮。有一件事，朕想请教一下大家，大家可不能骗朕啊，必须直言相告！说真心话，放开说！"

群臣听刘邦有话要问，不由得放下了手中的酒杯和筷子。

看大家都把注意力集中了起来，刘邦问道："你们说说看，朕之所以能取得天下，究竟是什么原因？而项羽之所以失去天下，又是因为什么？"

刘邦为什么会突然提这个问题呢？出于什么目的呢？

很多人说，刘邦当时有点喝高了，想显摆一下。如果这样认为的话，那真是小看刘邦了。刘邦作为一个城府极深的政治人物，绝对没有那么简单。

刘邦的这个问题看似很普通，其实早萦绕在每个人心中，只是没人敢公开议论而已。

试想，我们身边如果有人一举成名或者成了暴发户，大家会怎么看？肯定会私下里议论这人究竟有什么本事，钱是从哪里来的，凭什么这么牛。如果当事人又不及时出面澄清的话，估计很快谣言就会满天飞。

刘邦出身低微，还有"流氓"恶名在身，当时应该有很多人对刘邦的崛起指指点点，表示不服。事实上，直到现在，还有很多人对刘邦战胜项羽说三道四，认为他走了狗屎运。

刘邦肯定也早就意识到了这一点，一直在想办法为自己的成功正名。经过冥思苦想，他决定统一认识。

怎么统一认识呢？

专门开会研究，太过严肃，大家肯定有所顾忌，很难让人心服口服，说不定还会被人当成笑柄四处传播；不如在酒桌上，气氛活跃，不分彼此，容易真情流露，最合适不过。

借着酒劲，解密制胜秘籍，会让人深信不疑。

所以刘邦嘴上说先听听大家的真实想法，其实答案早在他心中了。

这时，果然有两个人趁着酒兴站起来回答。这两个人分别是高起和王陵。

关于高起，史书上记载很少，我们知道有这么个人就行了。

关于王陵，前面已经反复说过，刘邦的老乡，老娘被项羽给烹了。

那么，他俩究竟会怎么回答刘邦的问题呢？刘邦会满意吗？

5. 用人之道是个幌子

在酒宴上，刘邦向群臣抛出了一个问题，他问为什么自己能够战胜项羽，取得天下。

高起和王陵趁着酒兴站了出来，他们俩先作了一个长揖，然后摇头晃脑地回答道："陛下既然让我们放开说，臣就不客气了。陛下平时比较随意，总是慢待人，甚至侮辱人，说句实话，秉性真比不上项羽！项羽宅心仁厚，会关心人。可是，有一个很重要的方面，项羽无法与陛下相比。陛下为人很大气，攻城略地，总会把所攻下的地方分封给功臣，也就是说，陛下能跟天下人共享胜利果实。而项羽那小子则恰恰相反，他嫉贤妒能，总感觉自己最了不起，有功的，忌妒人家，有才的，怀疑人家，打了胜仗，不舍得给人家授功奖赏，攻占了土地，也不舍得给人家封王封侯。这就是陛下得天下，项羽失天下的根本原因！"

高起和王陵说的这番话，我们现在看来很不像话，虽然后面狠夸了刘邦，但前面竟然当面说刘邦"慢而侮人"。实际上，刘邦和项羽的秉性，世人皆知。前面说过，很多人都在刘邦面前这样讲过，刘邦好像也不太计较这方面。高起和王陵只是老生常谈而已。

但刘邦现在已经贵为皇帝，听高起和王陵又这么说，知道还是老一套，就有点不爽，心想，以前我是汉王，靠你们打天下，不便跟你们这帮人计较，如今我要纠正你们这种错误观念，好像我仅仅靠收买人心取得天下似的，太没档次了。于是，他干笑了一声说道："你们这些人啊，只知其一，不知其二啊！在朕看来，没那么简单。得失天下这么大的事，应该从人才使用方面考虑才对！"

群臣一听，刘邦有新提法，都洗耳恭听，看刘邦这个大老粗能说出什么大道理来。刘邦端起一杯酒，一饮而尽，然后用手抹了抹嘴巴，不紧不慢地说了一段流传千古的用人之道："夫运筹帷幄之中，决胜于千里之外，吾不如子房。镇国家，抚百姓，给馈饷，不绝粮道，吾不如萧何。连百万之军，战必胜，攻必取，吾不如韩信。此三者，皆人杰也，吾能用之，此吾所以取天下也。项羽有一范增而不能用，此其所以为我擒也。"

这段话太著名了，脍炙人口，估计很多人都会背诵，我们这里就不具体翻译了。

刘邦的大概意思是说，他最擅长用人，用了三个能人张良、萧何和韩信，而且在列举这三个人时，还特意把无欲无求的张良排在了第一位，把能征惯战的韩信排在了最后一位。

如果你是群臣中的一员，听到刘邦这么说会怎么想呢？会认同吗？

正常情况下，应该不会！肯定会认为刘邦偏心眼，心想我们这帮人在吃闲饭啊，他们三个人那么厉害，要我们干吗，特别是张良和萧何，两个人从来不带兵打仗，净在后方享清福了。

事实上也是如此，后来封侯时，大家对张良和萧何都不服气，意见大得很，以后我们还会详细说到。

那么，为什么刘邦还要偏偏这样讲呢？

一是为将来论功封侯给群臣做思想上的准备，有提前吹风的意思。

张良是谋臣代表，萧何是后勤代表，韩信是武将代表，三人代表了不同利益团体。刘邦都兼顾到了，显然是抛出了论功封侯的大纲。

二是在转移注意力，模糊焦点。

本来群臣上下，甚至全国上下，都在议论刘邦凭什么取得天下，现在刘邦抛出这三个人，大家的注意力一下子转移到了张良、萧何和韩信凭什么最受刘邦看重。这样一来，刘邦不动声色地把自己隐藏了起来，由明处转到暗处，脱身于事外，从而避免成为被质疑的焦点。

无论群臣怎么看待这个新说法，刘邦无疑都成了凌驾于所有人之上最厉害的那个人，因为大家都在为他所用。质疑他的江山，就是在质疑自己的能力。

这番话如此经典，无懈可击。估计刘邦睡不着的时候，在肚子里打了无数次腹稿，就是为了今天能够一口气背诵出来，一锤定音。

效果确实不错，群臣耳目一新，心里不由自主地会互相攀比功劳，而且表面上还要盛赞刘邦用人有道。甚至两千多年来，人们的注意力都被刘邦成功转移了，无不在围绕刘邦的用人之道在探讨其成功之道。

其实，用人之道只是刘邦能够取得天下的一个重要方面而已。刘邦的成功是综合因素造就的，怎么可能仅仅是用对了这三个人那么简单呢？

不管怎么样吧，刘邦目的总算达到了，当晚他非常高兴，与群臣痛饮到深夜才散席。

自此，刘邦以为天下已经没有对手，过上了太平日子。可是没过几天，就有人向他报告说，有一个诸侯王带着五百门客藏匿到了海岛上，将来可能是汉朝的隐患。

这个诸侯王是谁呢？他就是齐王田横。

关于田横，我们已经不陌生了。前面说过，侄子齐王田广死后，他自称为齐王，后来被灌婴的骑兵部队打得丢盔弃甲，带着十几个人投奔到老朋友彭越那里。

在彭越那里待了几个月后，田横听说刘邦攻灭了项羽，当上了皇帝，还加封彭越为梁王，不免害怕起来。他担心自己早晚会被彭越出卖杀掉，于是逃到深海，躲在一个小岛之上。

因为田横平时仗义疏财，广交豪杰，走的时候，竟然有五百多人跟随过去。听到这个消息，刘邦还是有点小紧张的。他认为，田氏家族统治齐地很久，关系错综复杂，如果放任田横流落在海岛上，不加以收揽，将来恐怕养虎为患。

刘邦曾经被项羽放跑，养成了大老虎，现在看谁都可能成为类似他这样的人。

那么，怎么才能除掉这只老虎呢？

第二章

败者为寇

6. 宁死不屈

针对田横这伙人，刘邦思来想去，决定采用招安的办法来解决比较好。于是，他下诏赦免了田横等人，然后派使者带着赦免诏书到海岛上，召田横入朝。

看到诏书，田横既激动又害怕，本打算躲在海岛上不问世事，就此终老，没想到还是被刘邦发现了行踪。他认真想了几天，对汉使说道："我曾经烹杀了陛下的谋士郦食其，而郦食其的弟弟郦商是一位杰出的汉朝将领，我担心郦商会因为他哥哥的死来找我报仇，所以我不敢奉诏进京。请求陛下允许我做一个平民百姓，待在这个海岛上吧，以后绝不会再出来滋事！"

田横口中的郦商，我们前面也提到过多次。他是郦食其的弟弟，早期受郦食其影响，带着四千人马归顺了刘邦，后来在战场上表现出色，战功卓著，现在在刘邦身边担任卫尉一职，也就是刘邦的卫士长。

什么人才能给刘邦当卫士长呢？

那必须是刘邦的心腹才行。所以，田横的担心不无道理。

看到田横有这方面的担心，汉使无话可说，只好回去向刘邦复命。刘邦认为这事容易解决，他把郦商叫过来警告道："齐王田横如果来到洛阳，你不能公报私仇，谁要敢动他或者他的随从一根汗毛，朕要将他满门抄斩！”

郦商心中肯定不服，自己的亲哥哥被人家给烹了，还不让报仇，能无动于衷吗？但是刘邦亲自发话了，他也没办法，只得承诺绝不搞打击报复，然后悻悻离去。

郦商走后，刘邦担心空口无凭，田横信不过，又专门给郦商下了道诏书，强调此事。汉使拿着给郦商下的诏书，再去见田横，并传达了刘邦的口谕："田横若是来洛阳，大可以封王，小可以封侯；若是再抗旨不来的话，将派军队加以剿灭！”

这就是给田横下了最后通牒，留下了生死两条路，任其选择。

田横闻听，头皮发麻，不得已打点包袱，跟着汉使到洛阳去见刘邦。临走时，他手下那五百人也非要跟着一起过去。田横为人老到，考虑问题比较全面，他害怕刘邦有诈，便耐心地给大家解释道："我并不是不愿意带着大家一起走，只是这么多人，像打仗一样，难免招人猜忌。大家不如先待在这里，一旦我真的受封了，一定会回来召大家过去，这样才能万无一失啊！”

那五百人认为言之有理，非常理解田横的苦衷，就听从了安排。于是，田横只带了两个门客，跟着汉使，乘坐马车，前往洛阳。

在距洛阳三十里处，有一个地方，名叫尸乡。这天，田横等人风尘仆仆来到此地驿站。

在这里，田横突然请求汉使道："马上快到都城洛阳了，按照礼节，身为人臣，拜见天子，应该先沐浴一新。这里正好有个驿站，我们不妨休息一晚，洗个澡，明天再过去拜见皇帝！”

汉使心想，还是当过王的人懂礼数，做事讲究。于是同意了田横的请求。

趁这个机会，田横对他的两个门客说道："我田横起初跟汉王一样，面南背北，称孤道寡，互不隶属。可是现在呢，汉王做了天子，而我田横成了亡国奴，还要北面称臣侍奉他，真是奇耻大辱啊！更何况，我烹杀了汉皇心腹郦商的兄长，还要厚着脸皮与人家同朝共事，侍奉同一个主子，纵然人家害怕皇帝的诏命，不敢加害于我，难道我就问心无愧吗？再说，皇帝之所以召我进京，无非是想看看我长什么样子！现在，皇帝就在洛阳，近在咫尺，割下我的头颅，快马飞奔过去，我的容貌不至于腐败变样，皇帝还是能够清晰辨认的。我已经国破家亡，活着也没什么意思了，不如一死了之！”

说完，拔出宝剑，向自己脖子抹去。两个门客来不及上前阻止，田横自刎身亡。这是真想死啊！否则怎么可能那么干脆呢？

两个门客看田横死了，顿时号啕大哭起来。

汉使闻讯，赶快跑了过来，问明缘由后，也无可奈何，只好按照田横的遗命，将他的人头割下来，装进盒子里，带着两个门客飞驰入朝。

见到刘邦，汉使呈上田横的人头，把事情的来龙去脉汇报了一遍。看到田横头部面目如生，英气逼人，刘邦不无感慨地说道：“哎呀，太可惜了！能有此言此行，真是了不起呀！田氏兄弟白手起家，兄弟三人接连称王，难道不是贤能的人吗？如今慷慨赴死，不肯屈服，令人敬佩啊！”

说着，刘邦忍不住流下了两行眼泪。

看来刘邦的确是性情中人，动不动就为对手哭鼻子流眼泪，可能是在用眼泪收买人心，也可能是年纪大了，容易伤感。大家自己揣摩吧。

此时，田横的两个门客还在下面跪着。刘邦不能老哭啊，当即擦干眼泪，任命他们为都尉。这两人白捡了便宜，却高兴不起来，反而略显惆怅地退了下去。

然后，刘邦命人将田横的尸首合二为一，派两千名士兵，以诸侯王的规格进行安葬。刚安葬完田横，那两个门客就在田横墓旁挖了个坑，自刎扑倒在里面，追随田横而去。

刘邦闻听，大为吃惊，认为这两人都是贤士，有气节，派人将他们的尸首抬了上来，用棺椁好生安葬。

两个门客的自杀，让刘邦久久不能平静。他又想到田横手下还有五百人待在海岛上，心中不免忧虑起来。他担心海岛上那五百人跟这两个门客一样忠贞不贰，他们不明真相，听说田横死了，万一搞起事来，岂不是心腹大患？

于是，刘邦又派使者来到海岛，骗岛上五百人说，田横已经受封，特召他们进京。这五百人信以为真，高高兴兴，一同前往。

那么，来到洛阳后，当他们听到田横自杀身亡的消息，会怎么做呢？

7. 寻找藏身之地

田横的五百门客到了洛阳，才听说田横和两个门客都已经自杀身亡，不禁悲痛欲绝。按照指引，他们来到田横墓前，边拜边哭，还演奏了一曲《薤（xiè）露歌》。

什么是《薤露歌》呢？

薤是一种植物，薤露是指薤上的露水，一般用来形容人生像露水一样，容易干枯。但露水干枯了，明天还会再落下，人的生命一旦逝去，就再也回不来了。《薤露歌》作为哀辞，主要是哀叹田横宁愿放弃一去不回的生命，也不愿丢掉气节。

歌唱完了，也哭完了，老大不在了，按道理大家应该散伙，各回各家，各找各妈。谁料，他们竟然来了个集体自杀。

一个人自杀已经很血腥，何况五百人集体自杀。那场面可想而知，不但异常血腥，让人不忍直视，而且还相当悲壮，震撼人心。当然，也震撼到了刘邦的那颗帝王心。

刘邦闻讯，又惊又喜。惊的是亘古未有，闻所未闻，不可思议，田横的魅力也忒大了；喜的是终于兵不血刃，根除大患，彻底清除了田横的残余势力。惊喜之余，他命人妥善掩埋了这五百人的尸首。

在今天的山东即墨，有一座田横五百义士墓，埋葬的就是这五百人。田横躲藏的海岛，后来被称为田横岛，位于今天的山东省青岛市即墨区田横镇田横岛，现在那里已经成了著名的旅游风景区。

这件事对刘邦的刺激还是很大的，让他不由得联想到很多。田横的门客都是如此忠义，那么项羽逃亡在外的那些部将呢？一旦他们联合起来，力量不可小觑啊！

想到这里，刘邦马上派人着手梳理项羽的部将，看看究竟还有哪些重要人物没被抓住或杀掉。这一梳理，便梳理出了两个人，一个是季布，一个是钟离昧。

前面说过，项羽手下有四位著名将领：英布、龙且、季布和钟离昧。其中，英布归降了刘邦，龙且战死了，只剩下季布和钟离昧下落不明，音讯全无。

特别是季布，最令刘邦痛恨。

为什么呢？

前面说过，彭城之战，刘邦兵败逃亡时，正是季布在后面苦苦追杀，险些让刘邦忍痛抛弃自己的一双儿女。所以，刘邦恨不得将季布碎尸万段，于是命有关部门下了一道通缉令："凡有捉拿到季布者，赏千金；凡敢有窝藏季布者，灭三族。"

通缉令一下，天下哗然，谁不想发财啊？谁又敢窝藏啊？

还真有人不想发财，而且不要命，窝藏了季布。

这个人是谁呢？

姓周，史书上称为周氏，濮阳人，也就是今天的河南省濮阳市人。周氏为人豪爽，讲义气，平时与季布关系很好，现在季布落难了，他出手相助，将季布窝藏在家。

最近，刘邦针对季布下达了"赏千金，灭三族"的通缉令，这让周氏心神不安起来，谁也不想引火烧身啊，"灭三族"可不是开玩笑的！况且，周氏和季布曾经关系密切，人所共知，很容易成为官府重点侦办对象。

怎么才能既可以保护季布，又不招致灾祸呢？

周氏冥思苦想，终于想到了一个办法，只是这个办法有损季布尊严。他担心季布不同意，事先把季布找过来，商量道：“季将军啊，您应该有所耳闻吧，最近朝廷下达了捉拿您的通缉令，这次可非同以往啊，非常紧急！官府可能听到什么风声了，已经开始重点追踪搜查我这里了。为了更好地保护您，我想了一个办法，可能要委屈您一下。将军如果不介意的话，我才敢把这个办法说出来，否则，万一有个好歹，我也不想活了，情愿先自杀，省得连累家人！”

周氏说得情真意切，季布又是重情重义、明白事理的人，自己都已经这样了，怎么还好意思再连累朋友呢？

季布当即承诺，无论什么办法，都会接受周氏的安排。

那么，周氏究竟有什么好办法呢？

说白了，跟现在洗黑钱的路子差不多。

洗黑钱，就是把非法获取的钱财通过合法渠道来回倒手，从而掩盖钱的真实来源，让它合法化。

周氏也是如此操作的，他打算通过改变季布的身份，将他转手托付给可靠的人，从而让季布改头换面重新面世。这样既不会再引起官府的关注，自己也正好脱身。

具体怎么做呢？首先，“髡（kūn）钳季布”。

什么意思呢？所谓髡钳，是一种刑罚，就是把季布的头剃光，然后脖子上套个铁圈。

这造型好像怪怪的，脚上再踩一对风火轮，是不是有点像哪吒三太子了。其实，当时只有达官贵人的家奴或者监狱罪犯才会有这身打扮。

然后，周氏又给季布换上粗布衣服，将他载入广柳车，拉到鲁地。

广柳车是古代一种运货的大车，相当于现在装运货物的卡车。

周氏家里应该非常富有，因为同时载入广柳车的，还有几十个家奴。

不用说，这几十个家奴主要是用来掩人耳目的。

在鲁地，周氏准备把这些家奴，连同季布一起卖掉。

有人会说，这不是贩卖人口吗？是的，不错！但那个时候是合法的，贩卖家奴是很正常的事。

那么，周氏为什么要把家奴拉到鲁地卖掉呢？鲁地是孔孟之乡，受儒家思想熏陶，这种事情会有人干吗？

还真有人干，这个人名叫朱家，是一位著名侠士。

侠士属于江湖人士，讲究“侠义”二字。这种人一般按照江湖规矩行事，只要他认为够侠义，就会去做，什么法律法规，什么道德规范，什么仁义礼智信，全不管了。

据说，经朱家的手，曾经救助的英雄豪杰有几百个，救助的普通人更是数不胜数。虽然如此，但朱家从不炫耀，为人低调。那些受他帮助的人一旦渡过难关，他就不再与人家来往了，甚至永不相见。

其实，这种事也不好宣扬，因为所救之人大部分都不是什么正经来历，如果大肆自我标榜，害人害己。另外，朱家救济人一般都是帮钱，这样既省事又省心，就是有点费钱。

因此，有人认为，朱家一定很有钱。实际上，他还真不富裕。史书上说他，“衣不完采，食不重味，乘不过軥（qú）牛”。

什么意思呢？

就是说他，穿的衣服补丁太多了，破得连完整的颜色都没有；每顿饭只吃一个菜；乘坐的车子是辆牛车，经济实用，既能闲时拉人，也能忙时下地干活。

这样看来，朱家生活水平确实不咋样，但他救助别人的热情始终很高，甚至超过为自己家办事。

说到这里，大家可能已经明白了。周氏之所以大老远驾着广柳车来到鲁地，就是为了把季布想办法倒卖给朱家。

那么，朱家愿意买下季布吗？能保护好他吗？

8. 贵人相助

周氏和朱家应该本来就认识，估计私下里早已经勾兑过了，所以会面后，周氏并没有明说季布的身份，只是把季布作为重点推荐给朱家。朱家那是见过世面的人，各色人等都接触过，从季布的气质看出这不是一般人，便主动上前盘问季布的来历。季布语焉不详，吞吞吐吐说了一段让人似懂非懂的话。

什么话呢？史书上没写，估计是江湖黑话，诸如“天王盖地虎，宝塔镇河妖”一类的，我们不得而知。

当时全国都在抓捕季布，风声紧得很，朱家凭经验断定眼前的人就是季布，便不再细问。类似季布这样的人，正是他的重点帮扶对象，岂能错过？

于是，朱家装模作样花钱买下了季布。

你可能有疑问，还真的花钱买呢？当然要真花钱，否则怎么能掩人耳目呢，不过应该是贱卖。事关“灭三族”的事，朱家和周氏总要把戏演得逼真一些，万一被发现造假，麻烦就大了。都是聪明人，大家尽在不言中。

朱家花钱买下季布后，将他同其他家奴一样安排在田地里干农活。农活是一样的，态度不能一样，否则也太委屈昔日的大将军了。朱家私下里并没把季布当家奴看待，而是告诫他的儿子说道：“在田间耕作，一切安排都要听从这个人的吩咐，他说干就干，他说不干就不干，而且一定要让他和你吃同样的饭，不得怠慢！”

哪有这么牛的家奴啊？显然是朱家有意善待。

再善待，也是家奴。季布是当世豪杰，是有真本事的人，被人养在家里种地，太屈才了，何况这样下去也不是长久之计。

怎么办呢？

朱家认为，还是应该想办法给季布翻案正名，让他为朝廷所用。不久，他乘坐轺（yáo）车去京城洛阳运作活动。

什么是轺车呢？是一种轻便的马车，只有伞盖，四周敞开，通常由一匹马或者两匹马在前面牵引，后面可以坐一两个人。档次估计类似现在的小型轿车。

既然是给季布翻案正名，那就必须要找个既可靠，又能够和刘邦说上话的人。在洛阳一打听，朱家觉得夏侯婴这个人靠谱，为人厚道，讲义气，喜欢帮助人，最重要的是他与刘邦的关系不一般。如果找夏侯婴为季布说情翻案，成功的可能性会比较大。

关于夏侯婴，前面说过比较多。他一直担任太仆一职，也就是刘邦的车队队长，人称滕公，是刘邦最信任的人之一。想当年，韩信就是因为他出面担保，才被免了死罪，还得以重用。

于是，朱家来到夏侯婴的府邸，报上姓名，说是要交朋友。

对朱家的大名，夏侯婴早有耳闻，知道他是一位侠士，赶快让人把朱家请了进来。

大家秉性相近，共同话题比较多，聊得非常投机，大有相见恨晚的感觉。这么投机，夏侯婴干脆留朱家在府里住了下来。

此后，两个人有空就喝酒聊天，聊天下时事。朱家见解独特，总是能说到夏侯婴心里，估计也没少谈帮扶流浪汉的心路历程。经过一段时间的交流，两人差不多到了无话不谈的地步。一天，朱家好奇问道："听说朝廷在重金悬赏季布。季布究竟犯了什么大罪，值得那么大动干戈？"

夏侯婴是刘邦的心腹，这点事他肯定再清楚不过，便以知情人的身份，略带神秘地说道："老弟，你有所不知啊！当年季布跟着项羽混的时候，多次率兵围困皇帝，皇帝能不怨恨他吗？所以皇帝一定要抓住他严加惩处，方解心头之恨啊！"

朱家貌似恍然大悟地说道："哦，原来如此啊！我说呢，这种事的确可恨，不过，滕公您觉得季布是一个什么样的人呢？"

夏侯婴轻轻叹口气回答道："不瞒你说，我认为他为人忠诚、诚实守信，是一个很有才干的人！"

朱家一听，心中暗喜，知道有戏，点点头说道："是啊，我跟滕公您看法一样！俗话说，各为其主。做臣下的理应为主上效力。当年季布受项羽差遣，那也是没办法的事，完全是职责所在啊！"

说话聊天，谁都喜欢别人认同自己的观点，没人愿意和"杠精"交流。

这么敏感的事，得到了朱家的认同，夏侯婴自然很开心，他拿起酒杯和朱家碰了一下。朱家一饮而尽，接着说道："项羽有那么多手下流落民间，难道能全都杀光吗？现在皇帝刚刚夺得天下，仅仅凭着私人恩怨就去追杀一个人，好说不好听啊！搞不好，还会让天下人瞧不起，认为皇帝心胸狭窄，容不下人。再说，朝廷追捕太过急迫。凭着季布的才能，他如果实在无处藏身，必将远走高飞，不向北逃到匈奴那里去，也会向南逃到岭南越地。这不是把人才赶到敌人那边去了吗？过去，楚国名将伍子胥受了委屈，背叛楚国，投靠吴国，后来帮助吴国打败楚国，甚至将楚王鞭尸，就是这个原因啊！滕公您作为当今皇帝的心腹重臣，为什么不寻找机会劝说皇帝呢？设法让季布这种人为国家所用才是上策啊！"

夏侯婴是什么人？那可是人精，把刘邦都伺候得舒舒服服，能听不懂朱家的话吗？朱家是位大侠客，话说到这份上，夏侯婴猜想朱家一定知道季布的下落，当即顺口答应道："好吧，我试试看，你有心成全，我也不能熟视无睹啊！"

聪明人打交道，不用说破，点到为止。

有了夏侯婴这句承诺，朱家算放心了，告辞回家静候佳音。没过多久，夏侯婴果真找了个机会，把朱家的说辞转化成自己的话，向刘邦奏明。

那么，刘邦是什么态度呢？

9. 相同遭遇，不同命运

刘邦认为夏侯婴言之有理，同意赦免季布，并诏令季布入朝见驾。这个时候，朱家才把事情的原委告知季布，让季布大胆去见刘邦。季布对朱家千恩万谢后，立刻启程前往洛阳。

到了洛阳，按照朱家的嘱咐，季布先去拜见了夏侯婴。由夏侯婴带着，季布进入皇宫，见到刘邦后，倒头便拜，磕头请罪。看季布真心实意，刘邦怨恨顿消，抚慰道："既然你能主动前来认罪，朕就不跟你计较了，以后你就留在朕身边做个郎中吧！"

郎中这个职位，我们前面说过，主要负责宫廷安全防卫工作。让季布担任这样一个职位，还是有点冒险的。但对季布这样的人来说，也只有如此安排，他才会心悦诚服。

从这件事可以看出，刘邦的用人套路的确不一般。这种用人套路，值得借鉴，但是不能盲目套用。首先要看准人，如果是品行不端的人，绝对不能如此对待，否则很可能会上演"农夫和蛇"的故事。

季布早年以"为气任侠"名扬天下，享有"一诺千金"的美誉。像这种人，一般是明人不做暗事，但你也不能向他使诈。刘邦是老江湖，深知这一点，才敢重用季布。

此后，季布为汉朝屡建奇功，将来还会说到。而那位大侠朱家也因为救助季布，受世人敬仰。甚至，司马迁在《史记·游侠列传》中还专门提了朱家一笔，让他得以名留青史。

朱家更可贵的地方是帮助人不求回报。季布得到刘邦宽恕重用后，肯定要去感谢朱家，可是朱家无论如何不愿意接受，而且到死也没再跟季布相见。

有的人像朱家一样淡泊名利，也有的人正好相反，总想投机取巧，追逐名利，结果鸡飞蛋打，甚至性命不保。项羽手下的另外一个将领就是如此，这个将领史书上称之为丁公。

关于丁公，前面我们说过，在彭城之战中，他曾率兵对刘邦紧追不放，在危急时分，幸亏刘邦说了一句话："两贤岂相厄哉！"这句话差不多是"英雄何必为难英雄"的意思。丁公闻听，一激动就把刘邦放跑了，估计也是想给自己留条后路。

据说丁公原名叫丁固，《史记》中说他是季布的"母弟"。

什么是"母弟"呢？有两种说法：一种说法，丁公是季布老妈的弟弟，也就是季布的舅舅；一种说法，丁公是季布的弟弟。

对于后一种说法，可能有人会很纳闷，既然是弟弟，为什么姓氏不同呢？原来，季布的老爸死得早，季布老妈改嫁到一个姓丁的人家，给季布又生了一个小弟弟，就是丁公。如果真是这样的话，丁公就是季布同母异父的弟弟。

两种说法差了一辈，究竟哪一种说法准确呢？

史书中没有详细说明，我们不得而知，估计只有季布老妈最清楚。

总之，季布和丁公应该有血缘关系，这点没有问题。

所以，当丁公听说刘邦赦免了季布，而且还安排在身边做了郎中，欣喜万分。他认为自己从来没有围困过刘邦，相反，还救过刘邦的命，刘邦肯定不会亏待自己，说不定还可能给他安排个郎中令干干，到时候就是季布的领导了。

主意打定，丁公简单收拾一下行李直奔洛阳城，去见刘邦。

刘邦贵为皇帝，怎么可能那么容易见到呢？宫廷卫士当场把丁公给拦了下来。丁公就把自己如何放跑刘邦的事，给他们讲了一遍。

大家这才知道，原来丁公是刘邦的恩公，马上笑脸相迎，礼遇有加，趁机先拍拍马屁。待临朝时，他们报告刘邦，说他的恩公丁公求见。

刘邦一听是丁公，还是恩公，心中就明白了七八分，当即传令接见。

接到传唤，丁公满心欢喜地跑了过来。见到刘邦，他也是倒头便拜，俯首称臣，专等刘邦嘉奖。可刘邦勃然变色，不容分说，喝令卫士将丁公绑起来。

这突如其来的变故，把丁公吓得不轻，还以为刘邦认错人了，忙上前辩解。刘邦怒目而视，无动于衷。

卫士们看到刘邦这副嘴脸，心中直纳闷，今天也没见老大喝酒啊，怎么那么大火气。既然老大发话了，哪里敢犹豫，管他喝多没喝多呢，一窝蜂冲上去将丁公双手反剪过来，捆了个结结实实。

丁公一下子傻眼了，哭喊着说道："陛下不记得当年在彭城西边小树林发生的事了吗？"

左右人等都用好奇的眼光看着刘邦。只见刘邦把桌子一拍，怒斥道："朕正是因为此事要治你的罪！那个时候，你身为楚将，为什么放走敌人不尽忠职守？"

此话一出，丁公才明白刘邦为什么会翻脸不认人，顿时后悔莫及，两眼一闭，一句屁话也不说了，只有认栽。

这就叫罪有应得！卖主求荣，没人会可怜。

刘邦没有直接处死丁公，而是命令卫士们牵着他到部队里游行一圈，并要求在游行时特意给大家介绍道："此人名叫丁公，原来是项羽的将领，玩忽职守，不能尽忠，致使项羽失去了天下！"

游行完后，这才将丁公斩首示众。

丁公原本在家躲着多好，非要出来邀功请赏，结果成了刀下鬼。你说冤不冤，真是倒霉催的！

杀掉了自己的救命恩人，无论什么原因，都令人难以接受，既不好说，也不好听。于是刘邦在朝上给群臣解释道："朕之所以要杀掉丁公，是以儆效尤，告诉后世，身为人臣一定要尽忠尽孝，恪尽职守，万万不能像丁公那样偷奸耍滑，吃里爬外！"

刘邦真是这个意思吗？未必！如果按照这个标准，项羽的叔叔项伯被砍头一百次都不止，那又为什么给他封侯了呢？其实，刘邦当时更多的用意是杀一儆百，杀给那些自以为有恩于他的人看的。

项羽才被干掉，国家刚刚建立，每个人都感觉自己为了刘氏王朝贡献最大，有恩于刘邦，纷纷邀功请赏。对此，刘邦早就不爽了，而丁公这个无关紧要的倒霉蛋正好撞到了枪口上。

俗话说："帝王心，海底深。"一言不合，就要瞪眼宰活人，一般人还真揣摩不透，所以才会有"伴君如伴虎"的说法。

当刘邦正拿丁公做反面教材教育群臣时，有个姓虞的将领进来报告说，他的一个朋友，名叫娄敬，才能出众，有非常重要的话要向刘邦当面汇报。

那么，娄敬是何许人也？究竟要向刘邦汇报什么呢？

第三章

迁都关中

10. 毛遂自荐

有个姓虞的将领向刘邦报告说，他的一个朋友，名叫娄敬，才能出众，有非常重要的话要当面向刘邦汇报。一听是有才能的人，刘邦饶有兴趣，当即表示同意接见。

突然冒出来两个陌生人，可能有读者感觉太突兀，我们不妨简单介绍一下。

那个姓虞的将领，史书上没说全名，只称呼为虞将军，齐地人，是个武将，名气不太大。他要向刘邦推荐的娄敬，历史上名气却很大，但史书上称呼为刘敬。

明明是娄敬，为什么又叫刘敬呢？还要从他与刘邦这次见面说起。

娄敬也是齐地人，是虞将军的老乡。两人平时关系不错，娄敬虽然没有虞将军地位高，但是能力见识让虞将军由衷地佩服。这次，他被派往陇西戍守边疆，恰好路过都城洛阳，顺便拜访老乡虞将军。

虞将军看到娄敬来了，非常高兴，马上派人安排好酒好菜招待。但娄敬好像另有心事，没有要吃要喝，而是对虞将军严肃地说道："老虞啊，我这次路过洛阳，想见见皇上，给他谈一件特别重要的国家大事，你必须帮我引荐一下！"

虞将军一向对娄敬敬佩有加，知道他见解不凡，不是那种随便乱说话的人，现在又正儿八经，煞有其事，便知此事非同小可。另外，估计虞将军也想显摆自己的能耐，整天吹牛说能天天见到皇帝，这个时候怎么能言而无信呢？所以，他满口答应，立刻就要带着娄敬去见刘邦。

准备出发时，虞将军发现娄敬穿着太过寒酸——内衣是粗布衫，外套是羊皮袄，脚上蹬着双破草鞋，好像刚从哪个穷山沟里放出来的——于是就建议他换一身鲜亮一点的衣服。

虞将军的建议不无道理，出门约见普通人还要认真打扮一番呢，何况拜见皇帝，怎么好太随意呢？可娄敬这个人相当有个性，摆摆手说道："臣衣帛，衣帛见；衣褐，衣褐见。终不敢易衣。"

什么意思呢？

他的意思是说："我穿着丝绸衣服来的，就穿着丝绸衣服去拜见；穿着粗布短衣来的，就穿着粗布短衣去拜见。我才不要换衣服呢！"

看来娄敬自信得很，他要靠才华吃饭，不靠外在打扮。

虞将军知道这位老乡的臭脾气，淡然一笑，没有勉强。两个人直接赶往宫殿去见刘邦。来到宫殿时，刘邦正在拿丁公当反面教材，给群臣上课。

趁着午间休息，虞将军小跑进来，向刘邦大力举荐娄敬。

前面我们反复说过，刘邦使用人才，从来不问地位高低和出身贵贱。只要真有才，提的建议真好，他就真敢用。

既然虞将军大力举荐，刘邦当即同意接见。

虞将军很高兴，总算没白来，马上又小跑出去通知娄敬。娄敬跟着虞将军快步进入大殿，上前向刘邦行了跪拜大礼后，站到一旁。刘邦上下打量了娄敬一番，看他虽然衣着朴素，面容憔悴，但沉着从容，目光炯炯，气质不俗。

刘邦阅人无数，待人接物自有一套，肯定是只看气质，不关心穿着打扮了。他和颜悦色地说道："朕看你风尘仆仆，好像是远道而来，应该还没来得及吃饭吧？现在正是午餐时间，你先去吃饭，然后再来见朕！"

说罢，令左右带着娄敬和虞将军找地方用餐。

为什么说刘邦情商高呢？情商高，主要体现在细节里，不动声色就能让人感觉很舒服。

刘邦就是如此。

娄敬吃完饭，又来见刘邦。刘邦这才询问他的来意。

刚来的时候，娄敬还是有点紧张的，见皇帝哪有不紧张的道理，不过一顿饭的工夫，已经让他平复了心情。而且在吃饭的时候，娄敬趁机不断完善自己的思路和措辞，现在刘邦发问，便大胆说道："臣下有个问题想斗胆请教陛下！陛下定都洛阳，是不是为了模仿周朝，以彰显汉朝正统？"

不汇报个人情况，却先抛出问题，而且一针见血，刘邦不由得打个激灵，心想这小子好眼力，自己那点小心思全被他识破了。

刘邦是农民出身，往上数几十代，估计也是穷种地的，所以他对自己做皇帝不自信，对汉朝江山的正统性特别在意。秦朝推翻了，不好再继承，自己打倒的，怎么能再继承呢？说不过去啊！因此，刘邦就想通过继承周朝传统，以彰显汉朝正统。洛阳过去是周朝的都城，选择洛阳做汉朝首都，再正统不过了。

刘邦是一个敢于面对现实的人，心思既然被娄敬看穿了，他也不加以掩饰，坦诚说道："是啊，难道不行吗？"

那么，娄敬究竟是什么意思呢？

11. 迁都关中，还是定都洛阳?

对于娄敬的问题，刘邦坦诚以对。娄敬深受打动，略微深呼吸了一下，开始他的长篇大论："陛下，这还真不行啊，因为陛下取得天下与周朝不同！周朝的先祖是后稷（jì），而后稷是黄帝的玄孙，由于才能出众，擅长农业生产，被尧舜提拔重用，加封在邰（tái）地（也就是今陕西省武功县西南）。在那里，后稷积累德政，苦心经营。后稷的曾孙名叫公刘，像后稷一样，致力于农耕，终于让百姓过上了好日子，后来为了避开夏桀（jié）暴政，迁到了豳（bīn）地（也就是今陕西省彬州市和旬邑县西南一带）居住。后稷有个十二世孙，名叫古公亶（dǎn）父，也就是周太王，迫于戎狄侵扰，又率领族人离开了豳地，移居到岐山下的周原（也就是今陕西省岐山县北），光复祖业，逐渐发展壮大起来。古公亶父的孙子就是周文王。周文王做了头领后，因妥善地解决了虞国和芮国之间的争端，从此威名远扬，成了天下诸侯共同敬重的人。当时的贤能之士，如吕望、伯夷等人，都跑过来为周文王效力。等到周武王准备讨伐殷纣的时候，天下八百诸侯不约而同，自发来到孟津会盟。在那里，诸侯形成共识，认为商纣王不得人心，必须讨伐，这才在周武王的带领下灭掉了殷商。直到周成王继位，周公摄政辅佐，才开始在洛阳营造城池，把洛阳作为天下中心。从此，天下诸侯争相过来进贡朝拜。那个时候，统治天下靠的是德政，只要君主有德行，就能称王统治天下，否则，就会灭亡。所以后来凡是建都于洛阳的国家，都要学习周朝，采用德政来感召人民，而不是凭借险要的地理形势，一劳永逸，防范人民。在周朝鼎盛时期，天下和睦，各族人民心向洛阳，归附周朝，他们仰慕周王的道义，感念周王的恩德，心甘情愿侍奉周天子，即便周朝不驻守一兵一卒，天下百姓也无不归顺臣服。但到了周朝衰败的时候，分裂为西周和东周两个小国，再没有诸侯前来朝拜了，周室再也不能控制天下了。这并不是因为周室恩德减少了，而是实力太弱了。如今，陛下从沛县丰邑起事，征募三千人马，席卷蜀汉，平定三秦，跟项羽荥阳会战，争夺成皋之险，大战七十余次，小战四十余次，使天下百姓血流成河，枯骨曝于荒野，悲惨之声不绝于耳，伤病残疾欲动不能。陛下这样取得天下，却要比照周朝成王、康王兴盛时期，臣认为，那是不能同日而语的！”

娄敬的这一长篇大论涉及地名和典故繁多，读起来绕口，理解起来费劲。简单来说，就是简述了周朝的发展史，并跟刘邦的创业过程进行对比，结论是没有可比性。

刘邦这个人，文化水平不高，但特别喜欢听人家给他讲历史。因为他可以从中找到解决现实问题的答案，而且既简便，又实用。

关于周朝发展简史，娄敬三言两语全部覆盖，让刘邦大呼过瘾。过瘾之余，他也听明白了娄敬的意思，就是反对他在洛阳建都。

如果不建都洛阳，那么建在哪里呢？刘邦自己没有主意，好奇地问道："以你之见，朕应该在哪里建都啊？"

娄敬顺势接着说道："回陛下，关中才是最佳建都之地啊！那里有高山遮挡，黄河环绕，四面边塞可以作为坚固的防线，即使天下有变，陛下也可以招募到百万雄兵为之一战。另外，关中土地肥沃，物产丰富，地势险要，易守难攻，又经过秦国历代经营，可以说是'天府'之地。陛下把都城建在那里，即便中原地区有失，最起码关中这个地方是可以保全的。这就像两个人搏斗，只有从后面锁住对手的咽喉，攻击对手的后背，才有可能取得完胜。陛下在关中建都，意味着牢牢控制住了秦国原有地盘，也就锁住了天下咽喉，随时可以进攻它的后背。"

娄敬这一番话，有历史典故，有人文背景，有山川地理，有形势分析，应该说面面俱到。简而言之一句话，他认为只有迁都关中，才能扼住天下咽喉，掌控天下。

刘邦书读得太少，文化水平不高，吃不准娄敬有没有忽悠他，难免心存疑虑。再说，事关定都大事，他也不好当众乱表态。所以刘邦略微沉吟了一会儿，既没肯定，也没否定，只是挥了挥手让娄敬先下去。

娄敬没有傻乎乎地穷追不舍。这种事情，刘邦没有否定，说明他已经心动，只是给自己一个消化的时间。反正道理已经讲清楚，听不听就看刘邦了，于是娄敬随着虞将军离开了皇宫。

刘邦是个悟性超强的人，对娄敬的话虽然没听太懂，但他听进去了，隐隐约约感觉到娄敬说得很有道理。既然有道理，那就要专门组织群臣，开个专题会议，研究探讨一下。

这帮大臣多来自中原地区，打了那么多年仗，好不容易回到老家，没人愿意再跑到关中吃羊肉泡馍了。羊肉泡馍确实好吃，就是馍太小，肉太少，不够塞牙缝，还是大饼卷大葱吃着带劲。他们在那里讨论了半天，结果差不多都反对在关中建都。

反对总要说出点道理，空口白牙，刘邦肯定信不过。在会上，这帮大臣从地理和历史两方面进行反驳道："陛下，少听娄敬这个乡巴佬忽悠，他懂个什么！洛阳东面有成皋，西面有崤山和渑池，背靠黄河，面向伊水和洛水，地势险要，城池坚固，易守难攻，非常有保障。周朝之所以能够称王天下几百年，就是因为建都在这里；反观秦朝，建都关中，却只存活了两世，短短十几年就灭亡了。孰优孰劣，显而易见！因此，我们大家都认为建都洛阳最合适，绝不能迁都关中！"

如果通过开会的方式来决策比较重大的事，难免众说纷纭，莫衷一是，而且错误的意见往往容易占上风，正确的意见却常常容易被压制。所以，开会之前一定要有充分准备，与会人员要有选择，要有一定的认知高度才行，立场也要保持中立，不能有偏见。否则，会议肯定开不好，甚至南辕北辙。

刘邦找这帮大臣开会商量定都事宜，目的是广开言路，广泛征求意见，为自己决策提供参考。可这帮大臣要么是真糊涂，要么是装糊涂，大多从自身利益出发去考虑问题，所以会议开得不太理想。

刘邦越听越糊涂，无所适从，脑袋生疼。实在没辙了，他想到了张良。

那么，张良会是什么意见呢？

12. 张良的心思

关于定都洛阳，还是定都关中，朝中大臣莫衷一是。为此，刘邦举棋不定，于是想到了张良。

前面说过，张良被人称作“帝师”，相当于刘邦的大脑神经中枢，但凡有疑难杂症，刘邦基本都会想到他。有这么一位博学多才的高参在身边，一般人很难糊弄刘邦。

自从项羽被干掉，大汉王朝建立后，张良就不太热心国家大事了，置身事外，差不多进入半退休状态。用现在的话说，叫“退二线”，虽没有正式退休，但也不上班了。

那么，他干吗去了呢？

张良身体一直不好，是个病秧子，这一点从张良流传下来的画像可以看出来，一副弱不禁风的模样。所以，他天天躲在家里搞养生，专心练习导引吐纳之术。他大门不出，二门不迈，闭门谢客，优哉游哉。但这样悠闲地过日子，不问世事，真的能够高枕无忧吗？

俗话说：“树欲静而风不止。”很多情况下，不是你想清静就能清静的，流言蜚语正是趁你不在场的时候，开始疯传起来。

张良给刘邦出了那么多奇谋妙计，损害了那么多人的利益，难免不会被人惦记。张良深知自己的处境，也生怕有人在背后诋毁算计他，于是他逢人就说：“我们张家世代为韩相，当年韩国被秦国灭了，我不惜一切代价，千辛万苦为韩国报仇。现在得偿所愿，暴秦终于灭亡了，而我仅凭三寸不烂之舌，受到皇帝赏识，成了所谓的帝王师，我这辈子知足了，以后再也不问世事了，跟着赤松子学习，了却后半生吧！”

张良口中的赤松子，又名赤诵子，别号左圣，是神话传说中上古时期的人物，前承炎黄，后启尧舜，据说是奠定华夏万世基业的中华帝师。相传，赤松子能呼风唤雨，能入火自焚，能随风雨上下，还曾传授神农氏医术，普济众生，最后得道成仙。

张良说自己要跟着赤松子混，显然是有意功成身退，明哲保身，想过神仙一般的生活。但有时候事与愿违，你越不想做、越不想要，人家偏偏要找你、偏偏想着你。正所谓：“争是不争，不争是争，夫唯不争，天下莫能与之争。”

刘邦怎么可能让张良这个“不争”的好老师溜掉呢？所以只是同意他在家里休养身体而已。有什么大事，张良还是要入朝见驾。

定都问题无疑是天大的事，刘邦当然又想到了张良。于是，他便派人把张良找过来，征求意见。

刘邦已经贵为皇帝，不再是过去的汉王，更不是沛公。听说刘邦有大事召唤，张良不敢怠慢，立刻赶到皇宫。见张良来了，刘邦很是亲近地问候一番，主要问候他身体恢复得如何，见到神仙没有。张良尴尬地笑着，直摇手。

寒暄完毕，刘邦把娄敬建议迁都的事，以及群臣商议的结果向张良介绍了一遍，最后问张良有何高见。张良想了想，指着旁边的地图说道：

“洛阳周围虽然有险可守，但地方太过狭小，不过方圆几百里，而且土地贫瘠，易于四面受敌，确实不是用武之地！再看关中秦地，东面有崤山、函谷关；西面有陇山、岷山，地域广阔，土地肥沃；南面背靠富饶的巴蜀之地；北面有适合放牧的草原。在关中，三面都能依靠天险固守，只有东方一面与山东诸侯连接。如果诸侯安定，天下物产可由黄河和渭河往西输送到关中京都；如果诸侯有变，可顺流而下，为前线输送战略物资。这就是所谓的‘金城千里，天府之国’，所以娄敬的建议是对的！”

待张良详细阐述了入关建都的种种好处之后，刘邦心里有底了，当即表态道：“子房认为这样好，朕就这样干！”

这么好的建议，毕竟是娄敬先提出来的，刘邦又特地把娄敬找过来说道：“你这个人还是有点本事的，竟然能提出建都关中的好建议，实在难得啊。‘娄’就是‘刘’啊，以后你就叫刘敬吧！”

皇帝给你改姓，那叫赐姓，无上光荣。娄敬千恩万谢，欣然接受，从此开始改名叫刘敬。刘敬那么优秀，派去戍边，太可惜了，刘邦将他留在身边做了郎中，赐号奉春君。

既然决定迁都，那就事不宜迟，刘邦诏令择吉日选良辰搬往关中，不得有误。那帮大臣闻讯，真是一百个不情愿啊，但也只得遵旨行事，谁让自己不是皇帝呢。

迁都哪里那么容易，事关方方面面。朝廷上下忙碌了很久才收拾停当。到了黄道吉日，仪仗队开路，刘邦带着老爸、老婆、太子、公主以及后宫嫔妃，还有一班文武百官，一起向关中进发。

这一路奔波，好不容易才到了栎阳。一直在关中栎阳坚守工作岗位的萧何听说刘邦到了，早铺好红地毯，在城外接驾。

刘邦自己水平不咋样，但他懂得听取不同意见，不偏听偏信，看到萧何，又咨询萧何关于迁都关中的意见。萧何非常认可张良和娄敬的观点，不无感慨地说道："关中地势好啊，定都此地再好不过！按说，咸阳本来最适合做都城。只是五年前，项籍进入咸阳城以后，一把火将咸阳宫烧了，剩下为数不多的一些宫殿，也是残缺不全。"

刘邦点头称是，感慨万千，不由得遥想起当年。当年，他第一次去咸阳，见到秦始皇的銮驾，从此开启了皇帝梦。此后，他不知道多少次梦回咸阳，可是现在却无法圆梦。

萧何对刘邦太了解了，一眼看出了刘邦的心思，安慰道："陛下可以先暂住栎阳，臣愿意到咸阳修建宫殿，尽快完工，将来还是请陛下到那里居住比较好。"

刘邦当即表示同意。

于是，待安顿好刘邦一家之后，萧何立马赶往咸阳监修宫殿。

刘邦在栎阳耐心等候，只等萧何修建完宫殿，好去享受秦始皇的待遇，安享这太平天下。可是，天下哪里那么容易太平啊！没过几天太平日子，突然从北方传来警报，说燕王臧荼造反了。

那么，燕王臧荼为什么会突然造反呢？

第四章

藩王之乱

13. 枪打出头鸟

刘邦还没过几天太平日子，这天，突然从北方传来警报，说燕王臧荼造反了。

关于燕王臧荼，前面说到过几次，只是说得不多。当年韩信打下赵国后，采用李左车的建议，对燕国威逼利诱，最后没动一兵一卒，迫使燕王臧荼归顺。

既然主动归顺了，为什么这个时候又胆敢造反呢？

当初燕王臧荼想偏安一隅，独善其身，又加上战无不胜的韩信打上门了，才投降自保。现在天下尽归了刘邦，没想到刘邦开始秋后算账，过去曾经跟着项羽混过的，要么被通缉，比如季布、钟离眜；要么被攻灭，比如临江王共尉。

臧荼听到这些消息，心里不踏实，因为他是项羽一手提拔的。正是项羽加封他为燕王，默许他干掉了以前的老领导燕王韩广，臧荼才有今天的地位。换言之，他就是项羽的正宗残余势力，而且是个诸侯王，势力非同一般，跟刘邦天然不兼容。

楚汉相争时，燕王臧荼名义上投靠了刘邦，事实上，刘邦对他的一亩三分地，并不能进行有效管控，所以双方缺乏互信。刘邦曾三番五次让臧荼入朝见驾，可臧荼认为刘邦没安好心，无论如何也不肯去。这样一来，互相猜忌越来越深。

臧荼在家里如芒在背，心想与其这样痛苦纠结，等刘邦上门问罪，不如造反算了。说是造反，准确地说，应该是闹独立。

因为一般情况下，造反都是长期酝酿，暗暗进行，突然发兵，攻城略地，打朝廷一个措手不及。但臧荼不是这样，他既不去攻城略地，也不做其他军事部署，只是改旗易帜，声称自己脱离汉朝领导。

这个时候造反，臧荼估计是想趁刘邦立足未稳，来个带头闹事，放手一搏。

臧荼有个儿子，名叫臧衍，比臧荼要有头脑。他认为，以现在燕国的力量来对抗刘邦，无异于以卵击石，劝老爸臧荼不如暂时委曲求全，见机行事，千万不要做出头鸟。

这个意见无疑是正确的，可臧荼听不进去，非要高举造反的旗帜，带头跟刘邦拼老命。

刘邦听说燕王臧荼造反了，勃然大怒。他本来对臧荼的出身背景就很有看法，总是放心不下，这次正好借机根除大患。于是，他把一帮武将喊过来，愤愤然说道："臧荼本无大功，朕只是看他早早投降了，才继续让他做燕王，他不知感恩也就罢了，竟敢公然造反。朕必须亲征！"

众将闻听，都义愤填膺，积极响应。终于又有战功可捞取了，说不定到时候还能瓜分燕地，他们能不积极吗?

汉朝建立后，燕王臧荼是第一个公开造反的，所以刘邦决定亲自平叛，否则众王都有样学样，他这皇位还真不一定能坐稳。

有人说刘邦擅杀功臣，其实并非完全如此，某种程度上是迫不得已，没有人会放着好日子不过而去砍砍杀杀。臧荼造反虽然事出有因，但从另外一个侧面说明，如果没有强硬手腕和凌厉手段，刘邦的皇帝甭想做安生，做不安生只有去砍砍杀杀。

刘邦点兵派将，部署人马，日夜兼程，对燕国搞了一个突然袭击，直杀到燕国都城蓟城附近，臧荼才反应过来怎么回事。别看臧荼天天喊着造反，当刘邦真的亲率大军来了，他又不知所措。事到如今，臧荼只好硬着头皮出城冒险迎战。

臧荼的燕兵常年圈养在家中，没有实战过，中看不中用；喊喊口号，吓唬吓唬老百姓还可以。而刘邦的汉兵就不同了，天天在打仗，先推翻秦朝，再打败项羽，整整打了七八年，是血与火中走出来的胜利之师。

双方列兵对阵，刚开打不久，燕兵已经四散溃逃。臧荼看大事不妙，抱头鼠窜，逃回城中。刘邦挥兵向前，将蓟城四面团团围住。

好不容易才天下太平，城中百姓并不想打仗，大都反对臧荼这种“无厘头”的造反行为。没有百姓的支持，部队又不擅长打仗，单靠臧荼父子俩拼命，怎么能行？勉强支撑了三五天，蓟城就被汉军攻破。

臧荼来不及逃走，成了阶下囚。臧荼的儿子臧衍，比他老爸狡猾，扮成普通百姓，从蓟城北门逃脱，投奔匈奴去了。

臧荼被抓后，仍然表示不服，污言秽语大骂刘邦背信弃义。刘邦哪里容得下他这般撒野，当即命人砍了他的脑袋，高高悬挂在城墙上示众。燕地军民看臧荼落个如此下场，纷纷投降归顺，好过那太平日子。

就这样，没费多大力气，刘邦便把燕地全部平定了。

既然平定了，那就要派人过来管理。派谁来管理呢？

燕国的都城是蓟城，位于今北京市境内。在秦汉时期，这里属于相对偏僻的地区。

对于这种偏僻的地方，刚成立的汉朝中央政府，很难有精力、有能力插手管理，一般就是封个王过去镇抚。

燕王臧荼被杀之后，立谁为新燕王，自然就成了一个问题。

刘邦手下那么多战功显赫的将领，并不是找不到人去干，而是想干的人太多了。一方诸侯王，相当于土皇帝，谁不想干啊？但是鉴于臧荼公然造反的不良影响，刘邦让谁干都不太放心，所以对新燕王的人选他显得格外谨慎，最后思来想去，决定加封一个名叫卢绾的人为燕王。

那么，卢绾是谁呢？

关于卢绾，大家应该不太陌生，之前曾提到过三次：一次是卢绾跟着刘贾到项羽的大后方，协同彭越烧绝项羽的粮道；一次是卢绾跟着刘贾，一起攻打临江王共尉，迫使共尉投降；一次是卢绾跟着博士叔孙通筹办刘邦登基大典。

三次主要事迹，都是跟着别人干的。由此来看，卢绾这个人才能一般，战功平平。

那么，他凭什么会受到刘邦的特别青睐呢？

14. 卢绾加封燕王

卢绾和刘邦关系不一般，不但是老乡，都是沛县丰邑人，而且两个人还是发小。所谓发小，就是从小玩到大的小伙伴。这还不算，卢绾的老爸和刘邦的老爸刘太公，也是铁哥们儿。简而言之，两家是世交。

更巧的是，卢绾和刘邦同年同月同日生。这概率该多低啊！为此，当时乡亲们很是惊喜，纷纷杀鸡宰羊，抬着老酒同时给两家庆贺，搞得好不热闹。

卢绾和刘邦稍微懂事后，一起读书，一起玩耍，一起到农家田地里偷瓜，好到穿一条裤子都嫌太肥。

两代都是铁哥们儿，乡亲们都很羡慕。当卢绾和刘邦十周岁的时候，大家又杀鸡宰羊，抬着老酒给两家人同时庆贺。

有人可能会很奇怪，为什么两个小孩子过生日，乡亲们搞得那么夸张？一方面，史书就是这样记载的；另一方面，应该是跟当地风俗有关，至今中国有些地方，比如江苏境内，还有给孩子大办十周岁生日的习俗。

随着时间的推移，卢绾和刘邦慢慢长大了。他们仍然臭味相投，整天鬼混在一起，由原来一起偷瓜摸枣，变成偷鸡摸狗、打架斗殴、调戏良家妇女。

特别是刘邦，天性顽劣，在当地是出了名的小混混、小流氓，到处惹是生非。父母不喜欢，官府也经常派人上门问话。

官府派人上门，不管有事没事都挺吓人的，刘邦前科那么多，肯定也害怕了，只要官府派人过来问话，他就会跑到外面躲风头。每次跑出去，卢绾总是像个跟屁虫一样追随左右，东奔西跑。

后来，刘邦在沛县起事造反，卢绾以门客的身份紧紧跟随，直到攻入关中，推翻秦朝。刘邦被项羽分封到汉中做了汉王，卢绾则做了将军，但他不干将军的事，整天陪伴在刘邦身边。等到刘邦与项羽争夺天下的时候，卢绾又被刘邦封为太尉。

看到太尉一职，有人可能认为卢绾掌握军中大权，因为秦朝官职中，太尉就是军事最高长官。但实际上，这时的太尉仅仅是个虚名，与军事无关。这说明卢绾的能力非常一般，刘邦只是因人设职，让他陪伴左右而已，因为刘邦已经习惯了他在身边出没。两个人从出生那天开始，就没怎么分开过，整天粘在一起，能不习惯吗？

据史书记载，当时只有两个人可以随意出入刘邦的卧室，一个是刘邦的弟弟刘交，一个就是卢绾。刘邦的卧室，可不是一般朋友能够随便进出的，那可是刘邦的私密空间，不好到一定份上，是不可能的。

另外，刘邦对卢绾特别大方，有好吃好喝好穿的，总是先想到卢绾，让他过来一起分享。这样的待遇，其他大臣很难享受到，即便是萧何、曹参这些刘邦早年的老朋友、老同事，也仅仅在立有大功时，才会偶尔受到如此礼遇。但是也没人因此嫉妒卢绾，因为大家都已经司空见惯了。而且汉朝还没建立的时候，刘邦就已经给卢绾加封为长安侯。可见，刘邦该多看重卢绾！

说了这么多，简单一句话，除直系亲属外，卢绾是刘邦最亲近、最信任的人！这次刘邦到燕国平叛，卢绾也跟着一起去了。现在燕地需要封个王来镇抚，刘邦很自然就想到了他。

前面说过，非刘氏被封王的，除了被干掉的臧荼外，还有七个人，个个都是战功显赫，而卢绾却战功平平。如果刘邦非要加封卢绾为燕王，肯定不合适，明显是假公济私，很容易引起一帮功臣的不满。

大家辛辛苦苦在前线打仗，就是为了封王封侯，结果刚打下来，刘邦一转手给了卢绾，谁会信服？可是，刘邦真心想加封卢绾为燕王。

怎么办呢？刘邦自有办法。就是让群臣公选燕王，大家支持谁，就让谁干。

在公选燕王大会开始前，他暗地里给参加会议的大臣分别打招呼，替卢绾疏通关系，让他们在会上推举卢绾，玉成此事。

当然，刘邦不会亲自上门打招呼，那干得也太明显了，他只是派手下一帮心腹前去游说。大臣们都是人精，一听就知道是刘邦的用意，谁敢装糊涂啊？巴结还来不及呢！明知道卢绾不配当燕王，也不好公开反对，只会想办法满足刘邦的心愿。

所以在会上，刘邦刚抛出封谁为燕王的议题，群臣便异口同声地说道："太尉长安侯卢绾随驾亲征，立有大功，请陛下加封为燕王！"

大家的反应之快，有点出乎刘邦的意料，但他等的就是这句话，也不管那么多了，当即下诏加封卢绾为燕王。

说句良心话，刘邦对卢绾真够可以的，亲兄弟也不过如此，只可惜后来卢绾却反叛了，伤透了刘邦的心。将来我们还会说到。

燕地的事摆平后，刘邦志得意满，高高兴兴回到洛阳，并诏令全部在册的侯级以上大臣过来开会，准备拿臧荼当反面教材，给大家敲敲警钟。

大部分侯级干部都来了，却有一个侯没有来。这个侯名叫利几。

利几原本是项羽的部将，在陈县做县令。项羽自刎后，汉军攻到城下，他碍于当时的情势，不得已投降归顺了刘邦。刘邦见他识相，没有难为他，而且还加封他为颍川侯。按说，这级别相当高了，如果老老实实干下去，颐养天年应该没多大问题。

不知道利几心里有鬼还是怎么回事，他认为，刘邦召集群侯到洛阳开会，肯定没安好心，就没有过去。不过去，刘邦肯定不高兴了，便派人责问他什么情况。

利几无言以对，于是在慌乱之中，在没有任何准备的情况下，起兵造反了。看来他的智商和臧荼有一拼，也是个糊涂人。

那么，刘邦又会怎么收拾利几呢？

15. 空穴不来风，无风不起浪

听说颍川侯利几无缘无故也造反了，刘邦那个火大啊，心想这都是些什么人啊，封王封侯还不知足，非要造反找死才甘心。于是他又亲自带兵前去讨伐。利几势力太小了，无论如何也抵挡不住刘邦的大军，很快就被剿灭了。

平定利几叛乱后，差不多快到年底了，刘邦又回到了洛阳，准备在这里过年。

过去的一年，刘邦成绩斐然，不但干掉了项羽，夺得了天下，还当了皇帝，及时平定了反叛。但未来一年呢？

俗话说："打江山易，守江山难。"

刘邦是一个居安思危的人，之前接二连三的反叛事件，让他无法安心享受生活；闲暇之余，总是想起项羽手下那些逃跑在外的部将。

在这些部将之中，还有一个重量级的人物没有被缉拿归案。

这个人就是智勇双全的钟离眜。

前面说过，刘邦与项羽荥阳对峙时，钟离眜曾多次重创汉军。为此，刘邦让陈平施展反间计，谋害钟离眜，只是没有得逞。项羽兵败自杀后，钟离眜下落不明，刘邦一直忧虑重重。所以刚过完年，他再次下令通缉钟离眜，扬言生要见人，死要见尸。

没多久，就有人报告说钟离眛躲在下邳，被楚王韩信收留了。

刘邦闻听大惊失色，这还了得，除了项羽外，他最放心不下的人就是韩信。韩信能文能武，能耐天下无二，虽然被剥夺了军权，刘邦还是担心他会图谋不轨，犯上作乱，常常加以特别防范。

这次韩信竟然偷偷收留了钟离眛，想干什么？刘邦不免疑窦丛生，立刻派特使带着诏书去找韩信，诏令他缉拿到钟离眛后，务必押送过来。

钟离眛真的在韩信那里吗？这次还真没冤枉韩信，自从项羽兵败后，钟离眛就一直躲藏在韩信那里。

钟离眛怎么会跟韩信搞在一起呢？

原来，钟离眛是朐（qú）县伊芦乡人，也就在今天的江苏省连云港市灌云县同兴镇，跟韩信可以说是老乡。因为都是楚人，两个人很早以前就比较熟悉。

可能有人会对此有疑问，韩信是今天的江苏省淮安市人，而钟离眛的家乡在连云港，距离淮安全程一百三十多公里，那个时候交通不发达，两个人虽然都是楚人，但距离还是有点远的，怎么会很熟呢？史书记载是不是有误？

这就有点瞎推理了！难道非要史书给你说得一清二楚，详细描写一下他们怎么认识的才行吗？没必要吧！

刘邦和张耳是两个不同国家的人，距离更远，年轻的时候不是也很熟吗？

战国时代流行游学，哪个地方如果有比较杰出的人才，大家会互相拜访学习。像韩信和钟离眛这样的人，互相走动结交，再正常不过。

现在钟离眛落难了，无家可归，投奔到韩信这个老朋友那里，也是情理之中。朋友不就是在落难的时候才体现出价值吗？否则算什么朋友。

有人说，韩信比较重感情，够朋友，他仗着自己的特殊身份，暂时收留了钟离眛。但如果我们仔细分析韩信的性格和谋略，应该没那么简单。

两次被刘邦夺了军权，韩信内心肯定深受触动，所以他应该是有心培养自己的势力。否则，一个明知被皇帝小心提防的人，怎么敢收留一个被皇帝深恶痛绝的人呢？

对于这一点，刘邦心知肚明，但碍于韩信过去的功劳和影响力，暂时忍着没有发作，只是下诏过去要人。

韩信不忍心交出钟离昧，对前来传达诏令的使者谎称，钟离昧没有在他那里，还信誓旦旦地承诺，自己一定会尽力捉拿，一旦归案，就交给朝廷处置。

本来仅仅是窝藏罪，如果及时澄清，韩信与刘邦之间的猜忌还没那么深，现在又欺骗刘邦，那就是欺君之罪，性质变了。欺君之罪在古代是重罪，是要杀头的。

这个罪为什么那么重呢？不就是说句谎话吗？

即便是普通人之间交往，说谎都最让人反感，何况跟皇帝说谎呢？那意味着不忠，有二心，说严重点，叫有野心，在封建社会，是绝对不被允许的。

韩信肯定懂得这个道理，三军统帅干那么多年，这点规矩不可能不晓得。之所以还冒险去做，心中应该是怀有某种不满或侥幸心理。

从韩信那里没有拿到人，朝廷派去的人只好回来向刘邦如实汇报。

刘邦怎么可能轻易被韩信糊弄过关呢？俗话说："空穴不来风，无风不起浪。"何况刘邦是个老油条，说谎骗人，那是行家里手，他对韩信的话半信半疑。

有了这种心态，刘邦心里很不舒服，总想弄个水落石出，证明自己的判断，于是又派了很多探子到楚国境内打探虚实。韩信也不是一般人，千军万马都带过来了，刘邦的手段他还想不到？他早把钟离昧藏得严严实实，以防万一。

这帮探子来到下邳，四处打听，但就是摸不准钟离昧的下落，不免着急。一天，他们正在街上酒馆内喝闷酒聊天，商量如何向刘邦交差，恰好看见韩信出巡的队伍。

这队伍也太有排场了——前后护卫，加上仪仗队，不下三五千人，车马喧闹，声势威赫，俨然皇帝出行一般。

在古代，车队、随从、穿着，甚至住宿，都有讲究，有层级限制，不是想怎么样就能怎么样的，乱了规矩可是大罪。

刘邦派的这帮探子正儿八经的任务没有完成，正愁无法回去交差呢，结果看到这一幕，欣喜万分，权当意外收获。他们密奏刘邦，说韩信可能有反心。

那么，刘邦会怎么办呢？

16. 谋定而后动

刘邦收到探子们的密报，心里更加紧张。韩信有反心那还了得？刘邦连忙召集诸将过来应对。

还没有韩信反叛的确凿证据，刘邦为什么就急于把诸将召集过来呢？不怕节外生枝吗？因为韩信过去是三军统帅，立有赫赫战功，军中影响力非同一般。如果刘邦打定主意要办了韩信，首先要过军中这一关。他召集诸将开会研究，主要是投石问路，试探军心。

诸将过来后，刘邦开门见山，直接说韩信可能有反叛之心，问大家怎么办。这帮将领闻听，不管真的还是假的，都摩拳擦掌，大呼小叫，貌似非常气愤地对刘邦说道："亟发兵坑竖子耳！"

这句话是《史记》中的原文，什么意思呢？"亟"是尽快的意思，"亟发兵"就是尽快发兵；"坑"是活埋的意思；"竖子"是骂人的话，这小子或者这家伙的意思。连在一起翻译就是："尽快发兵活埋了这小子！"

司马迁的文字功底名不虚传，凝练且有张力，仅用七个字就反映了诸将当时的心态。

什么心态呢？置韩信于死地而后快的心态！

战争年代，韩信是三军统帅，是这帮将领的老领导，现在被刘邦忌恨，他们为什么会有这种心态呢？无非有三种可能：

第一种可能，韩信在军中人缘不好。后世很多人都这样认为，说韩信情商不高，恃才傲物没少得罪人。其实，军中做事一般靠本事说话，以韩信超凡的军事能力，应该能够赢得大部分人的认可。所以，人缘即便不好，也不会太差，不至于诸将异口同声这样表态。

第二种可能，诸将知道刘邦忌恨韩信，容不下韩信，有意站队拍马屁。这种可能性还是很大的。项羽败亡后，刘邦第一时间剥夺了韩信的军权，还把韩信从齐王改封为楚王。诸将都是聪明人，一看便知怎么回事，此时不站队表态，更待何时？

第三种可能，就是人心险恶，嫉贤妒能，有意落井下石。

这三种可能，应该兼而有之，总之，军心不在韩信那边。

刘邦这么一试探，心中有底了。不过，他还不放心，深知诸将的态度不一定靠得住，所以只是沉默应对，没有进一步表态。

看刘邦不说话，诸将犯嘀咕了，心想什么情况，大老远把我们叫过来说要收拾韩信，现在竟然屁都不放一个。大家都很扫兴，反正马屁也拍过了，陆续告辞退出。

待诸将走后，刘邦又派人去召陈平进宫，他要听听陈平的意见。

俗话说："谋定而后动。"这种事要想妥善解决，武将表态是一方面，还必须事先谋划好。那么，刘邦为什么不找张良来谋划呢？

张良还真不合适，他的才能偏重战略层面，多是阳谋，需要使用阴谋诡计暗算人的事情，不一定擅长。而陈平就不同了，一肚子坏水，是个阴谋家，专出阴招。我们说过，刘邦用人的最大特点，就是因材而用。

等陈平来了，刘邦就把韩信可能反叛的事说了一遍。陈平脑子多好使啊，一听就知道，韩信谋反是假，刘邦有意整肃韩信才是真。但这小子坏得很，并不为韩信辩白，反倒顺着刘邦的意思去说。

韩信是武将，陈平是文臣，文臣和武将因为立场不同、定位有别，向来不是一路人，面和心不和。

陈平和韩信的关系平时也好不到哪里去，但他比较滑头，不想蹚这摊浑水。坏话可以说，真要出主意害韩信，便想回避，说要慢慢打算，从长计议。

刘邦对陈平太了解了，两眼一瞪说道："这事怎么能慢慢打算呢？你今天必须给朕出一条妙计！"所谓妙计，其实就是阴招了。

在刘邦的坚持下，陈平才勉强谨慎地问道："陛下，刚才众将军过来，应该就是为了此事吧，他们是什么态度啊？"

有人说陈平圆滑乖巧有余，从这里也可以看出。刘邦问他意见，他不先说，要先听听其他人的态度。

俗话说："知子莫若父，知臣莫若君。"为人父母或者领导的，应该都深有体会。

同样，刘邦对陈平的乖巧个性也很了解，所以并不责怪，而是把众将的话原原本本又说了一遍。

如果这事放到那种情商低下的领导身上，很可能早不耐烦了，甚至脱口而出斥责道："我在问你呢，你管人家干什么！"一般的事情，一般的下属，这样说没什么不妥，但处理类似韩信反叛的事情，面对类似陈平这样的高参，那就要掂量一下了。

刘邦情商多高啊，他对陈平显得格外耐心。陈平当然识抬举，立刻进入角色，问道："陛下，您是如何晓得韩信谋反的啊？"

"有人密书奏报，谋反之心属实！"

"除有人密奏外，还有其他人知道吗？"

"除了刚才来的那帮将领外，没人知道。"

"韩信有可能知道别人密奏陛下他谋反吗？"

"绝无可能，朕看谁敢通风报信！"

这一番对话可以看出，陈平对事情的隐秘性特别关注，因为他要搞的是阴谋诡计。前面说过，所谓阴谋，与阳谋不同，见不得阳光，拿不上台面，需要隐秘实施才行。接着，陈平又问道："陛下，朝廷现有的汉兵能胜过韩信的楚兵吗？"

刘邦轻轻摇摇头说道："够呛啊，韩信练兵有一套！"

"那陛下的那些将领中，有超过韩信军事才能的吗？"

"哎呀，还真没有啊！"

这三句问话，有点像老中医看病一样，望闻问切，由表入里。但如果问了半天，病人讳疾忌医，总不说实话，那么再高明的医术，估计也没辙。

刘邦的可贵之处，就在于敢面对现实，有自知之明，而且还很坦诚。看刘邦如此坦诚，陈平放开说道："陛下，这样说来，汉兵不如楚兵，汉将不及韩信，贸然起兵讨伐，一旦真打起来，恐怕韩信本来没准备谋反，也要被逼反了。臣以为，陛下此举风险很大啊！"

刘邦被陈平的问话，问得早就紧皱眉头了，又听到陈平说风险很大，便不无忧虑地问道："为之奈何？"

又是"为之奈何"，反正，只要刘邦这四个字一出口，差不多问题肯定能解决。

那么，陈平究竟会给刘邦出什么主意呢?

17. 不做亏心事，更怕鬼敲门

针对韩信可能有反叛之心的问题，刘邦问陈平"为之奈何"。

听到这四个字，陈平顿时很有成就感，像打了强心针一样，大脑极度活跃。他来回踱步，踌躇多时，反复盘算，最后才压低声音说道："古时候，天子巡视天下，有会见诸侯的惯例。南方有个地方，名叫云梦泽，臣听说那里风景怡人，陛下可以假装到那里出游，诏令诸侯在陈县接驾。如今天下无事，陈县又在楚国西部边境，韩信知道陛下出游路过，必定会过来迎接。韩信一来，到时陛下只需要用一两个武士就能将他拿下，这不是唾手可得的事吗？何须兴师动众呢？”

陈平一生给刘邦出了大量奇谋妙计，其中有六条最为著名，由此，后人总结了一个成语典故，叫六出奇计。前面已经说到过几条，后面在合适的时候，我们会总结列举一下。

这些所谓的奇计大多都是阴谋，有的实在太阴了，以至于司马迁都不好意思拿出来记载到《史记》中。

有人疑惑，陈平的才智不比张良低，贡献也不比张良少，知名度和历史地位却远不如张良，为什么？就是因为陈平为人太过圆滑，用计太过阴损。圆滑阴损，往往为人所不齿，想要有好的名声就更难了。但是老大刘邦喜欢，这些阴谋诡计正好可以帮他夺取天下，铲除异己。

这次对付韩信的计策仍然很阴损，为什么这么说呢？因为无论陈平还是刘邦，他们心照不宣，都知道韩信压根没有谋反。人家没有谋反，还要整肃人家，显然包藏祸心。不是阴损，又是什么呢？

如果韩信真想谋反，陈平的这个计策，刘邦绝不敢用，那等于自投罗网，不仅抓不住韩信，反倒可能被韩信活捉。

刘邦才不管阴不阴呢，对他来说，抓住韩信就行，所以他觉得陈平的计策是锦囊妙计，跟他两夺韩信兵权的套路，有异曲同工之妙。

于是，按照陈平的计策，刘邦派出各路使者带着诏书，诏令诸侯务必到陈县会集，说是要一起“南游云梦”。

云梦，也就是陈平口中的云梦泽，位于今天的湖北省江汉平原上，后因长江和汉水带来的泥沙不断沉积，汉江三角洲不断伸展，云梦泽的范围逐渐缩小，最后消退成今天一个个相互独立的湖泊。

当然，“南游云梦”是幌子，目的是哄骗韩信过来，好当场抓捕。

诏书发出后，刘邦随即从洛阳出发，前往陈县。其他诸侯收到诏书，也都欣然应命，从四面八方云集而来。只有韩信看到诏书，心情复杂，心想刘邦太狡猾了，两次夺我兵符，这次不会又出什么幺蛾子吧，前段时间刚发生了钟离昧的事，现在突然召集诸侯到楚国边境的陈地，说什么“南游云梦”，也太巧了吧。

俗话说：“不做亏心事，不怕鬼敲门。”其实不做亏心事，更怕鬼敲门，因为可能是恶鬼找上门。

韩信疑虑重重，心想找个借口不过去了，但又一想，陈地和楚地毗邻，离那么近，不去的话，说不过去。这样思来想去，犹豫不决，搞得他想造反的心都有了。

别看韩信打仗一套一套的，变幻无穷，但在处理个人得失方面就显得婆婆妈妈了。说白了，还是心太软。

类似这种性格的人，身边必须有蒯彻这样的谋士提醒指点，但是蒯彻早已装疯卖傻，逃之夭夭。看破玄机的人走了，留下来的都是看不破的，这些人往往只会出馊主意。

这时，就有这么一个人给韩信出了一条馊主意：“大王，别太忧虑了！您从来没有什么过失，现在之所以招皇帝猜忌，就是因为收留了钟离昧这个冤家！如果大王狠狠心，杀掉钟离昧，将他的首级趁这次机会献给皇帝，皇帝肯定会非常高兴，他一高兴这事也就过去了。”

我们作为后来人，知道了结局，看到这个建议可能认为太过幼稚。其实，一个人处于生死关头时，往往会不知所措，只要有人指出一条路，就会很容易接受。这是非常符合一般情理的，但是搞政治不能按一般情理出牌，必须从大局出发，考量利益的平衡和得失。

按说，韩信应该懂得这个道理，因为无论从当年对刘邦和项羽性格的分析，还是在战争中表现出的谋略，都说明他深谙此道。但是面对老奸巨猾的刘邦，他竟然大脑一片空白。

正所谓：“卤水点豆腐，一物降一物。”有时候，无论你道理多明白，一旦碰到了自己的克星，全糊涂了。

韩信这次也犯糊涂了，他认为，他和刘邦现在最大的心结无非就是钟离眛，杀了钟离眛，心结自然就打开了。于是，在前途未卜的情况下，韩信决定把钟离眛杀掉以讨好刘邦，换取刘邦信任。

怎么才能杀掉钟离眛呢？

如果直接派人去杀，太没人情味了，毕竟是老朋友，下不了手；如果找人冒名顶替，肯定无法过关，浑水摸鱼的事难逃刘邦的法眼。

思虑再三，韩信一咬牙一跺脚，决定亲自出马，向钟离眛摊牌。

他派人把钟离眛找来，大谈自己的苦衷。钟离眛又不是傻子，很快就理解了韩信的意思，不免忐忑不安起来，试探着问道："莫非大王因为收留我，得罪了皇帝？"

事到如今，韩信只好点头承认。

钟离眛一听，有点急了，这意味着韩信找他谈心是为了要他的性命，不由得愤怒地说道："大王啊，你糊涂了吗？皇帝之所以不敢明着攻打楚国，正是因为我钟离眛在大王这里啊，他最担心的是我们两人联手对抗。如果大王想把我杀了取悦皇帝，我今天死，你也活不久！"

韩信一脸漠然，无动于衷，心想，你少来这一套，我被你害惨了，你那么厉害怎么跑到我这里来了？钟离眛看韩信这副样子，知道已经无法挽回，顿时气急败坏地大骂道："你这个家伙太不厚道了！算我眼瞎，误投到你这里了！"说完，拔出宝剑就要自刎。

估计是假动作试探韩信，但韩信这小子装作没看见，并不上前阻拦。拔出的宝剑哪有收回的道理，钟离眛那也是江湖上响当当的汉子，一闭眼，就把自己给宰了。

眼看好友钟离眛死在自己面前，韩信心中隐隐作痛，但也松了一口气，总算可以给刘邦交差了。他让人割下钟离眛的脑袋，装进盒子，然后带着一帮随从，直接赶往陈县，放心大胆地去见刘邦。

那么，刘邦会原谅韩信吗？

18. 醉翁之意不在酒

韩信到了陈县，刘邦还没到，韩信便在陈县郊外耐心等候，殊不知他已经坐失良机，成了人家案板上的羔羊，等着任人宰割了。

过了很长时间，刘邦的銮驾才浩浩荡荡、不紧不慢地开过来。

看到刘邦来了，韩信慌忙下车，率众人跪拜在路两旁迎接，并让人呈上钟离眛的首级。本以为会得到刘邦的谅解，小心脏激动得怦怦乱跳，结果只听刘邦厉声对左右命令道："快给朕拿下韩信！"

话音刚落，几个膀大腰圆的武士冲了出来，把韩信摁住，反绑起来。韩信这时才明白过来，知道又被刘邦这老家伙给算计了，不禁大声惊叹道："果真像人家说的那样，'狡兔死，走狗烹，高鸟尽，良弓藏，敌国破，谋臣亡'，天下已定，我韩信早该被烹了！"显然这句话，韩信意会很久了，今天得以印证，正好一吐为快，说给刘邦听。

自从被刘邦夺了兵权，韩信经常在反思蒯彻给他的忠告，但是始终犹犹豫豫，不知如何应对。今天的情景，他应该早有所料，只是一直不敢相信会变成现实。收留钟离眛，又杀掉钟离眛，正是韩信这种矛盾心理的体现。

韩信的这句话还是很刺激人的，当面在骂刘邦寡恩薄义。刘邦听着肯定不爽了，怒目而视道："韩信，你小子不要嘴硬！朕给你说明白，有人告你谋反，所以朕才来抓你！"

显然，刘邦又在耍无赖。韩信两眼一闭，懒得辩解，也不挣扎，任由一帮人将他扔到车队后边提前准备好的囚车上。

刘邦没想到会那么顺利得逞，路上还在犯嘀咕呢，生怕韩信真的造反，把自己给办了，如今抓住了韩信，一下子放松了很多。

此时，各路诸侯都还没赶到，刘邦干脆下发一道诏令，说韩信谋反，自己没心情再“南游云梦”了，大家不用再来了。另外，又诏令大赦天下。

为什么要大赦天下呢？

刘邦在位十二年，大赦天下九次，这是其中一次，专门为韩信量身定制。可见，对抓捕韩信，刘邦还是有很大顾虑的，可以说有点冒天下之大不韪。否则，抓个普通人，不至于大赦天下。所谓大赦天下，说白了，就是笼络人心。

诏令下达后，刘邦心里总算踏实一些，带着韩信，仍由原路驰回洛阳。刚回到洛阳，群臣就都跑过来祝贺，祝贺刘邦抓住叛贼韩信。

说是祝贺，其实就是站队、拍马屁，甚至是落井下石。人心险恶，此时此刻体现得淋漓尽致。

看到大家如此拥护，刘邦那个得意就甭提了，有心要严惩韩信。这时，大臣中有一个人，貌似也是来拍马屁的，不过马屁味道与众不同，令人回味无穷，最后竟然让刘邦动了恻隐之心，放了韩信一马。

这个人名叫田肯，官居大夫，他趁刘邦正高兴时，祝贺道：

“陛下抓住了韩信，又在关中建都，真是可喜可贺啊！特别是建都关中，更是英明之举啊！关中地势险要，周围有千里山河环绕，不愧为百二之地，也就是说，即便关东诸侯拥有百万军队，关中只需两万兵力就可以抵挡住。如果从关中对诸侯用兵的话，犹如‘高屋之上建瓴之水’，居高临下，势不可挡。放眼当今天下，能与关中这个地方媲美的，恐怕只有齐地。齐地地域广阔，纵横两千里，东面有富饶的琅琊和即墨等地，南面有泰山之固，西面有黄河天险，北面又濒临渤海，周围与诸侯之间，有千里山水阻隔，即便诸侯拥有百万军队，齐地只需二十万就可以抵挡住，也就是所谓的十二之地。毫不夸张地说，齐地和关中可以并称为东秦和西秦。现在陛下已经建都关中，还应该把齐地分封给刘氏子弟，这样天下才会万无一失。请陛下审慎裁决！”

这番话比较著名，成语“高屋建瓴”“百二之地”“十二之地”都是出自这里。

田肯的话比较隐晦，群臣大都没听明白他的真实用意，都以为他在拍马屁，建议刘邦加封自家子弟为齐王。其实，田肯是在拐着弯，劝谏刘邦放过韩信。

为什么这么说呢?

在田肯看来，当时天下有两个地方最重要，一个是关中秦地，一个是山东齐地，并将这两个地方并称为西秦和东秦。表面上，他是在劝刘邦要重视这两个地方；实际上，他是在提醒刘邦，这么重要的两个地方当年是怎么得来的。

田肯没有明说，只是先祝贺刘邦抓住了韩信，然后再谈关中和齐地如何如何重要。当然，不用明说，刘邦也知道还定三秦、平定齐地都是韩信的功劳。既然是韩信的功劳，那么现在要严惩韩信就说不过去。

刘邦悟性多高啊，张良的《太公兵法》都听得懂，何况这样的暗示呢？他一听就明白了，田肯在暗示他：严惩韩信，人心不服，难保有人私下串联，趁机捣乱，后果不堪设想。

刘邦不但悟性高，情商也高，妥妥的演技派，擅长揣着明白装糊涂。他没有当场点破田肯的用意，而是略微沉吟了一会儿，然后故作恍然大悟地说道：“你说得很有道理啊，就按你说的办！”说完，还特别赏赐田肯黄金五百斤。

田肯知道刘邦听懂自己的意思了，赶快拜倒谢恩，拿着黄金高高兴兴地走了。

眼见田肯平平淡淡几句话就受到了重赏，群臣们无不羡慕，都以为刘邦肯定会下诏加封自家子弟为齐王。可是过了十多天，加封齐王的诏书没下来，却下了一道谕旨。

那么，这是一道什么谕旨?

第五章

分封之争

19. 刘邦分封

听完田肯一番关于关中和齐地重要性的阐述，刘邦深受触动，于是他下了一道谕旨。谕旨内容主要是将韩信由楚王降封为淮阴侯，并要求韩信不得擅自离开京城长安。

刘邦这样做，显然是变相将韩信软禁在自己身边。

不管怎么样吧，软禁起来总比杀头要好，正所谓“好死不如赖活着”，因此，韩信又多活了很多年。

这时，大臣们才明白田肯的真实用意，原来他是在拐着弯为韩信说情，无不赞赏有加。

韩信被赦免后，心中仍然不爽，明知刘邦在打压他，也没办法，还不得不入朝谢恩。刘邦装模作样，宽慰了他一番，让他不要有思想顾虑，回去好好学习，反思己过。韩信委屈得很，怎么可能会反思呢？回去后，他闷闷不乐，闹小情绪，后来干脆托病不再上朝。刘邦听之任之，不与之计较，知道他已经成了囚笼困兽，没权没势，搞不出什么名堂。

韩信的楚王不让干了，楚地怎么办呢？

刘邦干脆将楚国以淮河为界一分为二：淮东称荆地，加封刘贾为荆王；淮西称楚地，加封刘交为楚王 。

刘贾是刘邦的远房堂兄，我们曾经说到过三次：第一次，刘贾与卢绾一起到项羽后方，协助彭越烧绝楚军粮道；第二次，刘贾与英布开辟南方战场，胜利合围垓下；第三次，刘贾与卢绾一起平定临江王共尉。

刘贾战功可圈可点，关键是姓刘，所以他有幸成为刘邦加封的第一个刘姓王。

关于刘交，我们前面也提到过，是刘邦同父异母的弟弟，从小很爱学习，师从荀子的学生浮丘伯，文化水平很高，在我国古代文学史上小有名气。刘邦虽然没文化，但是非常喜欢和倚重这个有文化的小老弟，正所谓“缺啥补啥”。

刘贾也好，刘交也罢，他们有一个共同点，就是都姓刘。正是从这个时候起，刘邦开始着手分封刘姓王，打造他心目中真正的刘汉天下。

处理完韩信的事后，刘邦得不到喘息，因为还有一件大事萦绕在他心中。

什么大事呢？就是分封功臣。

自从攻灭项羽后，这件大事差不多已经拖了一年多。为此，开国功臣们日夜争功，吵闹不休。

这就像现在公司年底发年终奖一样，谁多谁少，大家心里都在盘算，不患寡而患不均。面对类似情况，每个领导都很头疼，谁也不想钱花出去了，却把人给得罪了。

刘邦也差不多如此。看着这帮大臣互相诋毁，斗得你死我活，虽然心中暗爽，但是他也不想搞“崩盘”了，否则就不好玩了。所以，刘邦一直在想方设法平衡各方利益，只是始终没有平衡好。现在用诡计拿下韩信，人心难免浮动，这事就不好再拖了。

战争打那么久，开国功臣要多不少，谁没有战功啊？衣服脱掉，每个人身上都是伤痕累累。但如果都分封的话，有哪些爵位可以提供呢？

汉初继承了秦朝的军功爵位制，秦朝时有二十级爵位：一级公士，二级上造，三级簪袅，四级不更，五级大夫，六级官大夫，七级公大夫，八级公乘，九级五大夫，十级左庶长，十一级右庶长，十二级左更，十三级中更，十四级右更，十五级少上造，十六级大上造或大良造，十七级驷车庶长，十八级大庶长，十九级关内侯，二十级彻侯。

第二十级彻侯，也就是我们常说的列侯，因为后来避汉武帝刘彻的名讳，史书上称之为列侯。

在上述二十级爵位的基础上，汉初另外增加了王爵。这样算来，汉初共有二十一级爵位。

关于王爵，早在刘邦登基前后已经加封完，也就是那八个异姓王。其中燕王臧荼叛乱被杀，刘邦的发小卢绾顶替为燕王。另外，楚王韩信刚刚被削去王爵，降封为淮阴侯，楚地拆封出荆王刘贾和楚王刘交两个刘姓王。

接下来，对于其他开国功臣来说，他们重点争夺的是第二十级，也就是列侯。列侯地位崇高，数量有限，当时大致有两种情况：一种是在战争过程中已经被加封的功臣，需要核查后，给予定封或改封；一种是从未加封过的功臣，需要在功劳统计后，进行新封。

列侯再往下，层次相对较低，对应的功臣影响力有限，倒好解决。

面对有限的列侯和那么多的功臣，怎么分封才能让人心服口服呢？

虽然嘴上都没说，但大家有一个不成文的共识：江山是马背上取得的，按照战功评定最为公平。而战功都在功劳簿上，白纸黑字，每次打仗，谁攻取了几座城，谁斩杀了多少敌人，都一笔笔记载得清清楚楚。

于是，按照战功多寡，汉六年十二月，刘邦在洛阳公布第一批列侯名单：曹参封平阳侯、夏侯婴封汝阴侯、傅宽封阳陵侯、靳歙（xī）封建武侯、王吸封清阳侯、召欧封广严侯、薛欧封广平侯、陈濞（bì）封博阳侯、陈婴封堂邑侯、陈平封户牖（yǒu）侯。

看到这个名单，有人可能会掰着手指头数一下，一数才十个人，而且名字好像大都不太熟悉，估计会有点失望。

其实，当时大家也都犯嘀咕。当然，嘀咕的并不是名字熟不熟，而是有人不该封。

谁不该封呢？就是户牖侯陈平。

武将们认为，他有谋无勇，没有战功，加封列侯太高。但刘邦坚持认为，陈平功不可没，必须加封。大家不好多说什么，因为不久前正是采用了陈平的计策抓捕了韩信，此时刘邦的偏心，也可以理解。

那么，为什么给陈平加封为户牖侯呢？并不是因为陈平会忽悠，而是因为陈平是户牖乡人，刘邦把户牖乡作为封地给了他，侯名源自封地名。

陈平多圆滑乖巧啊，自忖武将们不会服气，在朝堂上，当看到封侯名单时，当即出列拜倒在地，辞让道："陛下，臣没有大功，够不上封侯啊，还请陛下另封他人！"

刘邦心想，陈平这小子圆滑是圆滑点，面对封侯还是很淡定的，觉悟还是很高的，不封侯于心不忍，便好言抚慰道："朕多次使用先生的计策，每次都卓有成效，怎么能说没有大功呢？"

陈平不无感慨地回答道："陛下对臣恩重如山，臣没齿难忘！但如果没有魏无知大力举荐臣的话，臣怎么可能有机会为陛下做事呢？"

魏无知这个人不知道大家还记得不？

当年，陈平从项羽那里逃出来投奔刘邦时，首先找到了老朋友魏无知。正是魏无知将他举荐给了刘邦。后来，陈平因为受贿，遭到周勃灌婴等武将的举报诋毁，也是魏无知挺身而出，极力为他辩白，才让他得到刘邦的宽恕和信任。可以说，没有魏无知，就没有陈平的今天。

所以，刘邦知道陈平在为魏无知索要封赏，很是感动，认为陈平是一个知恩图报的人，当众赞赏道："若子可谓不背本矣！"什么意思呢？显然，这是在表扬陈平不忘本。用现在的话说，就是有"感恩之心"。

于是，刘邦命人把魏无知召来，特别进行了赏赐。之后，他仍然坚持加封陈平为户牖侯。陈平心里那个美啊，不再推辞，欣然接受，拉着魏无知一起向刘邦拜谢。

武将们肯定心中不服，但也没人敢再跳出来反对。谁敢反对啊？谁反对，谁就是一个忘本的人。

那么多功臣，刘邦只加封十个侯，有点太少了。武将们难免私下里议论纷纷，揣测刘邦葫芦里究竟卖的什么药。

那么接下来，刘邦又要加封哪些人为侯呢？

20. 分封之争

那么多功臣，刘邦只加封十个侯，武将们难免私下里议论纷纷。正当大家揣测之时，一个月后，刘邦又公布了第二批封侯名单：

萧何封酂（zàn）侯、周勃封绛（jiàng）侯、樊哙封舞阳侯、郦商封曲周侯、灌婴封颍阴侯、陈贺封费侯、陈豨（xī）封阳夏侯、周昌封汾阴侯、张良封留侯、丁复封阳都侯、吕青封阳信侯、郭蒙封东武侯、武儒封梁邹侯、董渫（xiè）封成敬侯 、孔聚封蓼（liǎo）夷侯、周灶封隆虑侯、刘缠（项伯）封射阳侯。

加上这批的十七个侯，前后加起来一共封侯二十七人。仅仅二十七位列侯名单，却稍微间隔一段时间，分两批公布，至于吗？

实际上，这可能是刘邦耍的一个小手段。

第一批封侯是在投石问路，试探大家的反应。根据大家的反应，再调整封侯的节奏和力度，以便更好地平衡文臣和武将，以及武将与武将之间的关系。分封本来是好事，如果搞不好，适得其反，喜剧可能搞成闹剧，还可能会引起某些功臣的反弹，导致激变。

第二批名单公布后，虽然人数增加了，各得其所，但众武将意见仍然非常大，主要集中在萧何和张良身上。

这帮武将认为，战争期间，文臣谋士多在后方安享太平，战功有限，并且很难量化；而他们是把脑袋绑在裤腰带上，在前线浴血奋战的，战功岂是文臣可以相比。上次让陈平这小子给蒙混过关，这次刘邦不但分封了张良和萧何，而且还要厚封，他们说什么都不干了。

为什么说张良和萧何是厚封呢？我们可以简单对比一下。

武将中，曹参战功最大，加封最多，封地也不过一万零六百三十户。其他除周勃封地八千一百八十户外，没人超过八千户，多在五千户以下。

而张良和萧何呢？我们先说张良。

众将认为张良只是躲在幕后，没有战功，跟陈平一样不应该加封。但刘邦不以为然，他认为张良出谋划策，功劳巨大，而且比任何人都要大。在朝堂上，刘邦力排众议，说道："运筹帷幄之中，决胜千里之外，这就是子房的功劳，是天大的功劳，子房可以'自择齐三万户'！"

什么叫"自择齐三万户"呢？就是让张良在齐地任意选择三万户作为自己的封地。这是什么概念？大家比对一下曹参的封地，一目了然。

众武将听刘邦这么安排，会怎么想？估计眼睛都绿了。

张良是一个有自知之明的人，他深知，一旦自己真的接受了刘邦的加封，无疑是把自己放到炉火上烤，成了众矢之的，以后退养的日子甭想安生。所以刚听完刘邦的安排，张良就赶快出列辞让道："陛下的隆恩，臣消受不起啊！陛下能够重用臣，言必听，计必从，才让臣有点小功劳，这是对臣的知遇之恩啊，臣怎么敢再有妄想呢？当年，臣在下邳避难时，听说陛下起兵，有幸赶到留城遇见陛下，这是天意，是上天安排臣辅佐陛下的！如今，陛下只需把留城赐封给臣，臣就已经很满足了，怎么敢担当三万户呢？"

张良所说的留城，位于今山东省济宁市微山县境内的微山岛附近。

刘邦看出张良真心实意让封，也为了平衡其他功臣的利益，便同意加封张良为留侯，封地一万户。张良这才拜谢而退。

可是比对一下其他武将的分封，这一万户也不是小数目啊！

说句实话，看到史书上如此记载，我都怀疑刘邦和张良两个人在唱双簧：一个有意抬举，厚封给大家看；一个有意谦让，故作高风亮节。

他们一起来忽悠那帮四肢发达、头脑简单的武将，让他们无话可说，谁争功就显得小家子气。

众将嘴上不说，心中肯定也不会痛快，只是因为张良是将相后人，贵族出身，又如此谦让，都不好计较罢了。但是给萧何的加封，他们坚决反对，一致认为萧何的命实在太好了，整个战争期间，萧何从没有冲锋陷阵，甚至连前线都很少去，一直躲在大后方享清福，所以不应该封侯，最起码不应该封那么多。刘邦跟众将看法正好相反，他认为萧何“功最盛”，应该“食邑多”。所谓“食邑”，就是封地的意思。

这样一来，众将和刘邦之间就产生了严重分歧。凭什么说萧何“功最盛”，应该“食邑多”？究竟有什么理由？大家都想不通！

也不知道谁牵头串联的，也搞不清楚群主是谁，众将自发相约在朝上给刘邦讲理：“臣等披坚执锐，出生入死，多的身经百战，少的也不下十余战；攻城略地，斩将杀敌，都立过大小不等的战功！而萧何呢？他有过一次战功吗？他只是在后方舞文弄墨、指指点点，从未参加过战斗，如今封赏反倒在我们所有人之上，这究竟是为什么？请陛下明示！”

这帮武将大都是粗人，刚建国就受到不公平待遇，对已经是皇帝的刘邦说话也不那么讲究了，咄咄逼人。刘邦也是个大老粗，跟这帮武将大都是生死之交，说话从来也没客气过。他没有直接回答众将的问题，而是哈哈一笑问道：“诸位打过猎吗？”

众将纷纷回答道：“打过，当然打过啊！”

刘邦又问道：“打猎时，有使用过猎狗吗？”

有人回答道：“使用过啊！”

刘邦缓缓从座位上站了起来，走到众将中间，一本正经地说道：“夫猎，追杀兽兔者狗也，而发踪指示兽处者人也。今诸君徒能得走兽耳，功狗也。至如萧何，发踪指示，功人也。且诸君独以身随我，多者两三人。今萧何举宗数十人皆随我，功不可忘也。”

这段话非常著名，流传甚广，估计很多人都听说过。在这里，刘邦独家冠名，提出了“功狗”和“功人”的概念。

那么，这段话到底是什么意思呢？

21. 第一功的标准

在朝堂上，众武将要求刘邦说清楚，为什么非要给从没有上前线冲锋陷阵的萧何“食邑多”。刘邦趁机提出了“功狗”和“功人”的概念，并用一大段道理进行阐释：“打猎时，追咬野兽的是猎狗，但发现野兽踪迹，指出野兽所在位置的是猎人。诸位仅能捕捉到野兽而已，功劳不过如猎狗；至于萧何，他却能根据野兽的踪迹，指明野兽所处的位置，功劳如同猎人一样。再说，诸位大都只是一人追随朕，多的也不过一家两三人，而萧何呢，他带领本族几十人跟随朕打天下，功不可没啊！”

我们现在看到刘邦这段话，一般都会感觉不可思议。虽说“话糙理不糙”，但也不能把一帮开国功臣比喻成“功狗”啊，甚至有人把这段话当作刘邦没有文化、耍流氓腔的证据。

其实，后人反应过度了。前面说过，韩信在被刘邦抓捕喊冤时曾说过一句话：“狡兔死，走狗烹；高鸟尽，良弓藏；敌国破，谋臣亡。”

其中的“走狗”和刘邦这里使用的“功狗”，用法差不多，都是一种比喻。这也说明，当时的人认可这种比喻，虽然粗俗，但听起来特别过瘾。

所以，我们的关注点不应该放在这个比喻上。在这段话中，刘邦实际上主要表达了两个意思。

第一个意思，是说大家的分工不同。武将们像猎狗一样在前方冲锋陷阵，功劳如猎狗，也就是“功狗”；萧何像猎人一样在后方坐镇指挥，功劳如猎人，也就是“功人”。既然只是分工不同，萧何为什么不能封侯呢？有时候，类似萧何这样的文臣，可能比武将的作用还要大。

第二个意思，是在提醒大家，萧何的忠心和付出无人可比。几乎所有的功臣都是只身一人，最多带两三个家人参加战斗；而萧何不是一个人在战斗，是带着整个家族过来拼命的。如此忠心，谁能做到？既然都做不到，为什么萧何不能“食邑多”？

刘邦表达的这个意思，有点像现在的合伙创业，出资多寡决定了谁更忠诚于创业团队。看似非常有说服力，实际上是强词夺理。因为事先说好的，大家比的是战功，并不是比谁出的人多。这帮武将一时没反应过来，都无言以对，悻悻退出。

众将回去后，越想越觉得哪里不对劲，意识到又被刘邦这个老滑头给绕晕了。以战功封侯是大家的共识，怎么突然改标准了呢？大家私下里议论纷纷，牢骚不断。

刘邦也深知这一点。于是在分封时，他只给萧何封地八千户，略低于曹参和周勃，放弃了最初“食邑多”的做法。这才让众武将心里稍微平衡一些。但没有平衡多久，围绕功劳排名问题，众武将和刘邦又起了争执。

按照规矩，分封完功臣，还要排个名次，也就是谁是第一功，谁是第二功……为什么要排名次呢？分封是对大家以往功劳的回报，而排名次是为了让大家有高低之分，避免没大没小，乱了套。

武将们排名次，相对比较简单，有战功记录在那里，如果文臣也参与排序，就比较麻烦了，功劳无法量化比对。因此，在功劳排名时，便又出现了新矛盾；特别是在认定谁是第一功的问题上，矛盾尤为突出。

谁不想拿第一啊？

每个人心中都有“第一”情节，它是一种至高无上的荣誉。所以，在功臣名次排定过程中，第一功最引人注目，大家都关心花落谁家。

一般有两种可能：要么是众望所归，按功排定；要么是政治考量，老大内定。那么，刘邦会怎么做呢？

不用说，刘邦肯定是想内定了，也就是他自己定。但是内定也不能太离谱了，如果太离谱，阻力就会很大。

那么，刘邦心目中第一功的人选会是谁呢？又会按照什么标准来评定呢？对刘邦来说，应该有三个标准：第一个，过去的功劳要足够大；第二个，与自己的私交足够好；第三个，承担未来工作最艰巨。

三个标准一套，萧何无疑就是刘邦心目中的不二人选。功劳够大，私交够好，自不用说了。为什么说萧何未来的工作最艰巨呢？

因为刘邦文化水平不高，他需要仰仗一位得力的丞相帮他管理国家。在开国功臣中，萧何最适合不过。萧何精通秦朝的法令法规、地理户籍、官场规则，而汉初基本完全继承了秦朝所有的社会管理资源。

所以，刘邦有心把萧何排为第一功。

这件事，武将们应该早有耳闻，但他们才不要管那么多呢。他们认为，没那么多套路，谁战功多，谁就是第一功。

按照武将们的逻辑，只要算术没有问题，曹参才是第一功，功劳簿上记载得明明白白。

为了争夺第一功，待到刘邦准备确定排名时，众将又跑过来劝说道："陛下，针对战功排名，俺们有话要说。战争中，平阳侯曹参身受七十处创伤，攻城略地最多，应该排在第一位！"

刘邦自知理亏，心里发虚，知道过去的分封委屈了他们，较多地封赏了萧何和张良。尽管他想让萧何排第一，但也不好明目张胆地坚持了，坐在那里装傻充愣，不表态。

这场面多尴尬啊！

正当气氛尴尬紧张之时，有一位关内侯站了出来，他要为刘邦解围。所谓关内侯，并不是真正意义上的侯爵，是一个称号而已，相比列侯还低一个级别，也就是第十九级爵位。

那么，这位关内侯是谁呢？他会怎么给刘邦解围呢？

22. 萧何荣获第一功

这位关内侯名叫鄂千秋，他走上前进言道："陛下，诸位大臣的意见是不对的！曹参转战南北、攻城略地，有巨大战功，但不过是'一旦之功'，不能决定整个战局；萧何则不然，陛下与楚军相持五年，常常军队损失惨重，只身逃走就有好几次，每次危急时刻，萧何都主动在关中招募调集军队补充前线，而这些都不是陛下让他做的。还有军粮供应，当时军中没有现存的口粮，萧何总能及时从关中用车船运来粮草，保证军粮供应不断，确保了汉军与楚军在荥阳长期对峙，最终拖垮了楚军。另外，陛下曾经多次丢掉山东等地，是萧何一直设法保全关中，给陛下喘息机会。所以，萧何立的是'万世之功'！说句不好听的话，即使没有上百个曹参这样的人，对汉王朝的建立也不会有根本影响；但如果没有萧何，就不一定了。陛下怎么能让'一旦之功'凌驾在'万世之功'上面呢？因此，臣以为，萧何应该是第一功，曹参居次！"

鄂千秋的这段话也非常著名，他没有单纯按照功劳簿的记载来评定战功多寡，而是换了一个角度，从对整个战局的影响来说事，并提出了新说法：曹参是"一旦之功"，萧何是"万世之功"。而且，这个新提法逻辑清晰、道理充分，直到现在，大家都无不信服。

听到这番话，刘邦又会是什么感受呢？本来被一群武将给摁住了头，强行让他做自己不想做的事，现在突然有人跳出来支持，还支持得有理有据，他还不趁势立威啊？

刘邦显然被鄂千秋说得有点激动了，朗声说道："说得好啊，太有见地了，就这样办，必须这样办！"于是，当即确定萧何为第一功。

这还不算，刘邦又特别恩准萧何“带剑履上殿，入朝不趋”。什么意思呢？古代，考虑到皇帝的安全问题以及对皇帝的尊重，大臣进入宫殿，不得随身带剑、不得穿鞋入朝，而且还要小跑着过来。

让萧何不必再遵从这些规矩，刘邦明显是有意拔高萧何的地位，让他与众不同。你们不是反对萧何排第一功吗？我偏要抬举，何况还是有人支持我呢！

刘邦也没忘记鄂千秋的支持，不无赞赏地说道：“朕原来只知道萧何的功劳很大，经鄂君这么一说，才知道原来是如此之大。勇于为朕举荐贤才的人必须受到奖赏，朕现在就要封赏你！”说完，下诏加封鄂千秋为安平侯。安平侯就不再是关内侯了，而是列侯。

一番进言就换成列侯，鄂千秋名垂千秋，多划算！实际上，刘邦在趁机宣扬一种理念：谁支持我，我就厚待谁！

就这样，两批二十七个列侯，又增加一位侯，变成了二十八侯。

众将闻听，一下子蔫了，纷纷找个理由，慌忙退了出去。这个时候，谁还会那么没眼色继续为曹参据理力争啊？

分封论战再次获胜，刘邦高高兴兴地回了内殿。在内殿，他仍然感慨万千，反复回味鄂千秋的话，不禁想起了在沛县时跟萧何共事的时光。

那时，他们都还很年轻，经常一起打打闹闹，称兄道弟，不分彼此。自己地位比较低，是个乡巴佬，有幸做了泗水亭长，但在县里还是被人瞧不起，只有萧何对自己另眼相看，格外关照。记得那次去咸阳出差，别人都是送钱三百作为路费，唯独萧何送钱五百，当时刘邦心中不知道有多么温暖。因为萧何多送了这二百钱，刘邦逢人都会感激地说道：“何送我独赢奉钱二！”俗话说：滴水之恩，当涌泉相报。自己现在做了皇帝，理应特别酬报。

想到这里，刘邦传出谕旨，决定封赏萧何父子兄弟十多人，让他们都有自己的封地。过了几天，他感觉还是不够，又给萧何增加封地两千户。

二百钱多换得封地二千户，萧何的投资眼光，绝对超过巴菲特。

众将虽然心中不服，但是也没办法，毕竟刘邦是皇帝。更重要的是，萧何为人不错，将来还可能是一人之下、万人之上的丞相，没必要再出头去得罪。但是，这件事直接导致曹参和萧何这对曾经的铁哥们，出现了罅（xià）隙，两人从此面和心不和。

不管怎样吧，刘邦认为，封侯终于告一段落了，总算可以消停几天了。他没想到，针对分封的纷争还远没有结束，一场危机正悄然而至。

为什么呢？

刘邦手下军队几十万人，战将如云，封侯的人数却不到三十人，大多都是刘邦的心腹爱将和老乡老友，其他那么多将领会怎么想？他们之中肯定会有人心怀不满、心生怨恨，甚至有可能私下串联、阴谋造反。

其实，刘邦并不是不准备再封侯了，而是剩下的将领战功差不多，难以评定，便暂时停了下来。众将不明就里，胡乱揣测起来，军心自然就不稳了。

刘邦已经是皇帝了，高高在上，慢慢有点脱离群众，又刚刚封完侯，对下面的情况并不掌握或者压根没放在心上。

有一段时间，他住在洛阳南宫，安享清闲，经常会到一个阁楼的复道上瞩目远眺。所谓复道，简单地说，相当于我们现在两幢楼之间的空中连廊，从这里举目远眺，视野宽广。

在复道上远眺时，刘邦总是看见一帮武将打扮的人，聚在不远处的河滩上席地而坐，在那里不知道聊些什么。聊到激动处，竟然还有人挥舞着拳头，抽出宝剑砍飞地上的沙子，一副义愤填膺的样子。看到这一幕，刘邦莫名地惴惴不安，有一丝不祥之感袭上心头。

类似刘邦这样的开国皇帝，有一个共同特点，就是第六感特别发达，仅凭直觉就能预感未知。如果用过去迷信的话说，那叫如有神助。实际上，主要因为他们人情练达，通透人性，政治嗅觉比较敏感而已。

心里感觉不得劲，刘邦不敢掉以轻心，那么他会怎么做呢？

23. 刘邦咬牙封雍齿

这天，他把张良找来，一起登上阁楼朝远处眺望，结果又望见那帮武将围坐在河滩上，交头接耳。刘邦回头疑惑地问张良："子房啊，你看这帮人在那里嘀咕什么呢？"

张良脱口而出道："陛下不知道吗？他们在商议谋反的事啊！"

显然，张良对军中的一些异动有所了解，否则，怎么那么确定呢？总不至于凭空吓唬刘邦。也没那个胆啊！刘邦尽管有心理准备，还是大吃一惊，又问道："子房啊，朕想不通啊，天下差不多都已经安定了，放着好日子不过，他们为什么还要谋反呢？"

张良若有所思地回答道："陛下一介布衣出身，提三尺剑，斩蛇起事，靠着这些人取得了天下。如今陛下做了天子，而所封赏的大多都是萧何、曹参等老乡、老同事、老朋友，所诛杀的都是一生中最痛恨的人。未分封的将领私下里盘算自己的功劳，看看天下的土地还够不够给他们封赏的；而之前犯下过失的将领则担心遭到清算杀头。因此这两伙人就聚在一起图谋造反了！"

被张良这么一分析，刘邦如醍醐灌顶，不禁皱着眉头，忧心忡忡地问道："为之奈何？"

又是这四个字！

张良认真地回答道："陛下，现在问题还不大，还是有办法解决的！臣想问一下，陛下平生最憎恨哪个人啊？而且大家都知道陛下最憎恨他！"

刘邦有点莫名其妙地望着张良，但非常确定地说道："这还用说，肯定是雍齿这家伙了！子房你应该知道啊，这家伙与朕有宿怨，曾多次使朕受窘受辱。朕原本想杀掉他，只是因为他功劳太大，一直不忍心下手！”

张良双手一抱拳说道：“恭喜陛下，办法有了！请陛下赶紧封赏雍齿。一旦雍齿受封，其他人就不会再担心自己的前途命运了，这样一来，他们的谋反活动自然偃旗息鼓。”

为什么说张良的谋略比陈平要高一个层次呢？就体现在这里！

张良的计策多是阳谋，有一定的高度，冠冕堂皇，还能解决实际问题，让你不得不服。这也是张良的名声好过陈平的根本原因。

可刘邦真心不愿意加封雍齿，这家伙太令他痛恨了！为什么呢？

关于雍齿，我们前面其实有提到过，大家可能忘记了，这里不妨简单回顾一下。

刘邦早年就和雍齿看不对眼，两人虽然是老乡，但互不服气，年少时，没少在一起打架斗殴。后来，刘邦起兵造反，雍齿为情势所迫，也勉强跟着刘邦混了。

有一次，刘邦出去打仗，派雍齿留守老家丰乡。结果雍齿竟然跟当时的魏相周市串通一气，背叛刘邦，独占丰乡，不让刘邦回家。刘邦三打丰乡都没成功，气了一场大病，最后还是从项梁那里借来五千精兵，才好不容易收复丰乡，打跑雍齿。为此，刘邦不但痛恨雍齿，而且对丰乡老家的乡亲们也耿耿于怀，后面我们还会说到。

雍齿逃跑后，先是投奔了魏国。可巧，魏国随即被秦将章邯击败。魏相周市战死，魏王咎自杀身亡，雍齿只好又跑到赵国，投奔赵相张耳。

不久，章邯率领秦军围攻赵国。多亏项羽统帅的楚军前来援救，赵国才得以苟延残喘。雍齿眼见楚军势大，又改换门庭，投靠了项羽。

楚汉战争期间，项羽逐渐式微，雍齿再次归顺刘邦。因为雍齿个人能力特别强，很会打仗，当时又是用人之际，刘邦便既往不咎，仍然加以重用。

从此，雍齿跟着刘邦打天下，屡立战功。

但是，雍齿早年给刘邦带来的心灵伤害，让刘邦始终无法释怀。这事，朝廷上下无人不知，无人不晓。雍齿心里更加明白，整天夹着尾巴做人，生怕被刘邦找个借口杀掉。

现在，张良要刘邦给雍齿封侯，刘邦怎么可能会痛快呢？但刘邦毕竟是政治家，江山社稷才是他最看重的，个人恩怨是其次。既然张良这么建议，他也只有照办。

说办就办，事不宜迟，这种事不好久拖不决。于是第二天，刘邦在洛阳南宫置办酒会，宴请群臣。

酒会上，刘邦频频向众将敬酒，显得格外客气，说了很多类似“绝不会忘记大家功劳”的话，还煞有介事地批评丞相和御史大夫工作效率太低，责令他们抓紧时间给众将评定战功，以便再次进行封赏。

众将半信半疑，认为刘邦这个老油条可能又在糊弄人。

待酒会快结束的时候，刘邦突然发出诏令，加封雍齿为什邡侯，封地二千五百户。

什邡位于成都平原腹地，现在归四川省德阳市管辖，是个县级市。它的别名叫雍城，就是从雍齿的名字而来，沿用至今。

雍齿和刘邦是老乡，也就是今江苏省丰县人。刘邦把雍齿从江苏封到四川，相当于从东封到西，应该还是心有怨气，有意为之。但雍齿已经很满意了，他从来都没想过自己能够封侯，天天烧香拜佛，刘邦不秋后算账就阿弥陀佛了。

接到刘邦的诏令，雍齿喜出望外，热泪盈眶，跑着就过来了，一头拜倒在地，声音哽咽，感动得话都说不出来。

这场面太感人了，在场的大臣，无不惊奇，无不羡慕。未封侯的那帮将领看到此情此景无不欣喜万分，互相举杯庆贺道：“雍齿都被皇帝封侯了，我们这些人还瞎担心啥啊？”

最后，宴会在一片和谐之声中结束，雍齿也就成了第二十九个侯。

封完雍齿，果然如张良所料，众将都不再有冒险的想法了，军中一下子平静了下来。就这样，一场未遂兵变悄无声息地给平息了。

此后，刘邦也兑现了自己的承诺，在位期间，持续发布封侯名单，到他离世时，累计分封了一百四十三个侯。

因为这件事，在民间广为流传一个历史典故，就是“汉高祖咬牙封雍齿”。就当时论，刘邦发谕旨的时候，肯定是咬着后槽牙的。

一个人无论多么伟大，胸怀多么宽广，他首先是一个有血有肉有感情的人，做违心的事，难免会有情绪，何况布衣出身的刘邦呢？“咬牙封雍齿”也在情理之中。

雍齿这家伙是个福将，不但成为一方诸侯，得到善终，而且荫及三代子孙长达六十三年。

但是，并不是每个列侯都会像雍齿那样满足于刘邦的分封。相反，有一个人身为列侯，却羞于与诸侯为伍。

那么，这个人会是谁呢？

24. 羞与为伍

大家可能已经猜到，他就是韩信。

韩信曾经是三军统帅，还做过齐王和楚王，身份地位显赫，结果却被刘邦冤枉谋反，降封为淮阴侯。而他以前的很多部将，也大都封侯，如今反倒要与他平起平坐，称兄道弟。

据史书记载，韩信由此“日夜怨望，居常鞅鞅，羞于绛灌等列”。

所谓绛灌，专指绛侯周勃和颍阴侯灌婴两个人，这两个人战功卓著，代表一帮封侯的武将。也就是说，韩信心怀怨恨，很不痛快，羞于与周勃和灌婴等过去的部将同为列侯，所以从此做起了宅男，憋屈在家。

每天宅在家里，只能手持宝剑在院子里挥来舞去，出一身臭汗，韩信那个郁闷就甭提了。

一天，韩信又在家里耍剑，越耍越心烦，最后干脆把宝剑狠狠往地上一摔，然后呼唤一帮随从，乘着马车，前呼后拥，外出散心消遣。

经常不出门，一路逛来，还算开心，韩信心里敞亮了许多。不知不觉中，车队来到了樊哙府邸前。樊哙过去是韩信的部将，现在已经被加封为舞阳侯。

在路过樊哙宅门时，韩信本不打算进去，因为樊哙这种屠夫出身的武将，他向来都看不上，可偏偏被樊哙听说了。樊哙是韩信的超级粉丝，对韩信这位老领导的军事才华佩服得五体投地，连忙出门迎接。

樊哙见到韩信，毕恭毕敬，就像过去打仗一样，向韩信行跪拜大礼，自称“臣”，而且非常激动地说道：“大王屈驾光临寒舍，臣真是万分荣幸啊！”

常言说：“伸手不打笑脸人，开口不骂送礼人。”

樊哙这般客气，韩信也不好意思再端着架子了，只好下车回礼，进入樊哙家中。樊哙是个大老粗，韩信这种文韬武略的人，跟他聊天自然索然无味，小坐一会儿，便起身告辞。

临走时，樊哙好像意犹未尽，又恭恭敬敬地送韩信到大门外，亲自伺候韩信上了车，在后面目送韩信的车子走得很远了，才转头回去。

樊哙尽管是“狗屠”出身，这礼数还是很到位的，估计他是真的是对韩信心悦诚服，否则没必要那么夸张。韩信却不这样想，他在车上不禁失笑道：“哎，我竟然沦落到要与樊哙这等人为伍喽！”说完，整个情绪一下子又低落起来，也没心情再去瞎逛了，干脆打道回府，回家歇着。

樊哙出身再不怎么样，那也是皇亲国戚啊，前面说过，他是刘邦的连襟，吕雉的妹夫。这样的身份，韩信都看不上，内心该有多孤傲！

俗话说：“眼不见心不烦。”此后，韩信更是深居简出，免得撞见过去的老部下，勾起烦心之事。

由此看来，韩信的自我定位非常高，而且政治诉求还在心中。他不甘心永远这样下去，只是表达方式过于幼稚而已。

前面说过，其实韩信是一个有政治头脑的人，可惜的是，他没有政治手段。而搞政治必须要有手段，要想施展政治手段，首先要人情练达，韩信应该不是不懂这个道理，只是他的性格就是如此，不能像刘邦那样能屈能伸。也就是说，韩信的性格不足以支撑他的政治抱负。

后来，这件事也传到了刘邦耳朵中，刘邦感觉很好笑，不以为意。但由此，却让他想起了另外一件事情。

什么事情呢？

不久前，有一位名叫田肯的大臣，在祝贺刘邦抓住韩信时，曾盛赞齐地非常重要，建议刘邦加封刘姓子弟过去为王。当时田肯的主要目的是给韩信说情，但一码归一码，田肯针对齐地的论断，刘邦还是很认可的。

按照田肯的分析，天下有两个地方最好，一个是关中秦地，一个是关外齐地，这两个地方可以并称为“西秦”和“东秦”。而且齐地面积更大，拥有七十多座城池，自从韩信离开后，一直没有再加封齐王。

那么，封谁去做齐王比较好呢？

刘邦一下子就想到了他的大儿子刘肥。之前我们提到过，刘肥是刘邦和情人曹氏的私生子。

早年，刘邦还一文不名，曹氏却不求回报地跟着他鬼混，结果刚混出个儿子刘肥，刘邦一扭屁股和吕雉结婚了。

在那个年代，这简直就是奇耻大辱，对曹氏的打击有多大，常人无法想象。即便是现在，恐怕一般人也无法接受。

曹氏既不图钱财，也不图名分，一咬牙一辈子没嫁人，给刘邦白养儿子。除非是真爱，否则没有哪个女人能做到。为此，刘邦总是感觉对不住曹氏。

如果刘邦没有做皇帝，恐怕就是一个被万人唾骂的“渣男”。可现在刘邦做了皇帝，情况就不同了，他要加封曹氏的儿子刘肥为齐王，以弥补过去的亏欠。

齐地拥有七十多座城池，地理位置又那么好，加封给刘肥，明显带着某种偏心，而且刘邦还下了一道诏令："民能齐言者皆属齐。"

齐地主要位于今山东境内，齐言差不多就是山东话。所以刘邦的意思就是，天下只要会说山东话的人，都属于他大儿子刘肥的臣民。

反秦战争加上楚汉相争，长达七八年，百姓流离失所，遍布全国各地。这道诏令变相拓宽了刘肥的管辖范围。

不仅如此，刘邦还给大儿子刘肥特意配备了一位非常给力的丞相，也就是那个功劳仅次于萧何的曹参。曹参治理齐地很有一套，将来我们还会详细说到。

封完刘肥，刘邦心里美滋滋的，对曹氏的愧疚感也减轻了许多。这天，刘邦大摆宴席，欢送刘肥和曹参赴齐地上任。正当他向儿子刘肥传授为君之道时，突然有人从外面跑进来，说有一位诸侯王叛逃匈奴了。

刘邦闻听，大为震惊。

那么，究竟是哪位诸侯王叛逃了呢？

25. 韩王信变节

叛逃匈奴的诸侯王就是代地的代王。

大家可能会有疑问，刘邦封的诸侯王中，没听说哪里有个代王啊。开始确实没有，后来有了。这个代王，其实就是过去的韩王信。

韩王信不是韩地的诸侯王吗，怎么又跑到代地了呢？我们这里简单交代一下，以便顺起来。

关于代地这个地方，前面说过很多次。它位于北方边疆，赵地旁边，也就是今山西太原和大同一带，最早属于赵国。

项羽分封诸侯时，曾经将原来的赵王歇分封到代地，做代王。楚汉战争期间，代地又成了陈馀的封地，由代相夏说代为管理。不久，韩信奉刘邦之命开辟北方战场，首先率兵攻占了代地。从这里再出发，韩信背水一战攻占了赵国，杀掉了陈馀和赵王歇。

后来，刘邦打败项羽，建立大汉王朝，代地就一直没有再封王。因为代地位于北部边疆，饱受匈奴侵扰，长期没有诸侯王镇守不行。于是，刘邦把韩王信从韩地迁封到了代地，做了代王。

前面说过，韩王信的名字也叫韩信，与“汉初三杰”之一的战神韩信重名，是韩襄王的孽（niè）孙。所谓孽孙，就是庶子生的儿子，也叫庶孙。

韩王信身材非常高大，据史书记载，身高八尺五寸，相当于现在一米九左右。这个身高即便放到今天，在茫茫人海中也要高人一头，何况那个时候。而且，韩王信身强力壮，武功超群，特别能打。但是这家伙有个缺点，不太有气节。

为什么这么说呢？因为曾经在他身上发生过一件投敌叛国的事。

之前我们说过，有一次，刘邦被项羽围困在荥阳城，十分危急，最后采用了陈平“金蝉脱壳”的计策，让纪信代死，才好不容易逃脱。

逃出荥阳时，刘邦留下了周苛、枞公、魏豹和韩王信四个人继续率兵坚守荥阳城。城破后，周苛和枞公不肯屈服，结果一个被烹了，一个被杀了，而韩王信选择了卑躬屈膝，投降项羽。当然，韩王信自己说是假投降。

不久，韩王信从项羽那里逃了出来，又重投刘邦。刘邦考虑到他特别能打仗，而且是韩襄王的孙子，在韩地有号召力，于是既往不咎，再次立他为韩王。韩王信这才得以成为汉初八大异姓王之一，封地还是在原来的韩地。可以说，当年六国最后真正复国的，唯有韩国。

前面说过，韩国的地理位置非常重要。西边是进出关中的要塞函谷关，北边靠近巩县和洛阳，南边逼近宛县和叶县，东边则是军事重镇淮阳。很明显，这个位置处于全国的正中间，是个战略要地。

如此重要的地方，有一个异姓王存在，相当于在心脏附近安放了一颗不定时炸弹，说不定哪天就炸了。何况韩王信不是个省油的灯，缺乏忠诚度，有过变节前科。

所以，刘邦不放心，他想调整一下，于是把韩王信找来，先是盛赞韩王信如何雄壮勇武，如何顾全大局，如何谋略超群。韩王信被夸得晕头转向，搞不清刘邦的意图，当场大表忠心，什么赴汤蹈火、在所不惜，什么鞠躬尽瘁、死而后已的话说了一大堆。

待他表完忠心，刘邦突然话锋一转，令他迁封到代地，当代王，建都晋阳，也就是今山西省太原市晋源区，去防御抵抗匈奴。这时，韩王信才知道被刘邦绕进去了。这个哑巴亏吃得实在有点大，但他又不好当面拒绝，也不敢拒绝，只有照办。

就这样，刘邦连忽悠带逼迫，把韩王信给搞到了北部边疆的代地。从此，韩王信变成了代王信。

为了述说方便，我们不妨继续称呼他为韩王信。

韩王信不仅人高马大、四肢发达，而且头脑也不简单，很活络。为表示自己是心甘情愿过去的，到了代地后，他给刘邦上书道："代地紧靠北部边境，之所以匈奴敢不断侵扰，主要因为都城晋阳距离边境较远，无法顾及，请陛下允许臣建都马邑。"

看到这封书信，刘邦非常高兴，心想，韩王信还是很不错的嘛，竟然敢于直面匈奴强敌，当即答应了韩王信的请求。于是，韩王信把都城迁到马邑，也就是今山西省朔州市。马邑距离匈奴非常近，完全暴露在匈奴的攻击范围之内。

我们不知道韩王信当时究竟是怎么考虑的，后人倒有很多说法：有人推测说他迁都马邑，是为投靠匈奴做准备，以表达对刘邦迁封他到代地的不满；也有人认为他急于立功，低估了匈奴的实力，才迁都马邑。究竟什么原因，史书上没交代清楚，我们也不必深究了，估计二者兼而有之。

到了马邑，韩王信首先命人加固城墙，深挖护城河。当年秋天，防务工事刚刚竣工，匈奴近二十万骑兵就包围了马邑。

韩王信惊慌不已，贪生怕死的一面又显现出来。他一边向刘邦求援，一边多次派使者到匈奴那里求和。

这个时候，刘邦没有袖手旁观，立刻派人带兵前往救援。由于路途遥远，才行至中途，便从马邑传来了韩王信向匈奴求和的消息，援兵不敢再继续前进，担心中了圈套，忙派人回报刘邦。

刘邦闻讯，不免也怀疑起来，于是先派特使到马邑责问韩王信什么情况，为什么擅自向匈奴求和。韩王信自知犯了死罪，干脆一不做二不休，投降匈奴了事。从此，北方边疆战火不断，后面我们还会详细说到。

韩王信投降了，刘邦气得哇哇直叫。考虑到国内的很多事情还没处理好，就暂时忍了下来。但是代地不能没有王啊，那么刘邦会加封谁前去镇守呢？

第六章

修订朝议

26. 羹颉侯和太公拥彗

韩王信投降了，代地还需要再加封个王过去镇守。

不可能再封异姓王了，没有血缘关系，太不可靠，说反就反，必须自家兄弟才行，刘邦心想。只可惜他们老刘家人丁不太兴旺，找了半天也没找到合适的人选。最后，刘邦想到了二哥刘仲。

前面说过，刘仲也叫刘喜，为人忠厚老实，种地是个好把式，总能比村里其他人多收三五斗，所以最讨刘邦的老爸刘太公喜欢。

现在，刘邦当了皇帝，即便二哥刘仲再会种地，也不可能让他继续种了，正好代地缺个王，便派他过去做了代王。

至此，刘姓王已经增加到四个：刘贾、刘交、刘肥、刘仲。

刘邦还有一个大哥，史书上称之为刘伯，估计是刘老大的意思，很早就去世了。可能刘伯活着的时候待三弟刘邦不错，刘邦当皇帝前一个月就追尊大哥刘伯为武哀侯。

也有人说，刘伯是在刘邦刚起事时战死疆场，所以刘邦打败项羽后，第一时间追尊他为武哀侯。这种说法大部分人不认可，更多的还是认为刘伯早年就死了。

刘伯有个儿子名叫刘信，也就是刘邦的侄子，按照叔侄关系，理应加封，但刘邦迟迟没有给他加封。

为什么呢？因为有过节！

前面我们说过，刘信的老妈，也就是刘邦的大嫂，早年不待见刘邦，曾经轰赶过刘邦。这事让刘邦一直耿耿于怀，如今他有心报复，于是装糊涂，绝口不提加封刘信的事。

刘邦的老爸刘太公看在眼里，急在心里。对他来说，手心手背都是肉，孙子刘信又是长孙，更是心肝宝贝。他还以为刘邦太忙了，给忙忘记了呢。

这天，刘太公拄着拐杖来找刘邦，那意思是来提醒一下。刘邦听老爸为这事而来，愤愤然说道："父亲，您有所不知啊，儿子哪里会忘记？儿子心里有过不去的坎啊！刘信他母亲当年太不像话了，小气得很，到他们家吃顿饭，竟然用锅铲子戳锅底，说没饭吃，实在太气人了。儿子到现在想起来都气不过啊！"

刘太公一听，原来为这事啊，不好多说了，在那里坐着默不作声，唉声叹气。刘邦看老爸这副模样，着实心疼，这才加封刘信为羹（gēng）颉（jié）侯。

所谓羹颉，前面说过，就是用锅铲戳锅底的意思，明显带着讽刺挖苦的意味。这说明刘邦始终无法释怀，所以取个名字讽刺大嫂。

为此，有人说刘邦太过计较，有失皇帝的风范。不过，我个人不完全认同。

哪个人心中没有个心结？在外人看来，可能这个心结不值一提，甚至很可笑，那是因为每个人的经历不一样，敏感点不一样，最软的那块肉也不一样。所以，我们没必要要求别人按照自己的思路行事，谁受的委屈，谁最清楚。

不管怎样吧，刘邦把自家子弟基本分封了一遍，总算光宗耀祖了。

忙完分封这摊子事，转眼间，到了夏天，刘邦待在洛阳已经很久了，难免有些倦怠。

当然，在刘邦心目中，洛阳仍然最美，毕竟当时的洛阳，是八百年周王朝的政治经济中心，历史悠久。但是洛阳已经不是都城了，老待在那里总归不好。另外，刘邦也想老爸和孩子们了。

回到栎阳，刘邦首先去看望了老爸刘太公，尽尽孝心。即便是皇帝，那也是爹妈所生，孝顺是必须的。

刘太公一辈子在农村种地，就是一农村老大爷，见了刘邦无非是家长里短、唠唠叨叨。刘邦并不嫌烦，因为人越大，越知道跟父母亲近，刘邦都五十多岁的人了，更是如此。

此后在栎阳，刘邦每五天去老爸刘太公那里朝拜一次，每次他都陪同刘太公在院子里坐一会儿，聊聊天、谈谈心，嘘长问短，像普通人家父子一样。

本来这样的场面挺和谐的，一幅皇帝尽孝图，多美啊！但是有一个人认为这幅图不美，他甚至感觉还有点不伦不类。

这个人是刘太公的家令。所谓家令，就是大管家。

那么，他为什么会有这样的想法呢？

原来，刘邦当皇帝之后，能封的都封了，包括死去的老妈刘媪和大哥刘伯都有封号，可是唯独刘太公什么封号都没有。

其实，皇帝的老爸就是最大的封号，最实惠，最管用，其他都是噱头，但是这个家令自有一番道理。一天，趁着刘太公高兴，他上前劝说道："俗话说，'天无二日，土无二王'，也就是说天上不会有两个太阳，地上不应有两个君主。当今皇帝虽然在咱自己家里是太公您的儿子，但在咱们国家却是万民之主；而太公您在儿子面前虽然是父亲，但在皇帝那里却是臣民。哪有让万民之主朝拜臣民的道理啊？这样做，皇帝的威严何在？传出去了，皇帝恐怕再难威慑天下啊！"

刘太公一农村老头哪懂这个道理，顿时感觉很为难。心想，乱了伦理、坏了章法，自己倒没关系，影响了儿子刘邦的威严怎么能行。于是，他忙问该怎么办。

那个家令给刘太公出了一个办法。

这天，刘邦又像往常一样来朝拜刘太公，还没下车，他就看到“太公拥彗，迎门却行”。

什么意思呢？就是刘太公抱着扫帚，面对大门口倒退着往后走。

为什么要这样呢？这是一种礼仪风俗。

“彗”是扫帚的意思。过去，家里来了身份高贵的客人，在迎接时，家中的仆人常抱持扫帚，半弯着腰在门前迎接。那意思是，主人特意将道路和房屋打扫干净，恭候贵客大驾光临。

有一个成语典故，叫拥彗迎门，就是从这里来的。

别人这样做，刘邦肯定很有满足感。但是看到自己老爸如此行礼，他又会是什么感受呢？

27. 刘太公搬家

刘太公听取了家令的建议，见儿子刘邦又来朝拜，便拥彗迎门。刘邦看到这一幕，浑身不自在，大为吃惊，还以为刘太公老年痴呆了呢。

老话说得好：“山高不遮太阳，儿大不压爹娘。”刘太公的行为让儿子刘邦情何以堪？

刘邦急忙下车，上前搀扶住老爸刘太公，问他这是玩的什么游戏。刘太公叹了一口气，说道：“哎……以前都错啦，都错啦！皇帝是万民之主，天下共仰，我要遵从君臣之礼才是啊，怎么能因为我老头子一个人而乱了君臣之道呢？”

刘邦在外面混了那么多年，见多识广，一听就明白其中的道理，但很纳闷，老爸怎么会懂这个呢，想必有高人指点。于是他把老爸刘太公扶进室内，小心盘问。

面对儿子刘邦，刘太公哪有那么多心眼，老老实实将家令给他说的话，又重复了一遍。刘邦认为那个家令说得对，当即命左右拿出黄金五百斤赏赐于他，然后安慰老爸刘太公一番，辞别回宫。

回到宫里，刘邦下了一道诏令："人之至亲，莫亲于父子，故父有天下传归于子，子有天下尊归于父，此人道之极也。前日天下大乱，兵革并起，万民苦殃，朕亲披坚执锐，自帅士卒，犯危难，平暴乱，立诸侯，偃兵息民，天下大安，此皆太公之教训也。诸王、通侯、将军、群卿、大夫已尊朕为皇帝，而太公未有号，今上尊太公曰太上皇。"

这道诏令浅显易懂，我就不翻译了。简单地说，就是刘邦要尊老爸刘太公为太上皇。这样一来，以后再见面，伦理就不乱了。从此，刘太公名正言顺，坐享殊荣，成为中国历史上第一位活着的太上皇。

为什么说是第一位活着的太上皇呢？因为"太上皇"这个尊号不是刘邦的首创，而是秦始皇的发明创造。

当年，秦始皇当上皇帝时，追认已经死去的老爸异人为太上皇。所以，第二个太上皇才是刘太公，因为他是活着的，那就成了第一个活着的太上皇了。

刘邦给老爸刘太公上尊号太上皇，按说是刘邦孝心的体现，却引起了一些无聊后人的指责。这些人认为，刘邦跟老爸刘太公的关系不好，这件事就是证据。他们说，刘邦先是装聋作哑不给刘太公上尊号，没办法了，才用"太上皇"的尊号来搪塞世人，而且这个尊号还是给死人用的。

平心而论，这件事刘邦做得还是很用心的。如此用心，刘太公肯定非常高兴了。但高兴了一段时间，他老人家又不开心了。

为什么呢？

原来刘太公长期在农村生活，一辈子朴实无华。这么大年龄了，皇宫的奢华对他来说并没有什么吸引力，相反，可能是受罪。

刘太公在宫中待了一段时间，不习惯，经常会怀念过去老家农村的生活。那时，几个老头聚在一起谈天说地，很是惬意，活得逍遥自在，无拘无束。可是现在呢，整天面对的是一帮宫女太监，他这个年龄对女人也没太大兴趣了，太监更不用说，看到估计都想吐。另外，宫中规矩也忒多了，动不动就可能被人笑话。

有人可能不太理解，认为这老家伙太作，有福不会享。

刘邦在农村生活了大半辈子，四十八岁才离开老家去打天下。他对老爸刘太公的这种感受应该深有体会。

怎么办呢？总不能让老爸刘太公回老家啊，不知道的，还以为他虐待老人呢！

刘邦贵为皇帝，只有想不到，没有做不到。既然老爸留恋老家农村的生活，那就把老家搬过来。于是，“既作新丰，并移旧社，衢巷栋宇，物色惟旧”。

什么意思呢？别人搬家，最多把家里的锅碗瓢盆和家具搬过来，刘邦竟然要把家里的环境、风俗、人文也都搬过来。

怎么搬呢？他找到一个能工巧匠，名叫吴宽，派他到沛县丰乡，将老家周围的田园住宅全部绘制成图样带回来。然后在栎阳附近的骊邑，仿照家乡街巷布局，为老爸刘太公重筑一个老家。

这还不算，刘邦又从老家召过来许多乡亲街坊，让他们带着鸡鸭鹅狗散居于此。这帮街坊华丽转身，成了实景真人秀演员，每天不拘礼节，只要哄得刘太公高兴就行了。

最后，刘邦干脆给骊邑改名为新丰，意思是新丰乡。

进入新丰城，刘太公和这帮真人秀的演员就像回了老家一样，不仅大家“各知其室”，就是鸡鸭鹅狗也“竞识其家”。

因为新丰城建得实在太好了，不仅刘太公很满意，就是哄刘太公开心的那些乡里乡亲，也非常高兴，这比他们过去住的农村棚户区要好太多了，能不高兴吗？于是大家纷纷自觉打赏吴宽这个设计大师，一个多月时间里，吴宽竟然收到百金之多。

从此，刘太公再也不想过去那个老家了。

好不容易安顿好老爸刘太公，刘邦算是又了却了一桩心事。

这天，他把群臣找来聚餐喝酒庆祝。酒过三巡，这帮大臣开始大声喧哗，举止粗鲁，呼三喝六，甚至有人喝醉了在那里耍酒疯，拔出宝剑对着旁边的柱子就是一顿猛砍，闹得不成样子，全然没有礼法。

这在战争年代，未尝不好，显得斗志昂扬，野性十足，可是现在建国一年多了，他们仍然陋习不改。

刘邦看在眼里，烦在心里，但他也不好说什么。因为当年还是沛公的时候，他嫌秦朝的繁文缛节妨碍了大家施展个性，就将秦朝的很多礼仪删繁就简，有的干脆废弃不用。当时确实起到了释放大家个性的作用，然而现在许多弊端也浮现出来。

在刘邦刚登基做皇帝那会儿，负责主办登基大典的博士叔孙通，曾提出按照秦朝礼仪进行，也因为太过烦琐，被刘邦否决了。

现在面对群臣这副模样，刘邦又会怎么办呢？

28. 博士叔孙通

俗话说："没有规矩，不成方圆。"有了规矩，大家才知道怎么做才算合适，否则没轻没重，没大没小。

现在刘邦是哑巴吃黄连——有苦吐不出，他早已看不惯群臣一副放养的状态了，如果再不加以约束，朝廷将变成吵闹场，犯上作乱都有可能。

这该如何是好呢？刘邦一时犯了难。

当老大有一个好处，一旦有情绪，对什么不满意，总会有人揣测出来，帮着处理。

刘邦是皇帝，不是一般的老大，身边都是人精，其中就有人捕捉到了他的情绪变化，准备投其所好。这个人就是曾为刘邦主办登基大典的博士叔孙通。

叔孙通是儒生出身，他的老师名叫孔鲋。前面我们有说到过，孔鲋是孔子的八世孙，在他身上流传着“鲁壁藏书”的佳话，晚年在陈胜手下做博士。

孔鲋的名气在历史上不算太大，弟子叔孙通却小有名气。叔孙通之所以有名气，主要与他“六易其主”的传奇经历有关。

所谓“六易其主”，就是服务过六个老板，放到现在那叫频繁跳槽。这种人往往会受到用人单位的鄙视，因为心思太过活络，缺乏忠诚度。事实上，由于“六易其主”，叔孙通的名声一直不太好，为很多所谓的正人君子所不齿。

那么，“六易其主”究竟是怎么回事呢？我们这里不妨述说一下，供大家来评判。

叔孙通是薛县人，也就是今山东省滕州市人，年轻时，跟着孔鲋学习儒学，学有所成，知识渊博，而且写得一手好文章，远近闻名。因此，秦始皇那会儿，叔孙通就被征召入宫，在秦始皇身边做“待诏博士”。

什么叫“待诏博士”呢？怎么感觉那么不正式呢？不错，的确有点不正式。所谓“待诏博士”，顾名思义，就是等待诏命的博士，还没正式任命为博士。

几年后，秦始皇死了，胡亥做了秦二世，叔孙通第一次更换老板，显然是客观情况造成的，与叔孙通本人的主观意愿无关。毕竟，生老病死谁也挡不住啊。

胡亥即位后没多久，大泽乡起义爆发，天下陷入大乱。

这期间，我们曾经提到过一件事，不知道大家是否还记得。

什么事呢？就是有一个官员从关外出差回来，将陈胜吴广起兵造反的事向胡亥做了报告，但胡亥死活不相信。

为什么不相信呢？多少与叔孙通有关。

为什么这么说呢？开始，胡亥是半信半疑，认为赵高不会骗他，于是便把一帮博士，大概三十人，召来咨询。

这帮博士相当于秦朝政府的智囊团，皇帝碰到重大事情，一般先要听听他们的意见。博士们听说胡亥召见，受宠若惊，赶快跑到宫殿。大家很久没见过皇帝，都快忘记皇帝长什么样子了。

胡亥见到他们便问道："朕听说，楚地有人造反，而且已经攻下蕲县，进入陈县，还把陈县当作都城，有这回事吗？你们对这件事有什么看法？"

博士们看胡亥突然如此谦虚，心想这孩子长大了，懂得征求别人意见了，都想趁机表现一番。于是，他们纷纷走上前说道："陛下，臣等以为，百姓聚众闹事就是造反，所以现在他们的行为可以定性为造反无疑！对于造反的人必须以死罪论处，请陛下立刻发兵前去剿灭！"

知识分子喜欢下定义，只有下了定义，才会感觉自己高人一等。不过，这个定义博士们下得还是比较准确的，出的主意也算靠谱。但胡亥却听着不爽，脸色顿时大变，因为这些人险些把赵高给他编织的太平盛世梦给惊醒了。

这时，一起过来的"待诏博士"叔孙通注意到了胡亥的情绪变化，赶快假装气愤地说道："陛下，各位儒生刚才说的那些都是谬论，危言耸听！天下早已归为一统，各郡县的城墙都已铲平，民间所有的兵器都已销毁，天下无险可守，无兵器可用了，还凭什么造反？如今，上有英明天子，下有完备法令，官员恪守尽忠，百姓安居乐业，四面八方就像车轮的辐条向着轴心一样向着朝廷，真可谓'形势一片大好'，谁会那么不识相要造反呢？陛下听说的情况，不过是一群'鼠窃狗盗'之徒闹事而已，'何足置之齿牙间'！陛下尽管放心，各地郡县守尉很快就可以将他们逮捕问罪，有什么可担心的呢？"

看来，叔孙通确实有学问，一上来就发明了两个流传后世的著名成语：一个是"鼠窃狗盗"；一个是"何足置之齿牙间"，也就是我们现在常用的成语“何足挂齿”。

但是，叔孙通的这段话很不厚道，明显是文过饰非，粉饰太平，催眠胡亥，让他继续做梦。果然，胡亥闻听，正中下怀，立刻转怒为喜，拍手称赞道：“说得好啊，朕也是这么认为的！”

然后，他又挨个问那些儒生，叔孙通说的是否属实。面对突如其来的变化，博士们的观点开始分化成两派：一派仍然坚持说是“造反”，必须剿灭，他们主要对胡亥还抱有希望，希望能把他从梦中唤醒；一派开始改口说是“盗贼”，无须担心，他们看胡亥都已经明确表态了，知道这小子还在沉睡。

那么，听完博士们的争论，胡亥又会怎么做呢？

29. 六易其主

胡亥召来一帮博士，咨询陈胜吴广起义的事。这帮博士开始都认为是聚众造反，等到“待诏博士”叔孙通出来发表完见解，他们的意见出现了分化。

胡亥突然把脸往下一沉，命令御史当场核实每个人说过的话。经过审查核实，那些凡是坚持说“造反”的，都交给御史治罪，胡亥认为他们胡说八道，唯恐天下不乱；那些凡是改口说“盗贼”的，一律无事，安然脱身，胡亥认为他们有真知灼见，忠心可鉴。同时，胡亥专门赏赐叔孙通二十匹丝绸，一套新衣服，正式授予他博士的称号。

听到胡亥这样决断，博士们有的大喊冤枉，有的庆幸没站错队。叔孙通则赶快拜谢出了宫门，回到宿舍。

在宿舍内，一帮博士将叔孙通团团围住斥责道：“你这个家伙，怎么那么会拍马屁啊？黑的硬被你说成白的了，明明是造反，竟然敢蒙蔽皇帝，说是盗贼。你也太不是东西了，害死我们了！”

叔孙通唉声叹气，摇着头无奈地说道：“哎……你们还在这里给我讲大道理呢，诸位难道没看出来吗？我也是几乎逃不出虎口啊！”

大家都嗤之以鼻，嘘声一片。

叔孙通才懒得跟他们废话呢，卷起铺盖，偷偷连夜逃离京城咸阳，不跟胡亥混了。叔孙通第二次更换老板，很不光彩，最受后人诟病。

离开京城咸阳后，叔孙通直接跑回老家薛县。当时薛县已经被陈胜吴广领导的起义军占领了，叔孙通没有轻易投奔，而是在家静观形势变化。

没过多久，陈胜吴广起义失败，项梁率领军队路过薛县。叔孙通认为项梁有前途，投奔到其帐下效力。不幸，项梁最后在定陶战死，叔孙通只好跟随了楚怀王熊心。这是他第三次更换老板，也是客观情况造成，迫于无奈。

项羽分封诸侯时，楚怀王熊心被项羽架空封为义帝，迁往郴地。叔孙通知道义帝熊心已经没什么盼头了，才不会跟着过去呢，便留在彭城侍奉项羽。这是他第四次更换老板。正所谓：“人往高处走，水往低处流。”叔孙通这次更换老板也是人之常情。

一年后，刘邦率领诸侯攻进彭城，叔孙通为了自保，又投降了刘邦。这是他第五次更换老板，也是最后一次。项羽杀回彭城，刘邦战败西逃，叔孙通也跟了过去，从此一直跟着刘邦，不离不弃。

掐指一算，不难算出，叔孙通五次跳槽，共服务过六位老板：秦始皇、胡亥、项梁、熊心、项羽、刘邦，所以才有“六易其主”一说。

陈平“三易其主”都成了人家的笑柄，叔孙通“六易其主”，还不被人笑死啊？因此，历史上对叔孙通评价不一，好坏参半：一种观点认为，叔孙通就是个无耻小人，见利忘义、见异思迁、不忠不孝；一种观点认为，识时务者为俊杰，叔孙通有本事、识时务、懂变通、不迂腐。

至于大家认同哪种观点，就看自己的人生定位了，没有好坏之分。

在我看来，叔孙通满腹经纶、博学多才，他不甘心平淡一生，一直在寻找一位能帮他实现人生理想的老板。最后他看中了刘邦，才会一直追随，而且是在刘邦落魄之时开始追随的。

但叔孙通是一介儒生，他看中了刘邦，刘邦却不一定能看中他，因为刘邦最讨厌儒生。既然不讨刘邦喜欢，为什么还要死皮赖脸地跟着刘邦混呢？叔孙通肯定有他自己的道理，这就是刘邦的魅力所在。

跟着刘邦混后，叔孙通一开始不知道刘邦的好恶，平时总是穿着一身儒生服装，摇来晃去，显得很有文化的样子。刘邦非常厌恶，对他爱答不理，有时候还会翻着白眼，骂几句脏话。

试想，来到一个新单位，领导对自己这个态度，我们会怎么办？估计会在背后骂领导不识货、瞎了眼，一生气说不定还会跳槽走人。

叔孙通没有生气。他擅长察言观色，发现问题症结后，便换掉儒服，穿上短袄，而且是按刘邦老家楚地的款式专门裁制的。

果然，刘邦再见到他，很是高兴。

这么会迎合刘邦，投其所好，叔孙通慢慢就受到了重用，与刘邦的关系也越来越近。刘邦看他脑子灵光，还有文化，就让他负责人力资源这一块，帮着网罗天下英才。

当初，叔孙通投降刘邦时，有儒生弟子一百多人一起跟随过来，但这帮弟子没有因为老师叔孙通受到刘邦赏识而高兴，相反很生气。为什么呢？

原来，叔孙通身为人力资源老大，却从来不在刘邦面前举荐他们，而是专门举荐那些聚众盗抢的所谓勇士。所以，那帮儒生弟子都暗地里骂道："追随先生几年，还跟着他投降了汉王，如今他一个人受宠，从不举荐我们，只举荐那些偷奸耍滑的人，真是岂有此理！"

俗话说："人多心不齐。"这一百多个弟子不可能都骂啊，总有得老师真传的，他们就把这些话偷偷告诉了叔孙通。

叔孙通并不生气，他召集大家过来，语重心长地解释道："同学们啊，现在汉王正冒着枪林箭雨争夺天下，你们这些人哪个能帮上忙啊？谁又能上前线杀敌呢？恐怕没人有这个本事吧！所以为师才推荐那些能冲锋陷阵、斩将杀敌的勇士！你们先别着急，耐心等着，好好在这里学本领，为师不会埋没你们的才华，早晚会有用武之地！”这帮弟子恍然大悟，以后都不在背后说闲话了，老老实实做好本职工作。

由于叔孙通工作出色，博闻强识，刘邦又任命他为博士，封号为稷嗣君。

楚汉战争结束后，天下大定，刘邦在定陶登基称帝。前面说过，当时刘邦让叔孙通负责登基大典的彩排工作。叔孙通原本是按照秦朝的规矩来拟定仪式礼节，但刘邦认为太过烦琐，大手一挥，全部取消，只留下一些简便易行的礼仪。

这种做法，好处是无拘无束、无所顾忌，就像穿休闲服一样，宽松随意；坏处就是没有规矩，没大没小，不成体统。

没有规矩的约束，那帮在战争年代散漫惯的大臣，难免会自行其是，为所欲为。为此，刘邦头疼不已，但当初是他自己嫌规矩麻烦，才弃之不用的，所以也不好抱怨，只有忍在心里。

这时，叔孙通揣摩出了他的心思，就主动过来劝说道：“陛下，攻城略地，夺取天下，儒生们肯定不行，但和平时期，还是需要儒生来守成的。现在天下大定，朝廷礼仪应该整肃了，不能没有规矩啊！”

听叔孙通这么劝说，刘邦会怎么做呢？

30. 叔孙通制定朝仪

叔孙通劝说刘邦整肃朝仪，刘邦听着非常入耳，不由得点点头。看刘邦默许了，叔孙通继续说道：“臣想去鲁地征召一些儒生过来，让他们跟着臣和臣的弟子们一起来办这件事，陛下意下如何？”

刘邦弯腰伸手挠了挠腿说道：“好是好啊，朝仪确实要改改了，哎，只怕又会像过去那样烦琐难行啊！”

叔孙通忙解释道：“五帝时有不同的礼乐，三皇时也有不同的礼节。所谓礼，就是按照当时的世事人情制定出来，以节制或修饰人们行为的法则。从夏、商、周三朝的礼节就可以看出这一点。三朝的礼节一直都有所沿袭，有所删减，也有所增加。可以说，不同朝代的礼节从来都不是简单的重复，而是在不断地完善发展。所以，臣想借鉴古人的礼仪，再参考秦朝的礼仪，折中制定出新的礼仪，尽量确保简便易行。请陛下恩准！”

刘邦用手拍着嘴巴，打着哈欠说道：“好吧，那你就试着办一下，记住，一定要容易理解、方便施行，首先考虑朕是否能够做得到啊！”

有了刘邦的恩准，叔孙通兴奋不已。可以发挥他的长处了，能不兴奋吗？从宫里跑回来没多久，他就带着几个人赶往鲁地。

为什么要去鲁地呢？鲁地是孔子故乡，儒生多，学问深，最讲究所谓的“仁义礼智信”。

在鲁地，叔孙通征召了三十多个儒生。

当时刚刚结束战乱，大部分儒生都没有用武之地，在家里种地又种不好，整天捧着书本“之乎者也”，吃青菜叶子，一个个瘦得皮包骨头，脸都是青色的；现在听说可以进宫给皇帝大臣们立规矩，都乐不可支，争先恐后，踊跃报名。

但是，这些人中却有两个儒生说什么都不愿意去，他们还撇着嘴嘲笑叔孙通道：“你老先生先事秦，再事楚，最后事汉，所侍奉的主子将近十位了吧！呵呵，恐怕都是靠当面阿谀奉承才受宠的吧！如今天下刚刚安定，死去的还未入土为安，伤残的还欲动不能，你却要为皇帝制定礼乐法规，谈何容易！从礼乐的发展历程来看，只有积德百年，才能时兴起来。你啊，就是忽悠皇帝，太没操守了，我们才不替你办这种丧良心的事呢！

你办的这种事既不合古法，也不合情理，还是自己去办吧，不要玷辱了我们！”

俗话说：“打人不打脸，骂人不揭短。”这俩儒生，读了那么多礼义廉耻的书，面对朝廷命官竟然如此说话，想想该有多么看不起叔孙通。叔孙通被这番嘲笑给搞得面红耳赤，但他仍然强忍着胸中怒火，笑着回敬道：“你们就是两个‘鄙儒’！迂腐僵化，不懂变通，不识时务，不知道时代已经大不同了。”

所谓鄙儒，应该和腐儒、酸儒差不多，一般用来骂那些思维僵化的读书人。俩儒生闻听，“哼”了一声，扭头走了。

于是，叔孙通带着剩下的三十多个儒生一起向西出发，赶往栎阳。

这三十多人，再加上叔孙通的弟子一百多人，一个朝仪起草班底就这样搭建起来了。他们先是一起反复研讨历朝风俗礼仪，然后遵循着上宽下严、合乎古法、简便易行的原则，草拟了一个理论版本。

理论是实践的先导，思想是行动的指南。理论搞清楚，实践起来才会有板有眼。但理论也要联系实际，在象牙塔里研究的理论再好，如果不付诸实践，也是废纸一堆。

叔孙通的心思那么活络，当然明白这个道理。他没有急于到刘邦那里请功，而是准备在栎阳郊外找一块空地，先演练一下。合适的空地找到后，叔孙通来到宫中，请求刘邦派一些有学问的左右侍从，到现场莅临指导。

这个环节非常重要。

俗话说：“阎王好见，小鬼难缠。”别看领导身边的一些人只是跑腿的，什么事也不用管，其实都是心腹，说话有时候比那些职位貌似很高的人都管用。得罪了他们，或者没有他们的支持，随便一句话就可能让你之前的辛苦工作付之东流。

叔孙通把最了解刘邦心思的这帮左右侍从请过来，就是为了让工作能够顺利推进。如果他们没意见了，刘邦那一关才比较容易通过。另外，刘邦日理万机，工作繁忙，贸然向他先汇报，万一哪个环节搞得不顺心，麻烦就大了。

叔孙通的这种工作方法，行之有效，至今也值得我们借鉴。

看叔孙通做事那么用心，刘邦便派了十多个侍从过来协助。于是，叔孙通带着这一两百人来到郊外，开始忙活起来。有的竖竹竿，确定标准；有的拉绳子，划分位置；有的堆茅草，分出等级。

待一切布置完毕，这帮儒生分工协作，充当文武百官，按照之前确定的草稿开始演练。演练了一个多月，大家都认为差不多了，叔孙通这才兴冲冲向刘邦汇报道："臣等准备好了，烦请陛下现场检阅！"

刘邦表面上一副无所谓的样子，实际上也盼着早点完成，当即跟着叔孙通过去观摩。观摩完，刘邦表扬道："还行啊，这些礼仪，朕基本上都能做到！"

刘邦满意了，相当于成功了一大半，下面就看文武百官的感觉了。回到宫中，刘邦诏令群臣抽空都过去观摩学习，以后好参照新礼仪行事。

这个时候，差不多已经快十月了，前面说过，按照当时的历法，又快过年了。群臣不敢怠慢，抓紧学习演练，正好可以参加岁首朝拜。所谓岁首朝拜，类似于现在的新年团拜会，是一个国家的重要仪式。

恰在此时，萧何从咸阳跑过来，说长乐宫已经完工，专等择日入住。

长乐宫是在原来秦朝兴乐宫的基础上修筑完成，面积约六平方公里，相当于八个现在的故宫大小。如此宏伟壮丽，刘邦怦然心动，既然已经完工，他决定就在长乐宫过年，以尽早享受秦始皇的待遇。

汉七年新年第一天，就是岁首朝拜的日子。

这天，天色蒙蒙亮，负责礼仪的官员引导着文武百官，分列东西两侧依次进入殿门。宫殿中间排列着战车、骑兵、步兵和宫廷侍卫组成的仪仗队。有人手持兵器，有人高举大旗，有人往来穿梭，整个大殿显得庄严肃穆。还有一帮郎中分列在大殿下面的台阶两侧，有几百人之多。

待大家全部进入殿门，有人传呼"小步快走"，所有人员忙各入其位。凡是武将依次排列在西边，面向东；凡是文臣依次排列在东边，面向西。紧接着，九个礼宾官，从上到下，连续传呼，呼请皇帝刘邦进场。千呼万唤之后，刘邦才乘坐着龙辇从宫里缓缓出来。

所谓龙辇，就是皇帝乘坐的马车，前面由六匹骏马牵引，车身雕刻着龙凤图案，镶嵌着金银玉器、宝石珍珠，显得豪华气派。

郎中们看刘邦出来了，纷纷举起旗帜高呼万岁。然后，他们指引着文武百官，依次毕恭毕敬地向刘邦施礼道贺。道贺完毕，文武百官到指定地点参加酒宴。

根据叔孙通的新礼仪，在酒宴上，所有人都必须讲规矩，不能随意吃喝，更不能耍酒疯。文武百官正襟危坐，敛声屏气地低着头，按照尊卑次序，依次站起来向刘邦祝颂敬酒。敬酒过了九巡，宣布宴会结束。

最后，专门负责礼仪法规的监察官员出场。他们把那些不符合礼仪规定的大臣带走谈话，质问他们是不懂规矩，还是有意捣乱，并警告他们下不为例。

从朝拜到酒宴的全部过程，没有一个人敢大声喧哗说笑，更不用说行为越轨。

参加这种仪式，实在憋闷得慌，群臣肯定很不舒服，但也要强装舒服的样子，生怕被人背后诬告。

那么刘邦舒服吗？他又怎么看待这种礼仪呢？

第七章

亲征匈奴

31. 北患匈奴

叔孙通制定了一套朝仪，岁首朝拜时，在长乐宫进行了试用。虽然文武百官感觉很憋屈，很不舒服，但整套礼仪对刘邦却放得很宽，在那里站着就可以，而且很体面，所以刘邦感觉很舒服。庆典之后，他不无得意地说道：“吾乃今日知为皇帝之贵也！”

登基一年多来，百废待兴，千头万绪，刘邦忙得晕头转向，非但没有体会到做皇帝有什么好处，反而疲惫不堪。有时候静下来，他还时常怀念过去做亭长的潇洒生活。

这次朝仪让刘邦体会到了做皇帝的高贵之处，非常过瘾，一过瘾，自然对叔孙通欣赏有加，于是任命叔孙通为太常，主管礼仪祭祀，赏赐黄金五百斤。

受到如此恩典，叔孙通连忙入宫谢恩，看刘邦正高兴，顺便进言道：“陛下，臣还有一事相求！臣的那些弟子跟随臣很久了，正是他们协助臣一起制定了朝廷礼仪，希望陛下能封他们一官半职，以便永远为朝廷做事。”刘邦欣然同意，将叔孙通的那些弟子统统任命为郎官。

叔孙通非常高兴，出宫后，他把弟子们召集起来，将刘邦赏赐给他的五百斤黄金分文不留，全部取出分赠给他们。这帮弟子此时此刻才明白老师叔孙通的良苦用心，无不感激地说道：“叔孙通先生真是大圣人啊，眼光深邃，通晓时务！”

叔孙通忍辱负重那么多年，总算实现了他的人生理想。这个人生理想就是将儒家之学发扬光大。

当外界不具备儒家之学基本生存条件时，叔孙通采用一种常人无法理解的隐忍态度面对世人。但这并不意味着他内心深处完全绝望，隐忍只是一时的策略，隐忍的同时是积极地寻求突破。他机敏地捕捉外界出现的细微转机，执着地为儒家身份的合法性而奋斗。因为只有当儒家获得外界的认可之后，他才可能用儒道来制约政道，成为一个地地道道的儒生。

为此，司马迁认为，叔孙通因时而变，为大义而不拘小节，称赞他为“汉家儒宗”。

当然，这只是代表一部分人的观点，也有人对此不以为然。宋朝史学家司马光，就指责叔孙通制定朝仪礼乐，只为逞一时之功，结果致使古礼失传。

任何事物都有它的两面性，甚至多面性。两种截然相反的评价应该都有它的道理，只是角度和立场不同而已。

不管怎么说，修订朝仪让刘邦成了最大的受益人，享受到了特殊待遇。可是，这种特殊待遇只能解决刘邦个人的感受问题，却无法解决国家层面当时面临的困境。

什么困境呢？

北方边疆不断传来紧急战报，国家安全受到前所未有的威胁。之前叛逃匈奴的韩王信竟然做了匈奴向导，率兵向南侵犯太原。

刘邦闻讯，怒不可遏，心想，韩王信叛逃就叛逃了，竟然胳膊肘往外拐，联络匈奴，调炮往里轰，是可忍孰不可忍。

开国皇帝一般都是马上皇帝，从来不畏惧战争，相反，有时候还对战争怀有某种眷恋，因为战争能让他们斗志昂扬，重新充满活力。

于是，刘邦率领三十二万大军亲征，势在必得，准备一举解决北方边患问题。

这个时候，已经是汉七年冬十月了，天寒地冻，雨雪纷飞。冒着如此严寒的天气向北进军，可见刘邦的战斗意志有多强。

当汉军前锋部队刚行至铜鞮（dī），也就是今山西省沁县，便与韩王信的军队遭遇，双方就地展开了厮杀。

刘邦率领的毕竟是中央正规军，韩王信的地方杂牌军哪里是他的对手。一番厮杀后，韩王信手下大将王喜首先做了刀下鬼。韩王信眼见不敌，撒腿就逃，逃奔匈奴那里去了。

说到匈奴，估计很多人想到了当年秦始皇派大将蒙恬北伐的往事。

那次北伐，真是畅快淋漓，每每提起都令人振奋不已。当时的匈奴单于，名叫头曼。头曼单于被蒙恬打得无处可逃，一直向北迁徙，直到漠北人迹罕至的地方才止住脚步。从此，匈奴不敢“南下而牧马”。

过了十多年，秦始皇死了，蒙恬也死了，中原大乱，秦朝防御匈奴的北部兵团在巨鹿之战中被项羽消灭殆尽，其他戍守边疆的人也大都相继离开。匈奴趁着中原战乱之际，又渐渐渡过黄河，在黄河以南频繁出没。此时的匈奴单于是头曼的大儿子冒（mò）顿（dú）。

前面说过，头曼单于是匈奴的第一个单于，很有作为，非常凶悍。他的儿子冒顿单于有过之而无不及，不但更加凶悍，而且既聪明，又阴毒。

按说，冒顿是头曼单于的大儿子，合法继承人，又那么优秀，也是最理想的继承人。可是，当冒顿还是太子的时候，老爸头曼单于却一直想换掉他，另选接班人。这是为什么呢？

无论汉族还是匈奴，无论过去还是现代，无论中国还是外国，无论富人还是穷人，如果处理不好权力与亲情的关系，往往会导致父子成仇、母女不亲、兄弟反目。这样的例子在我们身边可以说比比皆是！

头曼单于和太子冒顿之间也是如此，展开了你死我活的斗争。斗争实在是太精彩了，太传奇了，我们这里不妨详细述说一下。

原来，老单于头曼很宠爱一位阏（yān）氏（zhī）。所谓阏氏相当于汉族皇帝的后宫嫔妃。这位阏氏为头曼单于生了一个小儿子，聪明可爱。

俗话说“母凭子贵”，但也可能“子凭母贵”。

头曼单于太过宠爱他的这位阏氏了，以至于想废掉太子冒顿，立小儿子为太子。而太子冒顿已经长大成人，聪明凶悍，头曼单于不敢明目张胆搞废立之事。

怎么办呢？他左思右想，想出了一条毒计。

当时，在匈奴东西有两个民族：一个叫月氏，一个叫东胡，当时都非常强大，经常欺负匈奴。

头曼单于装作要和月氏建立长期友好关系，派太子冒顿到月氏那里去做人质。既然让太子过去做人质，一般情况下，应该想方设法讨好人家，否则人家一生气，把太子宰了，让你后继无人。但是头曼单于并没有这样做，他好像巴不得月氏宰了太子冒顿。

为什么这么说呢？

因为太子冒顿人刚到月氏，屁股还没暖热，头曼单于就派兵突袭月氏。月氏王那个火大，心想什么意思啊，难道是为了舍掉孩子套住狼？于是下令把匈奴太子冒顿给抓了起来，准备第二天杀掉泄愤。

冒顿果然非同凡响，这天夜里，他趁着天黑，竟然干掉了看守自己的卫士，偷走月氏一匹宝马，躲过追杀，连夜逃回匈奴。

头曼单于正和阏氏把酒言欢，庆贺大儿子被杀呢，突然太子冒顿冲进营地，回来了，让他大吃一惊。

那么，这对父子冤家见面后，又会发生哪些令人意想不到的事呢？

32. 鸣镝弑父

头曼单于正和阏氏庆贺呢，结果太子冒顿安然无恙地回来了，委实让他大吃一惊。不过，头曼单于并不慌乱，面对狼狈不堪的儿子冒顿，笑呵呵地走上前去，拍着冒顿的肩膀说道："儿啊，看来你真的长大了，可以像草原上的雄鹰一样翱翔蓝天了！"

一番抚慰之后，为了表示自己的信任，他索性调拨给冒顿一万骑兵进攻月氏。可与月氏才打了一仗，还未分胜负，头曼单于却下令撤军。

很明显，头曼单于在玩假打，装装样子，省得儿子冒顿怀疑而已。

冒顿一琢磨，一打听，很快就明白了老爸头曼单于的险恶用心。当他确认老爸头曼单于为了一个女人，不顾父子情深，要杀掉自己的时候，内心的痛苦可想而知。

痛定思痛之后，冒顿岂能善罢甘休，心想老爸偏心偏得有点黑了，这样下去自己早晚会被干掉，于是决定先下手为强。

其实这件事之后，头曼单于已经改变了想法，他认为儿子冒顿福大命大造化大，又智勇双全，没必要重新废立太子。但冒顿不管那么多了，他开始积极筹备他的复仇计划。

所谓的复仇计划，实际上就是弑父计划。历史上著名的"鸣镝弑父"的故事说的就是这个计划。

为了这个计划，冒顿自主研发了一款箭。箭柄上面有穿孔，发射出去时，会有哨音。因此，冒顿给它取名叫"鸣镝"，而且专供自己使用。

这天，冒顿把手下一帮人召集过来，举着手中的鸣镝说道："你们给我听好了，从今天开始，以后凡是鸣镝所射向的目标，你们都必须跟着一起全力射过去，违令者立斩！"大家不知道冒顿究竟什么意思，还以为太子有新玩法了呢，齐声响应。

第二天，冒顿带着他们去打猎，当看到一只野兔时，他弯弓搭箭，将鸣镝对准射了过去。后面的随从听到鸣镝的哨音，也大都跟着射向野兔。

当然，第一次玩这个游戏，肯定有人还不太习惯，忘记了昨天冒顿的要求。冒顿二话不说，上前就把那几个忘记射箭的人给杀了。

因为这么点小事就杀人，其他随从吓得目瞪口呆，知道太子不是说着玩，是动真格的。

随即，冒顿又严肃重申了昨天的要求。以后，又这么搞了几次，冒顿手下那帮人谁还敢大意啊？都全神贯注于冒顿手中鸣镝的去向。

过了不久，一天，冒顿看到自己的宝马在不远处低头吃草，突然将手中的鸣镝射了过去。当时跟在身边的随从还以为他眼花了，就有人没有跟着射击。冒顿二话不说，当场杀了没射箭的人，然后又严肃地向其他人强调了游戏规则。大家这次都谨记在心，知道再干类似的事一定不能手软，否则是跟自己的小命过不去。

又过了些日子，冒顿的爱妾端着一碗牛奶从帐篷内出来，说是要犒劳辛苦练兵的冒顿。冒顿骑在马上，一咬牙将鸣镝射向爱妾。左右随从中有人感觉冒顿这游戏玩大了，丧心病狂，不敢跟着射击。冒顿双腿一夹马身，飞奔上去，削了那个人的脑袋。

这件事对人的视觉冲击实在太大了，以前杀的都是畜生，即便是宝马，游戏也能玩下去，现在开始杀人了，还是爱人。

大家才知道冒顿不是在玩游戏，是在玩命，从此再也没任何杂念了。无论冒顿鸣镝射向谁，他们都会跟着万箭齐发。

冒顿这种调教属下的手法有点像马戏团训练动物一样。当驯兽师对动物反复进行某种刺激，那些动物习惯成自然，听到指令便会做出规定动作，也就是我们平时所说的“条件反射”。

不过，冒顿还是不太放心手下这帮人，因为人比动物的思维要复杂很多，更善于伪装，有的人说不定是假装条件反射。

一天，他又带着手下那帮人出去练习射箭，看到老爸头曼单于的一匹宝马在旁边溜达，他狠狠拉满弓，把鸣镝射了过去，正中那匹宝马。众人闻声，都毫不犹豫跟着射击。瞬间，头曼单于的宝马成了刺猬。冒顿大喜，认为手下这帮人已经调教好了，可以执行他的冒险计划了。

这天，晴日当空，万里无云，冒顿一大早邀请老爸头曼单于同去打猎。头曼单于估计也想与儿子缓和一下关系，便欣然同意，带着冒顿和一帮随从就出去了。

头曼单于今天心情不错，只见他一马当先，左冲右突，好像年轻人一样。

冒顿带着一帮随从紧跟其后，趁老爸头曼单于正专心打猎，突然将鸣镝射了过去。后面这帮随从想都没想，顺着鸣镝的方向，弯弓搭箭射向头曼单于。

冒顿很狡猾，故意把箭射偏，因为射中了，就意味是他亲手杀死了老爸，铁定无疑是弑君之罪，难以服众。其他人哪里有时间想那么多，纯属条件反射，所有的箭都射中了头曼单于。

就这样，头曼单于，戎马一生，最后竟然死在了自己儿子的乱箭之下。

冒顿看老爸头曼单于死了，立刻率随从趁势杀回大帐，一刀一个，劈了后妈和小老弟。紧接着，他又带人突击头曼单于那帮心腹大臣，把他们全给砍了脑袋。

这场政变来得太突然，一点征兆都没有，大家都还没反应过来，冒顿已经自立为单于。冒顿的凶悍残暴是出了名的，没人敢跳出来反对。本来冒顿就是太子，老单于死了，也理应继位。

冒顿当了单于后，弑父即位的消息很快传到了邻国东胡那里。

东胡以前经常欺负匈奴，现在听说匈奴有了新单于，而且靠着鸣镝弑父上位。东胡王想看看冒顿单于究竟是什么货色，是不是好欺负，于是派使者过来，索要老单于头曼在世时的一匹千里马。

一般情况下，新的国家元首上任之后，都会在外交政策方面比较强硬，目的是给自己树立威信，或者是暂时转移内部矛盾，争取过渡时间。

冒顿是靠弑父当上单于的，按道理更应该如此，以显示自己地位的合法性。

那么，他会强硬应对东胡吗？

33. 匈奴强势崛起

东胡王派使者向匈奴冒顿单于索要千里马。正常情况下，靠弑父继承大位的冒顿单于一定会严词拒绝，借此立威，以显示自己地位的合法性。但他并没有这样做，而是转过头问手下大臣们该怎么办。大臣们群情激愤，齐声喊道："千里马是匈奴宝马，绝不能给！"

听完大家的意见，冒顿单于摇了摇手，微笑着说道："这样不好嘛！我们与东胡是友好邻邦，怎么能为了一匹马而伤了和气呢？"

大臣们一听，这位新单于太嫩了，没有执政经验，刚当上单于就对外示弱，以后有好戏看喽。大家虽然这么想，但谁也不敢明说，冒顿单于喜怒无常，万一鸣镝一响，自己就成刺猬了。

只见冒顿单于大手一挥，令左右牵出千里马，当面交给东胡来使，又说了一大堆客套话。东胡来使感觉很意外，路上还担心有去无回呢，现在竟然这么顺，他牵着千里马得意扬扬地回国请赏去了。

东胡王也没想到会那么轻松就要到千里马，又惊又喜，由此断定，匈奴新单于冒顿没什么真本事。过了一段时间，他听说冒顿单于新娶了一位阏氏，很漂亮，便想试试看能不能也要过来，于是又派使者来见冒顿单于。

当然，冒顿单于肯定不止一位阏氏，但不管几位，那都是自己的女人啊。对英雄来说，除了江山要守护好，美人也不可能轻易拱手送人的。

所有人都认为，这次冒顿单于肯定不会同意，否则以后就成笑话了。但冒顿单于仍然没有明确表态，又把大臣们召来询问怎么办。大臣们心想这还用问，奇耻大辱啊，纷纷摩拳擦掌，发怒道："东胡欺人太甚，毫无道理，竟然敢索要阏氏。请大王马上派兵攻打，以雪前耻！”

冒顿单于这次也笑不出来了，只是轻轻摇了摇头说道：“你们不要太小家子气嘛！东胡王喜欢我的阏氏，给他就是了。我们与东胡是友好邻邦，怎么能为了一个女人而兵戎相见呢？会被人家耻笑的！”说得多轻巧啊，好像是把别人的老婆送出去一样。

大臣们闻听，都认为新单于冒顿就是“窝里横”，是个色厉内荏的家伙。冒顿单于不管他们的态度，当即叫出自己心爱的阏氏，交给东胡来使带走了。

一般人都有得寸进尺、贪得无厌的毛病，妥协退让往往会让对手更加肆无忌惮、步步紧逼。所以，很多人会为一点鸡毛蒜皮的事不肯让步，就是怕把对手惯出毛病。国家之间更是如此！面对核心利益，绝不能通过一味退让谋求生存空间。

所以，冒顿单于的这种做法无疑会助长东胡的嚣张气焰。

东胡王刚得到千里马，又看匈奴送来了阏氏，自然不再把匈奴放在眼里，越来越骄横，最后甚至打算向西进犯匈奴。

东胡与匈奴之间有一块空地，荒无人烟，属于领土争议地区。双方在这块空地的两边各自修有哨所，之前默认为共同开发，不谈主权问题。现在东胡王看匈奴那么好欺负，就想把这块空地占为己有，于是他又派使者来到匈奴。

这位使者一副趾高气扬的姿态，傲慢地对冒顿单于说道：“匈奴和东胡交界的那块空地，你们的人以后不能再过去放牧了，它已经完全属于我们了！”

面对东胡的领土要求，冒顿单于好像还是无动于衷，仍然把大臣们叫过来征求意见。

大臣们心想，这位单于什么德行，我们算看清了，心宽得很，千里马和心爱的女人都能拱手送人，何况一块本来就有争议的荒芜土地呢？于是，他们中有人自作聪明地站出来捣糨糊：“这就是一块没人要的荒地，给他们也可以，不给他们也行，您看着办吧！”这明显是在敷衍冒顿单于。

冒顿单于闻听，勃然大怒道：“土地，国之本也，奈何与之！”

说完这句话，冒顿单于倏地站了起来，下令将东胡来使和那些同意让出空地的大臣全部拉出去斩了。然后，他穿上戎服，拎起腰刀，冲出大帐，飞身上马，迅速召集匈奴军队，向东胡大举进攻，下令如有敢后退者就地正法。

东胡王自从得了宝马和美人，白天驰骋，晚上快活，人也胖了，肾也虚了。这次派出使者，他在家还等着好消息呢，怎么也不会想到冒顿单于突然翻脸，因此毫无防备。当听说冒顿单于亲率大军杀到时，已经来不及召集军队了。

为什么呢？因为东胡也是游牧民族，平时不打仗的时候，大家都去放牧带孩子了，只有打仗的时候，才会聚集起来出去干一票。现在东胡仓促召集军队迎敌，肯定会被打个措手不及。

一开战，匈奴便长驱直入，把东胡军队冲得七零八落，砍杀了东胡王，俘虏了东胡百姓，掠夺了大量牲畜财产，完胜东胡。

这一战，让匈奴势力大增。

接着，冒顿单于又马不停蹄地继续进攻，向西赶跑了月氏，向南吞并了楼烦和白羊，最后一举统一了北部草原。

关于东胡、月氏、楼烦和白羊几个少数民族，这里就不多说了，将来有机会我们再详细介绍。

之后不久，在冒顿单于的领导下，匈奴完全收复了秦朝时期蒙恬攻占的土地，而且经常向南侵扰燕地和代地。

当时秦朝天下大乱，中原地区被战乱搞得疲惫不堪，无暇北顾，匈奴趁机雄霸北方。据史书记载，汉朝建立时，匈奴已经拥有三十余万骑兵部队。

面对强势崛起的匈奴，刘邦新创建的大汉王朝该如何应对呢？

34. 刘邦御驾亲征

前面说过，刘邦连忽悠带逼迫，把韩王信弄到了代地，目的之一就是防御匈奴。结果韩王信没干几天，却投靠了匈奴，而且给匈奴做起了向导，率兵越过勾注山，也就是今天的雁门山，进攻太原，成了汉朝的心腹大患。

为了一劳永逸地解决北患，刘邦决定御驾亲征。铜鞮一战，韩王信大败，逃到匈奴去搬救兵。

而韩王信的部将曼丘臣和王黄等人则留下来继续与汉军周旋。他们认为，代地原本属于赵国，如果能拥立赵国王室后裔，应该有号召力，对抵抗汉军会有利。可巧，他们还真找到了一位赵国王室后裔，名叫赵利，于是将其拥立为赵王，同时派人联络韩王信和匈奴冒顿单于，准备一齐攻打汉朝。

此时，冒顿单于率领匈奴骑兵驻扎在上谷，也就是今河北省张家口市宣化区，收到韩王信等人的救援请求，立刻命人带领两万铁骑前去支援。

在匈奴两万铁骑的支援下，韩王信势力大增，又回过头往太原方向展开进攻。刚到晋阳，就遇到汉军前锋，两下交战，仍然不敌，只好掉头向北逃窜。汉军前锋一鼓作气追至离石，也就是今山西省吕梁市离石区，抢获许多牲畜，才停止追击。

前面说过，当时正值十冬腊月，北方天气异常严寒，又加上雨雪不断，汉兵不太习惯，大都冻得皮开肉绽，甚至有人的手指头和脚趾头都冻掉了。冻掉手指头和脚趾头，在南方人看来，不可思议，北方人应该很容易理解，这绝不是夸张！

天气虽冷，但刘邦兴致很高。他窝在营帐内，老酒一喝，火炉一抱，有人捶腰，有人敲背，还有美女暖被窝陪睡，舒服得简直如神仙一般。所以，刘邦哪里会考虑到外面天寒地冻，士兵们叫苦不迭啊。到了晋阳没几天，他就想乘胜追击，继续向北进军。

不过，刘邦毕竟是马上皇帝，打了那么多年仗，军事经验相当丰富，进军如此顺利，他多少还是有一点隐忧，担心中了埋伏。实际上，冒顿单于还真是这样打算的，他惯用的伎俩就是骄兵之计，待敌人麻痹大意之时，出其不意，攻其不备。

有了这个隐忧，刘邦先后派出十多批探子向北打探，看看匈奴究竟是真有实力，还是徒有虚名，然后再做打算。不久，探子陆续回来报告说，匈奴军队多是老弱残兵，虚张声势，不足深虑。如果现在打过去，肯定大获全胜。这些情报实在太振奋人心了，刘邦一听，当即亲率主力，从晋阳出发，向北进攻。

刘邦战争经验丰富，拿到这个情报，还是有点不太放心，他又命刘敬提前向北出发，去摸摸匈奴的底。

关于刘敬，不知道大家是否还记得，就是那个建议刘邦迁都关中的娄敬，被刘邦赐姓为刘，封号奉春君。他本来是要去戍边，因为迁都建议，留在刘邦身边做了郎中。既然曾派去戍边，应该有一定的军事斗争经验，而且看问题又有深度，所以刘邦才派他先过去一探虚实。

与此同时，刘邦率领大部队慢慢向北挺进。沿途一路，经常会遇到匈奴散兵游勇。汉军只要呐喊一声，他们就吓得四处逃窜，如惊弓之鸟。

因此，汉军主力一路顺风，越过勾注山，直抵广武。这个广武，不是刘邦与项羽在河南荥阳对峙时的那个广武山，而是位于今山西省朔州市山阴县附近。

刚到这里，刘敬正好回来复命。刘邦忙把他召来问道："怎么样？你去侦察匈奴虚实，应该有所收获吧，朕的大军一定可以打过去吧？"显然，刘邦在内心深处，并没把匈奴放在眼里，派人打探虚实无非是来印证自己的判断而已。

只见刘敬面色凝重，不无忧虑地回答道：“回陛下，匈奴貌似没有什么实力，但臣以为，最好还是不要轻举冒进！”

“为什么？”刘邦略微生气地问道。

刘敬沉吟片刻，回答道：“两国交兵，按常理，应该互相炫耀自己的优势才是。但臣在匈奴那里却看到了另外一番景象，到处都是瘦小的牲畜和老弱的士兵，毫无精气神，这很可能是他们的疑兵之计，故意暴露劣势，麻痹我军。试想，如果匈奴军队不过如此的话，怎么可能横行北方呢？所以臣以为，其中必有诈。他们是在故意示弱，引诱我军深入，然后暗中埋伏精锐，准备伏击我军！请陛下三思而后行，不要中了这帮胡人的奸计！”

应该说，刘敬头脑比较冷静，洞若观火，把冒顿单于的心思看得很准，这可能与他的戍边工作经历有关。可刘邦一路乘胜而来，兴致勃勃，骄傲得不行，怎么可能听得进去呢？他认为，秦始皇一战就能打趴下匈奴，说明匈奴不足为惧，自己也应该能做到。

人一旦获得极大的成功，往往会高估自己的能力，紧接而来就是误判和错判，直至失败。

刘邦还是因为历史书读得太少了。他不知道，秦始皇当年攻打匈奴之前，已经忍气吞声很多年，在攒足力量之后，才一举成功。而他打了那么多年仗，内部问题都没有完全摆平，一切还在起步阶段，现在却长途跋涉，冒着严寒去进攻势头正盛的匈奴，岂不是自投罗网？

这时，刘邦率领的汉军主力已经越过了勾注山，二十万大军已经箭在弦上，不得不发。

那么听了刘敬的分析，刘邦究竟会如何决策呢？

35. 白登之围

听了刘敬对匈奴军情的分析，刘邦非但没有警醒，反而大发雷霆，对刘敬的劝告非常不满，破口大骂道："齐虏！你这个家伙，靠着一张嘴，三寸舌，捞得一官半职，如今胆敢胡言乱语扰乱朕的军心，该当何罪！？"

"齐虏"是什么意思呢？大概有两种说法：一种说法是"齐国孬种"的意思，认为刘敬胆小怕事，这个说法比较多；一种说法是"齐国俘虏"的意思，齐国被刘邦攻占，齐人自然都是俘虏。不管哪一种，肯定是在辱骂刘敬，由刘邦独家发明。所以后来，无论哪里提到"齐虏"这个词，基本专指刘敬。

但我个人认为这两种翻译都不妥。

齐，指齐地，也就是今天的山东省境内，所谓"齐虏"应该与"山东佬"的意思差不多。这种用法是一种蔑称，比如"美国佬""日本佬"等，都曾广泛使用过。

当然以上纯属个人见解，感觉这样解释更符合刘邦当时的真实情绪。

骂完之后，刘邦还不解恨，当即下令拘捕刘敬，并系上镣铐，关押在广武监狱中，声称凯旋之日，再严厉处置。然后，他亲率主力继续向北挺进。

一路上，骑兵在前开路，步兵跟在后面，仍然畅行无阻。

因为急于成功，刘邦认为这样行军速度太慢，于是命太仆夏侯婴给自己的战车添加快马，他要带头向前赶路。众将看刘邦这么玩命，只好紧跟不舍，生怕掉队。

骑兵部队肯定没问题，四条腿在跑，还能跟上。但步兵部队就不行了，无论如何都追不上，大部分散落在后面。

好不容易到了平城，也就是今天的山西省大同市，刘邦想让大军停下来稍作休整，突然一声胡哨传来。一会儿，好像发生了地震一样，整个大地都在颤动，汉军都为之一惊。只见匈奴骑兵部队从四面八方奔腾而来，如海啸一般。

刘邦暗暗叫苦不迭，急命众将率军上前迎击，但是打了很久，始终无法占上风。此时，冒顿单于又亲率骑兵主力杀到增援，匈奴兵马骤然增多，气势越来越盛。

汉军一直是急行赶路，本来就已经兵困马乏，再加上刚才一场大战，更加疲惫不堪，现在匈奴骑兵越来越多，汉军实在支撑不住，只得纷纷退却。刘邦眼见战局不利，四处张望，一眼望到东北角有一座山，忙引兵向山边撤退。他打算凭借山险与之周旋，等后续步兵过来支援时再进行反攻。

汉军退到山边，恰好有一个山口，刘邦率军退入，再用大量巨石扼住山口，设置营垒，全军合力抵御匈奴追兵。幸亏人多势众，山口不大，匈奴骑兵几次进攻，都无法冲入。

冒顿单于看无法一时冲破，便下令停止进攻，把军队分成四个部分，环绕四周，将山体牢牢围住。这座山名叫白登山，也就是今山西省大同市东边的马铺山。刘邦此次被围，史称“白登之围”。

其实，冒顿单于早已伏兵山谷，一直示弱，就是为了引诱刘邦过来。之前，刘敬看破了这一计策，好心提醒刘邦，而刘邦被一时的胜利冲昏了头脑，偏偏不听，结果误入山中，成了瓮中之鳖。这个时候，刘邦才知中计，后悔不迭，但为时已晚，只好眼巴巴盼望着后面的步兵部队尽快赶到救援。

可是左等右等，就是不见援军踪影。刘邦气得跺脚大骂，骂步兵部队逗留不前，贻误战机。他哪里知道，匈奴这次动用的骑兵部队多达四十万之巨，几乎倾巢而出。除围住白登山的骑兵外，匈奴又另外派出军队专门截住汉军的步兵部队，相当于将汉军一分为二。所以，汉军步兵部队虽然已经赶到，但是眼见匈奴骑兵漫山遍野，也无计可施。

刘邦实在等不及了，便积极组织部队突围。可是不管怎么突，都最终被匈奴骑兵打了回来。当然，匈奴骑兵想攻上去也不太可能。

就这样，刘邦孤军被围在白登山上，一时无法脱身。

这天，趁着天气稍微好一些，刘邦登高向下望，不望还好，这一望，彻底绝望。

白登山四面八方，全都是匈奴骑兵，而且这些骑兵训练有素，秩序井然：东方清一色青马，西方清一色白马，南方清一色赤马，北方清一色黑马。用这四种颜色排兵布阵，显然是根据《易经》中的原理排定。

为什么这么说呢？

对《易经》稍微了解的人都知道，太极生两仪，两仪生四象。太极为一，意为混沌；两仪，指的是阴阳；四象是从阴阳中衍生出来的，指的是老阳、老阴、少阳、少阴。在中国传统文化中，青龙、白虎、朱雀、玄武是四象的代表物，与道家中的五行学相呼应：青龙代表木，白虎代表金，朱雀代表火，玄武代表水。中国传统方位是以南方为上方，与现代以北方为上方不同，所以描述四象方位，一般会说，左青龙，指东方；右白虎，指西方；前朱雀，指南方；后玄武，指北方。这样的话，在方位上就是东木、西金、南火、北水。

四十万骑兵四种颜色，相当于每个颜色十万骑兵，分别对应东木、西金、南火、北水四个方位。如此排兵布阵，匈奴实力可见一斑。

所以，看到这一幕，刘邦能不绝望吗？

刘邦登基做皇帝那会儿，办仪式时，拉车的四匹马都没能凑成一个颜色。现在匈奴十万骑兵都能一个颜色，你说这仗还怎么打？没法打！

接连三五天过去了，刘邦始终想不出突围的办法，急得如热锅上的蚂蚁——团团乱转，大冬天直冒冷汗。

本来就是寒冬，又是在山上，随着时间的推移，天气越来越冷，随军携带的粮草也越来越少。此时，全军将士又冷又饿，再这样下去，即便匈奴骑兵不主动进攻，也终将不战自乱。

面对如此险境，刘邦究竟怎么应对才能脱险呢？

36. 游说匈奴阏氏

这次刘邦亲征，张良因为身体原因没能随行，军中谋士只有陈平水平最高。陈平以护军中尉的身份跟随左右，面对如此惨状，也一筹莫展，只能充当心理医生，劝慰刘邦忍耐，容他再好好谋划一下。

转眼间，已经被围困到第六天，刘邦又在大帐内捶胸顿足，后悔当初没听刘敬劝说，轻敌冒进。这时，陈平突然从外面小跑进来，兴奋地对刘邦说，他想出了一条妙计。

一听有妙计，刘邦顿时来了精神，上前拉着陈平，让他快快道来。待陈平说完，刘邦眉头紧皱，在那里来回踱步，略显迟疑。显然，他对这条所谓的妙计持有保留态度。

思前想后，刘邦认为事到如今，别无他法。为了活命，只有按照陈平的所谓妙计去办。那么，这究竟是一条什么妙计呢？竟然能让从来都不择手段的刘邦犹豫起来！

司马迁在《史记·陈丞相世家》中这样记载："高帝用陈平奇计，使单于阏氏，围以得开。高帝既出，其计秘，世莫能闻。"

什么意思呢？大概意思是说："刘邦采用了陈平的奇计，派人到冒顿单于的阏氏那里去疏通关系，才得以解围。刘邦脱身以后，要求这条计策秘而不宣，所以世间没人能得知内情。"

说白了，这条计策太不堪，以至于刘邦怕影响到自己的光辉形象，要求作为最高机密不得外泄，世人也就无从得知。

世上很多事情往往是这样的，越是秘而不宣，越是让人好奇想知道，想必大家也是这种心态吧。

幸好，司马迁没有让后人失望，他在《史记·匈奴列传》中偷偷记载了这条所谓的妙计。下面我们不妨详细述说一下。

自从被围白登山，作为谋士的陈平就冥思苦想如何解围，头发都快想白了也没想到。一天，他安慰完刘邦，便带着几个随从到山上溜达，试图寻找灵感。

他在山上来回溜达，不停地向四处张望，恰好远远望见山下有一男一女在匈奴军营中移动。陈平感觉很奇怪，匈奴军营中怎么会有女人出现呢？忙带人凑近一看。原来是冒顿单于和一个女人各骑着一匹高头大马满军营转悠，视察军队。陈平料定这个女人不简单，一定是冒顿单于的最爱。

陈平马上派人去打听。果不其然，这个女人是冒顿单于刚得到的一位阏氏，很受宠爱，时常被冒顿带在身边，朝夕不离。在匈奴大营里面，她的权力非常大，仅次于冒顿单于，军中有什么事，基本上都能自己做主，甚至不必经过冒顿单于。

得到这条情报，陈平眼前一亮，决定在这个阏氏身上打主意。

陈平的妙计就是利用这个阏氏来大做文章，他把自己的想法给刘邦说了一遍，但刘邦犹豫不决。

为什么呢？有人可能想不通。

在那个时代，男人如果靠女人活着，会让世人所不齿。所以贵为皇帝，又常自诩为英雄的刘邦，肯定会很在意。

即使再在意，面对生死抉择，刘邦也只好同意试试看。

于是，陈平马上安排一位胆识过人的使臣，带着一幅人物画像和一颗价值连城的金珠，趁天黑下山，摸到匈奴大营，去找那位阏氏。

派去的使臣当然是特别训练过的，通晓匈奴内部事务。这位使臣按照匈奴人的习惯一路贿赂过去，只说要拜见阏氏。

阏氏听说有汉使来找她，很是奇怪，就让他进来说话。汉使进来后，笑嘻嘻地献上一颗硕大的金珠，说是由汉朝皇帝刘邦亲自馈赠。

只见那颗金珠，金光闪闪，把阏氏的眼睛都快亮瞎了。阏氏伸手接过来，反复端详，虚荣心一下子得到了极大满足。所以金珠一到手，她毫不客气，当即收下，口中连声表示感谢。

然后，汉使又取出一幅人物画像呈给阏氏，说是请她代劳转送给冒顿单于。阏氏随手把画展开，只见上面画着一位美女，面目俊俏齐整，非常漂亮。

画出来的美女肯定漂亮了，人工修饰过，掩盖缺点，突出优点，能不漂亮吗？

看到这幅美女画像，阏氏的醋意油然而生，有点生气地责问道："你们家皇帝不好好打仗，不想办法突围，送一幅破画给我们家单于干吗？"

汉使神秘兮兮地答道："阏氏有所不知啊，汉军与匈奴在这里相持一段时间了，我们家皇帝认为，这样下去最终只会两败俱伤，对谁都没好处，不如两家就此罢兵修好。我这次过来，就是代表我们家皇帝给阏氏送金珠以表敬意。至于这幅画中的女人，那可是大汉朝第一美人，皇帝准备把她送给单于，以表修好的诚意，只是这个美人目前不在军中，就先把她的画像呈给单于过目。如果单于满意，今天我们就派人回去接美人，估计不用几天就能到，人到了，马上会给单于送过来，请阏氏代为转达！"

听到汉使这么说，阏氏会有什么反应呢？

37. 侥幸脱险

汉使送来一颗硕大的金珠，匈奴阏氏爱不释手，但当汉使说刘邦还准备送给冒顿单于一位汉朝美女时，一下子就打翻了醋坛子，只见她两眼一瞪说道："汉帝太客气了，美人他还是自己留着吧，单于不需要！"

汉使深深叹了口气说道："据我所知，皇帝确实舍不得这位美人，他也担心万一献给单于，会影响您和单于之间的感情，一时犹豫不决。既然单于不需要，那就好办了，如果阏氏能出手让两军罢兵，皇帝情愿给阏氏再多送些金珠，也不愿意把美人送过来啊！"

阏氏这才明白，说了半天无非是找老娘劝说冒顿单于退兵，她使劲挺了挺胸，显得很有权威的样子满口答应道："好的，我知道了！烦请你回报汉帝，尽管放心，保准无事！"

说着，随手把美女画像又传递给了汉使。汉使那个激动啊，没想到那么顺利，连忙拜谢，然后带走画像回去报告。

阏氏暗暗庆幸是自己接见了汉使，心想，刘邦如果继续被围困下去，势必要献美女过来。对冒顿单于，她太了解了，那是一个精力旺盛，而且喜新厌旧的家伙。事不宜迟，应尽快放走刘邦。

不一会儿，冒顿单于从外面兴冲冲回来了，得意地冲阏氏炫耀道："这次定将刘邦老儿给活捉了！"

阏氏走上前去，帮冒顿单于解掉外套，边递给侍女，边嘟囔着说道："抓住又能怎样？汉人难道会善罢甘休吗？"冒顿单于被阏氏问得有点愣住了，他还从来没认真考虑过这个问题。

阏氏继续说道："单于您和刘邦都是人主，俗话说，'两主不相困'，也就是说两国的君主不应该相互围困。如今，刘邦被围困在白登山上，汉人肯定会拼命来救援。即便单于您能杀败所有汉人，夺取了汉地，又有什么用呢？恐怕水土不服，也不可能在那里长期居住啊！万一有失，现在的局面恐怕也保不住！刘邦被困在这里已经有六七天了吧，但汉军依然井然有序，并不慌乱，想必他跟单于您一样，都有神灵保佑，单于何必非要逆天行事呢？"说到这里，阏氏竟然禁不住抽泣起来。

冒顿单于听阏氏这么连演带说，感觉很有道理。自己天天想着怎么活捉刘邦，竟然把善后的工作给忽略了。

俗话说："兔子急了还咬人呢！"冒顿单于经常打猎，这个道理他肯定懂。

另外，韩王信那帮人也不一定靠得住。之前，他们承诺一起围攻白登山，结果迟迟没看到人影，不知道躲到哪里坐山观虎斗去了。这些汉族人太过狡猾，难保不会同汉军有预谋，到时候倒打一耙就麻烦大了。

冒顿单于思量再三，决定放过刘邦。于是他把阏氏揽入怀中，轻轻问道："依你之见，如何是好啊？"

阏氏上去亲了冒顿单于一口，撒娇道："不如放他们走吧，这次权当给他们一个教训，量他们以后也不敢再来挑战单于了！"

冒顿单于哈哈大笑道："好啊，你说得对啊，没想到你还这么有见识！我明天就见机行事，放他们一马，下次再来，定让他们有来无回！"

听冒顿单于这么说，阏氏才破涕为笑。

第二天一早，按照阏氏的建议，冒顿单于传令下去，故意把包围圈撤开一角。

昨天陈平派出去的使臣回来后，说阏氏答应帮忙，但刘邦还是忐忑不安，他一夜没睡着，时不时跑到山岗上面，仔细观察匈奴军队的动向。

待至天色大亮，才见山下有一个角没有了匈奴兵驻扎，凭空腾出，刘邦大喜，料定冒顿单于听从了阏氏的意见。

此时不走，尚待何时？

刘邦当即下令立刻下山，但陈平劝说道：“陛下且慢，贸然下山不可不防啊，还是小心点为好！应该让弓弩手张弓搭箭，夹护陛下，簇拥下山，随时防备才是！”

刘邦欣然同意，命太仆夏侯婴亲自为他驾车，在弓弩手的围护下，缓缓下山。中途，刘邦嫌行速太慢，大骂夏侯婴。夏侯婴回头耐心解释道：“陛下，急不得啊！这种情况下还是慢慢行进比较好，可以迷惑敌人，否则可能会引起怀疑啊！”

刘邦被夏侯婴一句话点醒。他明白，太过慌乱说不定适得其反，便不再说话，由着夏侯婴驾车向外从容驶出。

到了山脚下，匈奴军队仍然只是远远望着，并不前去阻拦。后面汉军在紧张有序中，不慌不忙向前行进。就这样，所有军队陆续开出，脱离围困。刘邦率军到了平城附近，才得以与步兵部队会合，一起入城。

此时，冒顿单于和阏氏骑着高头大马一直在高处密切关注刘邦这边的动向。他们看到汉军撤退时，从容不迫，有条不紊，不由心生佩服，暗自庆幸没有与之继续对峙下去。

七天围困，侥幸逃生。刘邦领教了匈奴军力的强大和冒顿单于的厉害，也不想再进攻匈奴了，随即向南撤军回家。

行经广武，刘邦想到了刘敬。被他关在广武监狱中的刘敬，还在等着他回来处置呢。刘邦命人释放刘敬，当面致歉道：“朕不用公言，才中了胡人的奸计，险些回不来啊！那些没有搞清楚虚实的人，胡说八道，误导了朕，朕已把他们全杀了！”说完，加封刘敬为关内侯，封地二千户，封号为建信。

古人云：“知错能改，善莫大焉。”从这一点来看，刘邦应该还算是一位有胸怀的皇帝。

同时，他又特别表彰了太仆夏侯婴，赞赏夏侯婴关键的时候不掉链子，封地千户。

那么，刘邦又会怎么封赏奉献妙计的陈平呢？

第八章

福大命大

38. 知恩图报

多亏匈奴阏氏帮忙，刘邦在白登山侥幸脱险。路经广武县时，他释放并封赏了因反对轻举冒进而遭羁押的刘敬。同时，又特别表彰了太仆夏侯婴，赞赏他关键时刻不掉链子，封地千户。

接着，刘邦率领大军继续向南撤。不久来到了曲逆县，也就是今河北省顺平县东南。这里城高墙厚，高俊挺拔，刘邦登上城楼，举目远望。一眼望去，整座县城的房屋又大又密，刘邦不由得赞叹道："这座城好壮观啊！朕遍行天下，只见到洛阳城能和这里相媲美。"然后回过头问御史道："曲逆县的户口有多少啊？"

御史赶快上前答道："秦朝时期有三万多，后来连年战乱，很多人逃亡藏匿，现如今还有五千。"

刘邦招招手把陈平叫到身边说道："先生此次解白登山之围，功不可没，朕就将这里加封给你吧！"

说完，命令御史改封陈平为曲逆侯，尽享全县的赋税营收。以前陈平的封地户牖乡，自然就取消了。由"乡"那么小的封地，改封成"县"那么大的封地，相当于给陈平升了一级。陈平心中暗喜，连忙拜谢。

前面我们说到过，历史上有陈平"六出奇计"之说，至此我们可以简单总结一下：一计，派人到楚军大营施行反间计，致使项羽边缘化钟离昧，贻误战机；二计，慢待项羽使者，挑拨项羽与范增的关系，气死范增；三计，用女人伪装成士兵夜出荥阳城，转移楚军注意力，确保刘邦安全脱身；四计，建议加封韩信为齐王，迷惑齐使，稳住韩信；五计，伪游云梦，活捉韩信；六计，贿赂匈奴阏氏，白登山解围。

以上这六条计策就是后人公认的陈平“六出奇计”。实际上，“六出奇计”中的“六”是虚指。有点文言文功底的人都知道，古文中的三、六、九一般都不是指具体数目，而是形容数量很多。“六出奇计”的说法只是表明陈平为刘邦出的计策比较多而已。有的奇计颇为隐秘，不方便传播，所以世间无人得知。比如这次白登山解围，哄骗女人出来帮忙，大大有损刘邦的光辉形象，就比较隐秘。

在刘邦的幕后谋士中，除张良以外，首推陈平。他们两人，一阴一阳，一明一暗，让刘邦多次化险为夷，遇难成祥。

汉朝建立后，由于身体原因，再加上明哲保身的考虑，张良很少再出来为刘邦出谋划策。而陈平凭着过人的机智，仍然活跃在政治舞台上，最后官居丞相。

在曲逆县稍作休整，刘邦率大军继续往回赶路。

路过赵国时，赵王张敖早早赶到郊外迎接，对刘邦谦恭有礼。刘邦在赵国住下后，张敖总是脱去外衣，戴上套袖，从早到晚亲自伺候刘邦饮食，行“子婿礼”。所谓“子婿礼”，就是像女婿对待老丈人一样那么谦卑。

张敖为什么这般客气呢?

首先，刘邦是皇帝，必须客气；其次，张敖的老爸张耳和刘邦关系非同一般，是故交，刘邦对张家有恩；最重要的是，张敖是刘邦未过门的女婿。

之前我们说过，刘邦曾经口头承诺和项伯结成儿女亲家，那只不过是忽悠项伯而已，其实，他早把女儿刘乐许配给了老朋友张耳的儿子张敖。所以张敖才对刘邦行“子婿礼”。但不知道什么原因，刘邦看不上这个未过门的女婿。面对张敖的谦恭有礼，史书记载："高祖箕居詈（lì），甚慢易之。"

什么意思呢？就是说，刘邦席地而坐，双腿伸开，像个簸箕一样，非常傲慢，嘴里还谩骂不停。

再怎么说，张敖也是诸侯王，被刘邦如此侮辱，心里肯定不得劲了。不过，刘邦是皇帝，又是长辈，他不以为忤，而是更加小心伺候。

但有两个人看不下去了。

这两个人是张敖的左右丞相，分别名叫贯高和赵午，都已经六十多岁了，原来是张耳的门客。张耳认为他们为人豪爽，性格耿直，临死时特别委托他们辅佐儿子张敖，以保赵国长盛不衰，不料，他俩却差点害死张敖。

这究竟是怎么回事呢？我们还要从这次刘邦侮辱张敖说起。

贯高和赵午看到刘邦对待他们的赵王张敖时一副流氓样，二人心中愤愤不平。于是，私下里抱怨道："我们大王太懦弱了！刘邦也太嚣张了！"

他们商议一番后，来到王宫，屏退左右，对赵王张敖说道："当初天下豪杰并起，都是凭借才能被封立为王，先王也是如此。如今，大王对皇帝恭敬有加，可皇帝对大王粗暴无礼，难道天子就可以不讲礼数吗？我们咽不下这口气，想替大王杀掉他！"

赵王张敖一听，吓得脸色大变，这是弑君之罪啊，能不害怕吗？万一被外人听到，别说赵王做不成，说不定还要灭九族！他当即咬破手指，指天发誓道："你们怎么能说出如此大逆不道的话呢？当年先父亡国后，全是依赖当今皇帝才得以复国，并惠及子孙，可以说我们赵国的一切都是皇帝赐予的啊！以后这话不能再提了！"

由此可见，张敖还是比较有良心的，知恩图报。如果换成其他"官二代"，估计早就翻脸不认人了，管你过去对老爸怎么样呢，那是过去式，对我不好就不行。

贯高和赵午看张敖态度坚决，只好退了出去。但他们仍不甘心，找了十几个心腹秘密商议道："看来我们这些人搞错了，大王是个厚道人，肯定不会做这种忘恩负义的事！只是受此侮辱，真替大王气不过啊，一定要出这口恶气！既然是我们自己要干这件事，那就不要连累大王了。假如事情成功了，功劳归大王所有，失败了，我们自己承担罪责。你们认为如何？"

大家异口同声，表示赞同。于是他们准备暗地下手，杀掉刘邦。

那么，他们会得逞吗？

39. 长安未央宫

当贯高和赵午准备杀掉刘邦时，刘邦没在赵国待几天就匆匆离开了。他们一时无从下手，只好作罢。但这件事并没有就此结束，后面我们还会再次说到。

离开赵国后，刘邦回到了洛阳。洛阳也算是刘邦的大本营之一了，有"东都"之称。与匈奴一番征战，结果铩羽而归，刘邦格外郁闷，便想在洛阳好好休息几天。不想，他那位擅长种地的二哥刘仲，刚被封为代王不久，也跟着从代地跑了回来。

刘仲一把鼻涕一把泪地向弟弟刘邦哭诉，说匈奴在汉军主力走后，又不断侵扰代地，他抵抗不住，逃了回来。刘邦闻听，大为恼火，怒斥道："你啊，朕怎么说你好呢，你只配在家里种地！你这样见到敌人就逃跑，难道连自己的封国都不管了吗？滚，有多远滚多远！"

刘仲碰了一鼻子灰，唯唯诺诺，低头退了出去。刘邦本想治他的罪，但念及手足情深，不忍心从重处罚，只是把他由代王降封为合阳侯。然后，加封自己的儿子刘如意为代王。

刘如意的老妈是戚姬。前面说过，戚姬又称戚夫人，是刘邦后半生最宠爱的女人，传说是刘邦在彭城之战败逃时遇到的，当时两人一夜激情，怀上了儿子刘如意。此时，刘如意应该不过七八岁。

七八岁封王，实在太小了，放到现在，最多上小学二年级，怎么可能让他去代地履职呢？于是，刘邦特命陈豨为代相，先往镇守。

关于陈豨，我们之前没怎么说到过，但他也非常不简单，在刘邦第二批封侯名单中就赫然在榜，被加封为阳夏侯。可见，刘邦对陈豨很欣赏。这次又委以重任，说明刘邦对他也很信任。可就是这么一个被刘邦既欣赏又信任的人，后来也谋反了，并引起了一系列重大事件，甚至直接导致包括韩信在内的很多诸侯王和开国元勋被杀。

刘邦把代地的事情刚安顿好，这天，萧何派人奏报，说咸阳宫殿建造完成，请他过去视察。刘邦非常高兴，终于有一件事让他开心了，于是从洛阳回到关中栎阳，再由栎阳来到咸阳。

在萧何的引导下，刘邦对新修建的宫殿群进行游览。

咸阳宫殿群中，最大的宫殿名叫未央宫，占地约五平方公里，位于今天西安市西北约三公里的地方，北面距离渭河南岸约两公里。

未央宫四面都建有宫门，东门和北门有阙，也就是门楼。东阙在东司马门外，正对长乐宫的西阙。宫内有殿堂四十余间，还有六座小山和多处水池，大小门户近百。

未央宫与长乐宫之间建有阁道相通，比长乐宫稍小一些，但建筑本身的壮丽宏伟则有过之而无不及。整座宫殿以清香名贵的木兰为椽栋，以纹理雅致的杏木作梁柱。屋顶椽头敷贴有金箔；门扇上有金色的花纹和玉饰，镶嵌着各色宝石，装饰着鎏金铜铺首；回廊栏杆上雕刻着清秀典雅的图案；窗户为青色，雕饰着古色古香的花纹；殿前左为斜坡，便于乘车上去，右为台阶，供人拾级而上；基础巨石之上，耸立着高大木柱；紫红色的地面，金光闪闪的壁带，中间配以珍奇的玉石。

未央宫的主体建筑是前殿，其建筑装饰最为豪华，也是中国古代历史上保存时间最长、最完整、规模最大、最有代表性的高台宫殿建筑之一。后来的多个朝代，凡是皇帝登基、宴请群臣、皇家婚丧大典等均在前殿举行。存世一千多年。

未央宫搞得如此宏伟奢侈，刘邦还没视察完，就佯装生气地向萧何责问道：“你老兄搞什么名堂？天下战乱那么多年，到现在都没有完全安定，为什么要把宫殿修造得这般豪华壮美呢？”

萧何捋了一下胡须，不慌不忙地解释道：“陛下，正因为天下还没有完全安定，才可以利用这个时机建造宫殿啊！再说，陛下乃一国之主，宫殿不壮观华丽怎么能凸显陛下的尊贵和威严呢？而且，这样还可以一劳永逸，免得后世子孙嫌弃宫殿狭小，再浪费人力物力去扩建。”

有人说萧何强词夺理，无非是讨刘邦欢心而已。之前刚修筑完长乐宫，那是在秦朝兴乐宫的基础上建造，还说得过去。现在又新造未央宫，而且花费了两年时间，明明是劳民伤财嘛。

萧何与刘邦结识多年，对刘邦的性情了如指掌，知道他生气发火是假，想让自己代为解释，免受非议是真。所以他们君臣二人一唱一和，心心相印，糊弄一下旁人罢了，不知道的还真以为刘邦节俭呢。

听完萧何的解释，刘邦转怒为喜，和颜悦色地说道：“你说得也对啊，看来朕又错怪你喽！”

说完，他又下令在未央宫四周筑起城墙，以此为中心作为都城。因为未央宫地处长安乡，故号称长安，有“长治久安”的意思。

不久，刘邦率领文武百官由栎阳搬至长安未央宫，从此安居下来，不再迁移了。但刘邦生性好动，待不住，别看未央宫建造那么好，过了一个多月，他又跑到洛阳去了。在洛阳一住就是大半年，直到过完年。

汉八年元月，刘邦听说韩王信那帮人又在北部边境捣乱，便再次引兵过去镇压。刚到东垣，也就是今河北省石家庄市东古城村，韩王信就逃走了。显然，他在和刘邦玩捉迷藏。刘邦也没办法，无功而返。

在回来时，车队又路过赵国。前面说过，一年前，白登山解围后，刘邦也曾路过赵国。那次，虽然赵王张敖对刘邦谦恭有礼，但是刘邦不满意，对他连侮辱带谩骂。为此，张敖的左右丞相贯高和赵午想杀掉刘邦，结果还没来得及下手，刘邦就走了。

那么，这次他们还会放过刘邦吗？刘邦还会那么幸运吗？

40. 福大命大造化大

这次，刘邦路经赵国的柏人县，也就是今河北省邢台市隆尧县西南，天色不早了，刘邦想在这里临时休息一晚。赵国的地方官听说刘邦留宿，都忙得不亦乐乎，他们把县内最好的住所腾了出来，专门供刘邦使用。刘邦刚走进屋内，突然感觉到有点心慌，他回头急问左右道："这个县究竟叫什么名字啊？"

刘邦肯定是明知故问了，怎么可能不知道呢？他只是再确认一下，找找不祥的感觉从何而来。左右忙答道："此乃柏人县也。"

刘邦在那里意会了一会儿，嘴里嘟囔着什么，愕然道："柏与迫声音相近，不吉利！莫非有人要在这里迫害朕不成？朕今晚还是不要在此地留宿了，马上离开！"

刘邦的第六感绝对够发达，脑电波简直就像探测仪！

实际上，房屋的夹墙内还真暗藏有杀手。这些杀手由贯高和赵午等人安排，他们准备在半夜时分，神不知鬼不觉地杀掉刘邦。而刘邦福大命大造化大，又躲过一劫，顺利回到洛阳。

虽然没得逞，这也是刺杀未遂啊！如果消息不走漏，那也就过去了，权当没发生过。但俗话说："要想人不知，除非己莫为。"一旦做过，事情的发展往往会让人无法预料或控制。后来这件事继续发酵，导致了严重后果，不久我们还会说到。

回到洛阳，刘邦放松了一阵子。安稳了一段时间，转眼又到年底了。淮南王英布、梁王彭越、赵王张敖、楚王刘交陆续来到洛阳朝拜。可刘邦想回长安未央宫过年，就带着四位诸侯王一起过去。

刚到长安没几天，就过年了。过了年，就是汉九年。

新年第一天，在未央宫前殿，太上皇刘太公高坐在上座，刘邦率王侯将相，一同前来朝拜。行完拜跪大礼，开始大摆宴席庆祝新年。

刘邦陪着老爸刘太公并坐在上座，两侧分列群臣，群臣按照朝仪规矩一一落座。

待各种美酒菜肴上齐，刘邦首先双手捧着杯子站了起来，为老爸刘太公祝寿。刘太公笑容可掬，接过酒杯一饮而尽。接着，王侯将相依次起立，分别向太上皇刘太公敬酒。

酒过三巡，大家酒酣兴至。此时，刘太公喝得眉开眼笑，白头发乱颤。刘邦喝得也有点晕晕忽忽，一时兴起，便得意地与老爸刘太公半开玩笑地说道："从前父亲经常说儿子是个无赖，不能置办家业，总夸二哥刘仲擅长耕种，善谋生计。今天儿子所立的产业与二哥比较起来，究竟是谁多谁少啊？"

刘太公被儿子刘邦这么一问，搞不清自己是喝多了，还是太尴尬了，顿时面红耳赤。这老头情商也很高，并不作答，只是哈哈大笑。

群臣看到这个情景都山呼"万岁"，为刘邦叫好。刘邦在那里手舞足蹈，欢呼雀跃闹了一阵，才把戏言搁一边，又开始开怀畅饮。

直至夕阳西下，宴席宣告结束。

这件事是宴会上的一个小插曲，应该是一件开心逗乐的小事。刘邦也是一时得意，在老爸刘太公面前像小孩子一样显摆一下。相信刘太公虽然稍有尴尬，但是内心还是很骄傲的，毕竟是自己儿子嘛。

不管怎样，这个新年刘邦过得还算开心，可是开心没几天，北方又传来战报。不用说，又是匈奴侵扰边境。汉族过年，匈奴正好过来打劫，收获会更大嘛。

刘邦一听“匈奴”头就大了，上次被围白登山，至今心有余悸。现在国力不济，冒顿单于又非常狡猾，怎么才能有效解决匈奴问题呢？这不免成了刘邦胸中一块难以根除的心病。

这天，他把那个精通匈奴事务的刘敬找来，商议边防事务。刘敬接到诏令，来到宫殿，听了刘邦的困扰，分析道：“陛下，天下初定，军民都有厌战情绪，如果再兴师远征，恐怕不好啊！另外，匈奴气势正盛，武力很难征服。”

刘邦疑惑地问道：“不用武力，难道要用仁义道德来感化他们吗？”

刘敬轻轻摇头说道：“冒顿单于肯定不是那种能够被感化的人！这家伙没有人性，弑父自立，把他父亲的姬妾都能占为已有，凭借暴力统治匈奴，简直像豺狼一样，与他谈仁义道德简直就是对牛弹琴！如今只能从长计议，设法让他和他的子孙后代心甘情愿臣服汉朝。臣有一计可以达到这个目的，只是担心陛下不同意！”

刘邦心想，你们这帮人最喜欢来这一套，动不动先说我可能不愿意做，我什么时候没听从过啊，何况能让匈奴子孙后代向汉朝称臣，为什么不听？他有点不耐烦地说道：“果真有好计策能让他们子子孙孙臣服，朕为什么不同意呢？你尽管说来听听，少卖关子！”

刘敬这才说道：“陛下想要匈奴臣服，只有和亲一条路可走！别看这些胡人蛮不讲理，时常侵扰我大汉边境，实际上，他们向来仰慕我们中原文化。陛下如果能把嫡长公主忍痛割爱，远嫁给冒顿单于，再送上丰厚的嫁妆，冒顿单于肯定会深受打动，立嫡长公主为阏氏，那么将来生下的儿子就是太子，必定能接任单于。以后，陛下每年拿出我们这里富余而匈奴稀罕的物产，进行反复抚慰，顺便再派一些能言善辩的人去开导教化他们就可以了。冒顿单于在位，是陛下的女婿；他死了，他的儿子做了单于，就是陛下的外孙，哪里听说过外孙敢同外公分庭抗礼的！如果陛下当真这样做了，定能逐渐驯化匈奴，使匈奴臣服。不过有一点要特别注意，如果陛下舍不得让嫡长公主嫁过去，而是派其他皇族女子或者后宫嫔妃假冒公主过去，以冒顿单于的精明，早晚也会知道，那样就没什么作用了。还请陛下审慎决策！”

刘敬的这番话，又长又绕口，简单一句话，就是建议刘邦把嫡长公主奉献给冒顿单于做老婆，以此缓和汉匈关系。

那么，刘邦会同意吗？

41. 刘邦嫁女儿

过去，普通人家常说：“女儿是妈妈的贴心小棉袄。”富贵人家则把女儿比作“千金小姐”。现在说得比较浪漫：“女儿是爸爸的前世情人。”总之，在父母眼中，女儿一般都是天使，会设法用一生去呵护。

刘邦身为人父也不例外，当他听到刘敬的这条建议时，心中像被人揪住了一样难受，但略微沉吟了一会儿，佯装想得开的样子说道：“这个办法不错哦！如果当真如你所说，能让匈奴臣服的话，朕怎么会不舍得一个女儿呢？”

那么刘敬口中的嫡长公主指刘邦的哪个女儿呢？显然，就是指刘邦和吕雉所生的大女儿刘乐，也就是历史上著名的鲁元公主。

刘乐是皇后吕雉唯一的女儿，可以说是掌上明珠，而且早已许配给赵王张敖了。这事难道刘敬不知道吗？

再说，冒顿单于是一个六亲不认的家伙，连爱妾和亲老爸都能射杀，会在乎刘邦这个毫无血缘关系的岳父吗？可能开始一段时间，他还有点新鲜感，毕竟是汉朝皇帝的女儿，但时间长了，难保不会移情别恋，最后只会把公主拿来当摇钱树了。当然，刘敬的和亲政策有它的合理性，应该能够在一定程度上暂时缓解汉朝的外来压力。

刘邦肯定也考虑到了这些，但他实在没有更好的办法去对付匈奴，目前的国力又不可能让匈奴臣服，只有用时间来换取生存空间。另外，估计他也是真心不喜欢赵王张敖这个女婿，想借机悔婚。

所以，刘邦打发刘敬走后，去找老婆吕雉商量这事。

吕雉独守空房很久了，见刘邦主动找上了门，欣喜万分，赶快上前伺候。刘邦上前一把握住吕雉的手，貌似含情脉脉地嘘寒问暖一番，顿时让吕雉心中暖烘烘的。

刘邦看已经把吕雉哄开心了，这才说明来意。当听到刘邦说要将女儿刘乐远嫁到匈奴时，吕雉气得浑身发抖，一手推开刘邦，哭着说道：

“臣妾只有太子和一个女儿相依为命，以前跟着陛下受了多少苦，难道陛下都忘记了吗？陛下怎么能忍心抛弃女儿，让她远嫁到匈奴那个蛮夷之地呢？何况，女儿刘乐已经许配给赵王张敖，陛下贵为天子，难道要食言吗？恕臣妾不能从命！”

说到这里，吕雉竟然号啕大哭起来，弄得刘邦不知如何是好，只好说回去再想想，就走了。

此后，吕雉日夜哭哭啼啼，以泪洗面。

刘邦既感觉对不住老婆吕雉，也心疼女儿，暂将此事作罢不提。吕雉担心哪天刘邦又心血来潮，再提起此事，干脆安排人择良辰选吉日，尽快把女儿刘乐嫁给赵王张敖了事。

这个时候，赵王张敖还留在京城长安朝贺，没来得及回国，有此等好事，当然非常乐意了。人家来京城拜年上供，最多拿个红包回去，他来拜年却能抱回去一个新娘子，而且还是皇帝的女儿，能不乐意吗？

良辰一到，两人立刻成婚。结完婚，张敖和刘乐小两口在长安没逗留几天，便手挽着手高高兴兴回了赵国。

眼看着张敖娶走女儿，刘邦也无可奈何，但是刘敬关于匈奴的和亲建议，他仍然记挂在心。现在自家女儿是不可能了，刘邦决定找个宫女冒充嫡长公主，嫁给冒顿单于作阏氏。

刘敬献计的时候，特别提醒过不能这么干，因为可能会适得其反，但刘邦还是这么干了，这就是刘邦的过人之处。他对人心的揣摩比刘敬要深刻得多。

刘邦认为，冒顿单于不会真正在乎嫁过去的女孩子是不是他的女儿，他在乎的是名声和汉朝的厚重彩礼。

事实证明，刘邦是对的！

既然确定要与匈奴和亲，那就要派个得力的人去促成这件事。不用说，刘敬肯定是最佳人选了。这小子机智灵活、勤于思考，又特别熟悉匈奴事务。接到诏令，刘敬便带着刘邦的假女儿，去匈奴商谈和亲事宜。

不出所料，一切顺利！

几个月后，刘敬回来了，第一时间入朝拜见刘邦。见到刘邦，刘敬首先详细汇报了和亲全过程，然后不无忧虑地说道："陛下，和亲政策尽管暂时缓解了汉匈关系，但还是要多加防范啊！匈奴在黄河以南掌控着白羊和楼烦两个部落，这两个部落距离长安最近的只有七百里路，轻骑兵一天一夜就可以到达关中地区。而关中地区刚刚经过战争的洗礼，百业凋敝，人口稀少，需要充实一下才行啊！"

刘邦心想，你说充实就充实啊，人口繁衍也不是一代人完成的啊，只能鼓励多生孩子呗，还能有什么办法？他白了刘敬一眼说道："你说得对是对，谈何容易啊！"

刘敬继续说道："陛下定都关中，不但要严防匈奴，而且关外山东一带也不能掉以轻心啊！六国后裔和地方豪强散居各地，说不定哪天会意外生变，觊觎陛下的帝业！"

这句话深深触动了刘邦的神经。

外族侵扰，不过是图财，用钱打发就可以了；国内地方豪强就不同了，特别是过去那些所谓的诸侯贵族后裔，放着好日子不过，整天想着复辟，不得不防。于是刘邦忙问道："哦，你给朕说说看，这又该怎么防范啊？”

刘敬好像胸有成竹一样，上前一步说道：“当初诸侯起兵向秦朝发难时，如果没有齐地田氏等各大豪族，以及楚地昭、屈、景三大家族的参与，是不可能那么快兴盛起来的！如今，陛下将都城设置在关中，实际统治人口稀少，北边靠近匈奴劲敌，东边有六国旧贵族和各路豪强，一旦有什么变故，陛下是不可能做到高枕无忧的！臣建议，陛下应该诏令齐地田氏宗族，楚地的昭、屈、景三大家族，燕、赵、韩、魏等国的王室后裔，以及散落各地的豪门贵族，迁移到关中居住。国内若平安无事，就让他们防范匈奴；关外山东诸侯若有变故，则可以率领他们东征讨伐。‘此强本弱末之术也！’还请陛下尽快采纳施行！”

刘敬说了那么多，其实落脚点就是最后一句话：“此强本弱末之术也！”什么意思呢？通俗地说，就是加强中央集权，削弱地方势力。

那么，刘邦会接受这条建议吗？

42. 暗杀刘邦阴谋败露

刘敬提出“强本弱末之术”，以加强中央集权，削弱地方势力。刘邦认为这条建议非常好，不禁拍手称善，当即颁诏出去，诏令齐王刘肥、楚王刘交、淮南王英布、梁王彭越、赵王张敖、燕王卢绾等，务必将国内豪强贵族清点完毕，并限时迁入关中。

这些人还真不是个小数目，总共不下十余万人口。幸好关中经过长年战乱，人口锐减，到处都是空地，而且土地肥沃，所以这么多人口也完全可以安置。

刘邦的这种做法大家是不是看着很眼熟啊，当年秦始皇好像也玩过这一套。不错！但秦始皇那是第一次玩，手段过于粗糙，民愤极大，等到刘邦玩的时候，大家相对已经比较容易接受了。

这说明，在野势力一旦掌权，与执政者面对的问题差不多，处理的方式也大同小异。这就是为什么朝代在不断更替，而老百姓总感觉换汤不换药的主要原因。

落实好这件事，刘邦心中一下子踏实了很多。但还没舒服几天，就又有人向他揭发了一个大阴谋，让他大为光火。

这究竟是一个什么阴谋呢？

其实前面已经说到过，就是赵王张敖的左右丞相贯高和赵午，曾经在柏人县试图谋杀刘邦。当时，因为刘邦第六感特别发达，给躲过去了。如果没人泄密，这事权当没发生过。但是一年后，竟然有人突然出来告发，这不是倒霉催的吗？

用现在的一句电影台词来说："出来混，迟早是要还的！"

那么究竟是谁告发的呢？这个人姓甚名谁，史书上没有交代，只说是赵国丞相贯高的仇家。贯高的仇家怎么会知道这件事，我们也不得而知。反正既然是仇家那就要报仇，逮着这个机会就要往死里整。

前面说过，这个所谓的阴谋，赵王张敖本人是毫不知情的，纯属赵相贯高和赵午两个人的个人行为。可凭着他们俩的官方身份来做这种事，怎么可能分得清楚公私呢？

刘邦收到揭发材料后勃然大怒，当即下了一道诏书，派人前往赵国抓捕赵王张敖，还有赵相贯高和赵午等人。

赵王张敖浑然不知发生了什么事，心想自己一身清白，有什么好怕的。于是并不反抗，束手就擒。

参与谋杀活动的主谋之一赵午看到事情败露，一时情急，挥刀自尽了。其他参与此事的十多个人，看赵午死了，他们找到另外一个主谋贯高，声称也不想活了。这就是要以死抗罪，搞死无对证！

贯高还是很有大家风范的，不像他们那样没有担当。他看这些人要死要活，大骂道：“你们这帮没用的东西，谁让你们自杀的？这事全是我等所为，大王根本不知情，如今却要连累大王被一块逮捕问罪。你们一死了事，谁替大王洗刷清白呢？”

之后，贯高主动认罪，同赵王张敖一起被押送到京城长安。

那十几个人认为贯高骂得有道理，自觉惭愧，不再自杀，他们也想随着一起过去，向刘邦当面说明情况，承担罪责。但是刘邦的诏令写得明白，在审判张敖罪行之前，有胆敢追随赵王张敖到京城长安的赵臣，全部灭族。

显然，刘邦担心人多势众，到京城长安上访闹事，害怕节外生枝，影响不好。

这十几个人不甘心，认为如果不去京城长安，就无法证明赵王张敖无罪。于是，他们便想出了一个办法：“皆自髡（kūn）钳，为王家奴，从来。”

什么意思呢？前面说过，季布被刘邦抓捕时，曾经靠着“髡钳”躲避一时。这帮人现在玩的也是这一套。他们都把自己的头发剃掉，铁圈套在脖子上，冒充赵王的家奴。这样既不是赵臣，也不是门客，就可以顺理成章地跟着进京了。

真是煞费苦心啊！可见赵王张敖在赵国深得人心。

赵王张敖到了长安后，按说刘邦应该接见一下，毕竟是自己的女婿，属于家人范畴，可刘邦不愿意接见，直接交给廷尉查办，要求公事公办。看来，刘邦是真看不上张敖这个女婿，连当面解释的机会都不给。

所谓廷尉，前面说过，是负责天下刑狱的官员，权力很大，相当于现在的公安部部长。

廷尉知道张敖身份特殊，不但是赵王，还是刘邦的女婿，半个金枝玉叶，自然要特殊优待，不敢用刑。但是贯高就不同了，暗杀主谋，罪大恶极，廷尉毫不客气，当即命人把他拖来询问案情。贯高出庭受审，开口就是一句话：“所有案情属实，但都是我等所为，与赵王无关，他毫不知情！”

廷尉心想，这位比我还会照顾张敖啊，给皇帝做女婿就是好，什么罪都有人敢顶包，不过这个罪实在犯得太大了，竟敢弑君，不打你个皮开肉绽，怎么可能从实招来。于是当即命人用皮鞭狠狠抽打，搞刑讯逼供。

刑讯逼供一般都会屈打成招，可贯高却能咬牙忍受，死活不改口供。

抽完一次，拖回去休息一晚上，第二天再接着抽。不能一次抽死了，否则死无对证，刘邦那里无法交差。第二天抽完，还是没结果。持续三天，贯高坚持不改之前的口供。

廷尉有点恼羞成怒了，于是，他命人取过铁针，在火上烧红，然后一针针扎进贯高的四肢。

这招确实够狠，只让人生疼，却不伤及性命。可怜贯高六十多岁的老人了，却受如此酷刑，他不堪忍受，当场疼晕过去。廷尉挥手让人朝贯高头上泼了一盆冷水。贯高醒来后，还是为赵王张敖喊冤叫屈。就这样，折磨几天之后，贯高已经体无完肤，奄奄一息，可仍然坚持不改口供。

廷尉被弄得没脾气了，凭经验，他知道继续下去也不会有结果，只好暂停审讯。

这个时候，赵王张敖的老婆刘乐，也就是鲁元公主，来到了京城长安。她找到老妈吕雉哭诉，诉说老公张敖对她有多么好，不可能做出如此大逆不道的事。

哪有母亲不疼女儿的道理，总不能让女儿年纪轻轻守活寡啊，吕雉心一软，便去找刘邦说情，说张敖是他们家女婿，不可能、也没必要有谋逆之心，极力为张敖辩白。

那么，刘邦会怎么认为呢？

43. 案情真相大白

吕雉为女婿张敖说情，刘邦不为所动，心想刺杀的不是你，你当然说得轻巧了。看吕雉在那里唠叨不停，刘邦有点不耐烦了，桌子一拍，怒斥道：“你懂个什么，女人家头发长见识短！如果张敖得了天下，当了皇帝，难道还会只有你一个女儿啊？”

这句话显然是刘邦有感而发，太有说服力了。张敖如果做了皇帝，天下人的女儿，他还真是想要哪个就要哪个。

吕雉见话不投机，多说无益，气哼哼地退了出去，然后派人找廷尉询问案情。廷尉审讯贯高好几天了，还没审出结果，也正犯愁呢，如果再审下去，搞不好会把人给弄死。他把详情如实相告，吕雉闻听，心里总算踏实一些，让他尽快向刘邦汇报实情，不要冤枉了好人。

有了吕雉撑腰，廷尉赶快将最近审讯贯高的情形写了一个书面报告，奏报刘邦。刘邦看到报告脸色凝重，不无感慨地说道：“好一个壮士啊！始终不肯屈服！”

嘴上这么说，心中还是不甘心，就向群臣问道：“你们中，谁了解贯高这个人啊？可以通过私人关系再问问他嘛！”

刘邦这么一问，群臣中还真有人同贯高私交不错。

这个人官居中大夫，史书上没有详细记载他的名字，只称呼他为泄公。在朝堂上，泄公出列应道：“陛下，臣与贯高是同乡，对他比较了解。他这个人爱惜羽毛，对自己的名声看得很重，不是那种轻易背弃承诺的人！”

刘邦略微沉吟了一会儿说道：“是吗？既然你认识贯高，那朕就派你到狱中探视，问明隐情，搞清楚张敖这小子究竟是不是同谋。”

泄公领命，手持符节来到监狱。朝廷要犯，有人来探监，狱吏不敢大意，核实了符节，才敢放泄公进入。

监狱内光线昏暗，阴冷潮湿，在狱吏的引导下，泄公摸索着，来到贯高床前。只见贯高遍体鳞伤，惨不忍睹。泄公走近轻轻唤了几声，贯高勉强睁开眼睛，吃力地仰起头问道：“君莫非是泄公？”

泄公连连称是，心疼不已。贯高想坐起来说话，可是挪了挪，动弹不得，在那里呻吟了一会儿。泄公忙蹲下将他按住，好言劝慰一番，让他不用起来，然后像平常说话聊天一样，很客气地同他交谈。

当说到谋杀皇帝刘邦的案情时，泄公若无其事地问道：“我说你老兄，真够可以的啊，何必为了硬保赵王张敖，受这样的皮肉之苦呢？”

听到这句话，贯高脖子一挺，瞪大眼睛说道：“哪里话！人生在世，哪个人不爱惜自己的父母妻子呢？如今我认罪，必然被诛灭三族，我有那么傻，用全族人的性命来换赵王一人吗？人家赵王确实没参与这件事啊，怎么可以非要诬陷他是同谋呢？泄公，这件事真的只是我们这些人私下里干的啊！”

接着，他详细述说了谋杀皇帝刘邦的本意，以及赵王张敖的确不知内情的原因。

听贯高说完，泄公感慨万千，深受打动。从监狱出来后，他马上进宫，把了解的情况给刘邦作了汇报。刘邦即便是铁石心肠，也不禁为之动容，知道冤枉了好女婿赵王张敖，立即下达了赦免张敖的诏令。最后，他叹了一口气，对泄公说道：“贯高能够坚守承诺，真是一位志士啊！他至死不肯诬陷张敖，难能可贵啊！你可以再到狱中去见贯高，告诉他，赵王张敖已经被朕无罪释放了，不光如此，朕还要赦免贯高无罪！”

泄公看刘邦情真意切，激动万分，又赶快返回到狱中向贯高传述谕旨。贯高闻听，一下子从床上坐了起来，喜极而泣，老泪纵横地说道：“赵王当真被释放了吗？”

泄公上前扶住贯高说道："皇帝开恩啊！不只是释放了赵王，还说足下忠信过人，也要赦足下无罪呢！"

贯高长叹一声，说道："我受尽酷刑而不死的原因，就是为了洗刷赵王的罪名，还赵王以清白！如今，赵王无罪释放了，我的罪责已得到补救，死而无憾了！况且，为人臣子，有了弑君之罪，还有什么脸面再侍奉皇帝呢？纵然皇帝不杀我，我内心难道不惭愧吗？"

说完，他仰起头用手使劲卡断自己的咽喉而死。真想死还是假想死，一目了然，能把自己掐死，这得多大的勇气啊！

我个人向来鄙视那些为了点鸡毛蒜皮的事就要死要活的人。一个不懂得珍惜自己生命的人与懦夫无异，也是一个不值得让人尊重的人。类似贯高这种以死谢罪的气节，是值得称颂的！也因此，贯高闻名天下，流芳后世。

听说贯高把自己掐死了，刘邦既震惊又惋惜，当了解到还有十几个赵王家奴也冒死一同前来时，很是好奇，当即召见。他想看看张敖手下这些不怕死的好汉，究竟长什么模样。

这些人来到朝堂，个个气宇轩昂，一看就是不同凡俗之辈。刘邦看在眼里，赞在心里。其中有两个人表现最为出彩，一个名叫田叔，一个名叫孟舒。

这两人反应机敏，说起赵王的冤情，慷慨陈辞，声泪俱下。在朝堂上，群臣中有人在旁边故意刁难指责，都被他俩据理申辩，驳得哑口无言。

刘邦看田叔和孟舒正义凛然，口才了得，非常欣赏，于是任命田叔为汉中郡郡守，任命孟舒为云中郡郡守，其他十几个人也被一一加官晋爵。后来，他们基本上都做到了列侯、卿相、郡守的职位，最差的也做到了二千石俸禄的高官。

这些人中，要数田叔的名气最大，甚至司马迁在《史记》中专门为他立传，也就是《田叔列传》。

那么，田叔是何许人也？

第九章

废嫡之争

44. 才女戚姬

田叔是赵国陉城人，也就是今天山西省临汾市曲沃县人，祖先是齐国田氏。年轻时，他精通剑术，研习过黄老学说，为人刻苦正派，喜欢和德高望重的人一起交游。年龄稍长后，有人把他推荐给赵相赵午。赵午看他一表人才，经常在赵王张敖那里称颂举荐，于是张敖任命他为郎中。

在赵国任职的几年里，田叔刚直不阿，清正廉洁，深受赵王张敖赏识。只可惜，赵王张敖还没有来得及提拔他，就发生了谋杀皇帝刘邦的事，险些性命不保。如今，他又被刘邦如此看重，估计谁也没有想到。

俗话说："塞翁失马，焉知非福。"说的应该就是类似这样的事吧。

田叔和孟舒等人因祸得福，受到刘邦封赏后，谢恩而去。同时，赵王张敖也被无罪释放。虽然释放了，但还想再做赵王，就不太可能了。下属犯罪，做领导的肯定有连带责任嘛。因为他娶了刘邦的女儿刘乐做老婆，是皇亲国戚，只是被降封为宣平侯。

就这样，又一个异姓王被刘邦趁机剪除了，赵王的位子自然也就空了出来。刘邦干脆把代地和赵地合二为一，让儿子刘如意来做赵王。

前面说过，刘如意是戚姬的儿子，戚姬是刘邦的最爱。

两年前，刘如意被加封为代王，由于年龄太小，没有去封地履职。如今，刘如意已经十岁了，刘邦便想让他到封地赵国锻炼一下。

说句实话，十岁也不大，也就是小学四年级的水平，再聪明也是小孩子。刘如意的老妈戚夫人闻听，吓得不轻，她本指望怂恿刘邦废掉太子刘盈，立儿子刘如意为太子，现在倒好，十岁的孩子一下子给安排到了北部边境，万一有个三长两短怎么办。

于是戚夫人来见刘邦，一见面，二话不说跪倒在地，扑簌簌直掉眼泪，难过得几乎说不出话来。刘邦当然知道戚夫人的心事了，便扶起她劝慰道："是不是为了如意的事才这么伤心啊？朕也想立如意为太子啊！只是废长立幼，不合规矩啊，名不正则言不顺，大臣们恐怕会抵制啊，还是从长计议吧！"

戚夫人听到这句话，索性号啕大哭起来，哭得刘邦鼻子直发酸，眼圈都红了。可见，在刘邦心中，戚夫人的分量有多重。

那么，刘邦为什么这般宠爱戚夫人呢？

说她年轻吧，此时应该也不算太年轻了，毕竟儿子都十岁了；说她漂亮吧，这个年龄再漂亮，在后宫中肯定也算不上最漂亮了。

其实，戚夫人最大的优点并不是年轻漂亮，而是"有才"。

这里说的"有才"，指的是戚夫人的才艺。

戚夫人不但能歌善舞，而且识文断字，可以说是琴棋书画样样精通，也就是我们常说的才女。

先说戚夫人能歌。当时有《出塞》《入塞》《望妇》等名曲，别人吟唱，即便有配乐，也就那么回事，刘邦对音乐很挑剔，是不想听的。但这些曲子一经戚夫人吟唱，即便是清唱，也能抑扬宛转，悦耳动听，很是销魂，刘邦每次都听得如痴如醉。

再说戚夫人善舞。她既会跳当时最流行的，也是刘邦极喜爱的"楚舞"，又擅长"翘袖折腰之舞"。所谓"翘袖折腰之舞"，是一种以舞袖、折腰为主要动作的舞蹈。这种舞蹈注重腰功与袖式变化，难度非常大，一般人玩不转。

另外，戚夫人还是中国历史上有文字记载的第一位女围棋手。据《西京杂记》记载，每年八月初四，戚夫人总要陪刘邦下围棋。为此，在这一天下围棋，成了汉宫中的风俗。

在文学方面，戚夫人也有一定的造诣，甚至有作品流传后世，后面我们还会说到。

戚夫人的上述才艺，有一个共同特点，就是带有强烈的娱乐性质。这才是刘邦特别宠爱戚夫人的真正原因。

刘邦不是个普通混混，而是个聪明且有理想的混混，对娱乐的追求自然要高雅一些。戚夫人正好满足了他这方面的爱好。所以，与其说刘邦和戚夫人因为爱情在一起，不如说两个人天生是玩伴。夫妻如果是玩伴的话，往往更能彼此吸引，感情才能真挚持久。

因此，刘邦对戚夫人如何不宠、如何不爱呢？每次到洛阳居住，他总是带着戚夫人在那里玩耍很久。

本来两个人这样一起玩，也挺开心的，但随着时间的推移，刘邦年纪越来越大，而且酒色过度，如果不出意外的话，刘邦肯定死在戚夫人前面。戚夫人自然而然会想到刘邦的身后事，也就是刘邦死了，她该怎么办。

皇后吕雉为人强势阴毒，因为戚夫人天天陪在刘邦身边，早就对其恨之入骨，欲除之而后快。戚夫人也不傻，既然现在受到刘邦的特别宠爱，就想趁机怂恿刘邦立自己的儿子刘如意为太子，这样即便刘邦撒手人寰，她也不用担心遭吕雉毒手。

每次玩得正开心时，戚夫人总是突然变得很伤感的样子，在那里抹眼泪，哀求刘邦立儿子刘如意为太子。时间长了，刘邦不免心动。而且在刘邦眼中，太子刘盈性格秉性懦弱，于是他常对人说："不类我！"也就是不像自己的意思。

相反，刘如意聪明可爱，刘邦认为："类我！"

为此，刘邦一直想着如何趁早废立太子，这样既可以安慰心爱的戚夫人，也对刘汉王朝有益。今天，他看到戚夫人楚楚可怜，又在苦苦哀求，不由脱口道："好了，别哭了，朕明天就立如意为太子！"

这下可把戚夫人给乐坏了，她擦干眼泪，破涕为笑，拉着刘邦的手翩翩起舞。

第二天临朝，刘邦召集群臣，真的抛出了废立太子的议题。这个议题刚抛出，就把群臣吓了一大跳，引起了群臣强烈反弹。

废立太子自古都不是小事，刘邦不按常理出牌，说废立就废立，怎么能行？群臣黑压压跪倒一片，同声力争，无非说"立嫡以长，古今通例"，且太子都立了那么多年，并无过失，无端废立不祥，等等。

刘邦这次好像是铁了心要废立太子，同群臣当时就僵持不下了，他正准备草拟诏书强行通过，突然朝堂内有人大呼道："不……可！不……可！"

究竟是谁，胆子那么大，竟然敢在朝堂上跟刘邦当众叫板？

45. 废立太子之争

在朝堂上，刘邦抛出了废立太子的议题。虽然引起群臣的强烈抵制，但刘邦非要强行通过，正当他准备草拟废立太子的诏书时，竟然有人结结巴巴大声呼喊"不可"。刘邦被这一嗓子给喊住了，他定睛往下一看，原来是御史大夫周昌。

御史大夫这个职务最早出现在秦朝，主要负责监察各级官员，代皇帝接受百官奏事，替朝廷起草诏命文书等。西汉初年，御史大夫与丞相、太尉合称三公，主要负责协助丞相处理国家政务，但仍偏重执法或纠察，不仅可以弹劾违法乱纪的大臣，还可以奉诏抓捕、审讯有罪的官员，属于实权派人物。

周昌是何许人也？刘邦为什么让他担任如此重要的职务呢？

这个人之前其实我们也提到过，只是没有作为重点人物来述说，可能有人忘记了。

周昌的堂兄名叫周苛，大家还记得吗？楚汉战争期间，荥阳被项羽大军围困，刘邦采用陈平的计策，让女人穿上士兵的衣服，再由纪信代死，金蝉脱壳，先逃走了，留下周苛等人坚守荥阳城。城破后，周苛坚决不投降，最后被项羽烹了。

说到这里，可能大家已经想起来了。

周苛原本是御史大夫，在荥阳殉难后，刘邦便让他的弟弟周昌来继任这个职位。汉朝建立后，刘邦感念周苛的忠诚，在第二批封侯时，就加封他的弟弟周昌为汾阴侯，后来又加封他的儿子周成为高景侯。

从这里可以看出，刘邦对周氏兄弟格外看重和信任。

周昌从小说话口吃，他性格本来就好强耿直，敢于直言不讳，别看说话结结巴巴的，一旦遇到急事，总是毫不含糊，急得面红耳赤也要把意思表达出来。所以，诸如萧何、曹参等这些功劳很大的人，都不敢招惹他，视他为诤臣。

像周昌这样的性格，用现在的话说，就是比较“犟”或“轴”，他们身上天生就有那种耿直的气质。在单位里，对待这样的人，大家都会刻意客气一些，谁都不想自找难堪。

实际上，对于周昌这个性格，即便是老大刘邦也要敬畏三分。《史记·张丞相列传》中记载了一个小故事，可以看出这一点。

有一次，周昌有急事找刘邦汇报。当时应该是午休时间，可能是太急了，他不顾礼节，竟然闯进了内殿。刚到内殿，就听见内室传来了男女打情骂俏、嬉笑逗乐的声音。周昌抬头一看，只见刘邦衣衫不整，正怀抱着他最宠爱的戚夫人在那里亲热。看到这个情景，周昌吓得回头便跑。

刘邦不愧为流氓出身，遇到这种事非但不慌乱，反倒有点兴奋。他放下戚夫人连忙上前追赶周昌，边追边喊，让周昌站住。

周昌只好转身跪倒，趴在地上，头也不敢抬。刘邦追上之后，趁势骑在了周昌的脖子上。

这场面，我们可以想想，该有多滑稽。

别说两个人是君臣关系，就是两个五六十岁的老头骑着脖子玩，也不像话啊！刘邦骑在周昌脖子上嬉皮笑脸地问道："你既然已经来了，干吗还要跑掉啊？难道找朕没事吗？在你眼中，朕究竟是什么样的皇帝啊？"

这时，周昌努力挺起脖子，扭着头，面对刘邦，嘴巴嘟囔了半天才好不容易说道："陛下即桀纣之主也！"

什么意思呢？显然，这是在骂刘邦，骂他是夏桀、商纣一样的帝王。

但刘邦听了哈哈大笑，他将腿从周昌脖子上移开，让周昌站起来说话。周昌异常严肃地向刘邦汇报完工作，才扬长而去。

当时，刘邦表面上在笑，心里肯定也很尴尬，只是用笑来掩饰而已。从此，他更加敬畏周昌，知道这家伙虽然说话不利索，但什么话都敢乱说，一不小心就让人难堪。

当然，这从另外一个侧面也反映出刘邦的性格，刘邦应该是那种比较随和的人。如果换作项羽，周昌估计跟他哥哥周苛一样，早被烹了。

今天在朝堂上，刘邦看周昌又跳出来大声反对，心里咯噔一下，佯装镇定地问道："你说不可就不可？你今天必须给朕说出道理来，否则看朕怎么收拾你！"

很明显，刘邦在使坏，有意为难周昌。周昌本来就口吃，再多的道理想说也说不清楚，何况在这种紧张的气氛之下呢。

果然，越是紧张，周昌越是说不出来，嘴巴在那里哆哆嗦嗦，脸上青一阵紫一阵，脖子上的青筋都绷了出来，过了好一会儿，他才憋出一句话："臣口不能言，然臣期……期……知其不可。陛下虽欲废太子，臣期……期……不奉诏。"

刘邦看周昌一本正经地在那里"期期"半天，忍不住大笑起来。满朝文武也被逗乐了，都在下面跟着笑。

本来君臣对峙，气氛很是紧张，结果被周昌这么一弄，大家的情绪一下子就缓解了。

周昌这句话虽然说得很磨叽，很好玩，但意思很明确：如果刘邦执意要废立太子，那么他是坚决不会奉诏的。

刘邦反应多快啊，他知道周昌的态度就是群臣的态度，只是周昌给捅了出来。即便今天强行通过了废立太子的诏书，儿子刘如意将来也不一定能镇得住。于是，刘邦趁着气氛比较欢快，赶快给自己找了个台阶，宣布退朝罢议。

不管怎么样，总算阻止了刘邦废立太子的过激行为，群臣在说笑中散场。周昌也默默地跟着离开了，估计那句话并不是他的本意，而是憋急了才会出言不逊。已经走出殿外了，他还在后怕，怕刘邦真的翻脸。这时，突然有一个太监上前拦住了他的去路，说是皇后吕雉要召见他。

那么，皇后吕雉为什么要召见周昌呢？

46. 各有打算

原来，吕雉很早就知道了戚夫人的那点小心思。她担心哪天刘邦会听戚夫人的话，真的把儿子刘盈的太子之位给废了，所以整天密切关注着朝上的一举一动。

今天在东厢，也就是朝堂东边的一间休息室内，吕雉偷听到刘邦抛出了废立太子的议题。当时，她的心都提到了嗓子眼，恨不得冲进去撒泼哭闹。结果，御史大夫周昌跳出来说一句话，把废立太子的事给搅黄了。吕雉心中说不出有多感激，这才让人将周昌拦截过来。

到了东厢，见到皇后吕雉，周昌正要施礼，不料吕雉却先跪倒在地说道："今天多亏御史大人了，如果不是御史大人据理力争的话，太子恐怕就要被废掉了！"吕雉的举动还是有点吓人的，感谢归感谢，这礼节是不是有点太夸张了，毕竟是皇后身份。

皇后给自己下跪，那还了得，周昌吓得慌忙也跪在了地上。两个人面对面跪着，不知道的，还以为是夫妻对拜呢。周昌急得满脸通红，结结巴巴说道："臣为公不为私，理应如此啊！皇后快快请起，臣承受不起啊！"

左右赶快上前将吕雉和周昌从地上扶了起来。站起身后，吕雉又说了一大堆千恩万谢的话，才让周昌回去。

吕雉这边庆幸不已，万分高兴，可戚夫人那边又会是什么样子呢？

正所谓："有人欢喜有人忧。"

戚夫人看到刘邦从朝堂上回来，连忙上前询问废立太子的事。刘邦轻轻摇摇头，给她讲述了朝堂上的情形。戚夫人闻听，大失所望，本以为今天就可以立儿子刘如意为太子了，没想到中间却杀出来了一个周昌。她在那里又开始哭哭啼啼吹床边风。刘邦深深叹了一口气说道："你别说了！朝臣都不赞成废立之事，即使朕强行通过，恐怕到时候如意也很难控制住局面啊！还是从长计议吧！"

听刘邦这么说，戚夫人伤心地哭着说道："臣妾并非一定要废长立幼，皇后的脾气，陛下不是不知道，只怕我们母子俩的性命将来不保啊。请陛下还要多为我们母子考虑才是啊！"

刘邦何尝不担心老婆吕雉呢？这个女人他太了解了，有心计，有手段，也只有刘邦自己勉强能驾驭得住。看戚夫人如此伤心，刘邦心中百感交集，动情地说道："朕会想办法的，绝对不会让你母子吃亏！"

刘邦都这么承诺了，戚夫人也无可奈何，只好擦干泪水，强装欢颜。

这件事之后，刘邦确实也上心了，一心想着怎么妥善安置儿子刘如意的未来，但是左思右想，也没有想出好办法。为此，他整日闷闷不乐，经常会一个人坐在宫里长吁短叹。

群臣看到刘邦这副模样，都不敢问，只有一个人通过认真观察，看出了刘邦不开心的原因。这个人名叫赵尧，在刘邦身边担任“符玺御史”一职，主要是负责管理朝廷公文用印。

赵尧年龄不大，但机智过人，直接领导是御史大夫周昌。周昌手下有一个门客，是赵国人，名叫方与公，他很看好赵尧。曾经有一次，方与公好心提醒周昌道：“周大人，您要多提防赵尧啊！别看他年纪轻轻，但聪明得很，是一个奇才，说不定哪天会取代您的职位！”

周昌却不以为然，轻蔑地笑了笑说道：“多虑了！赵尧太嫩，只不过是一个刀笔小吏，哪有这个水平？他还需要多学习啊！”

过了不久，赵尧被派到刘邦身边工作，担任符玺御史，由于他机智灵活，很受刘邦赏识。现在刘邦因为刘如意的事整天郁郁寡欢，赵尧在旁边经过认真观察揣摩，终于揣摩出了刘邦的心思。这天，他鼓起勇气向刘邦问道：“陛下最近心情好像不太好，臣如果没有说错的话，应该是为了赵王如意的事吧？”

刘邦不由得点点头说道：“是啊，朕老了，很多事也无能为力啊！”

赵尧看刘邦没有责怪自己多管闲事，继续问道：“戚夫人和皇后两人关系不太融洽，陛下是不是担心在万岁千秋之后，赵王年少不能保护好自己？”

刘邦看了看身边这个机智的年轻人，说道：“朕是在担心啊，你有什么好办法吗？”

赵尧凑上前小心翼翼地回答道：“陛下，臣建议最好选派一位地位高贵、性格刚强的人去作赵相，辅佐赵王，这个人还必须是皇后、太子和群臣平时都很敬畏的人才行！”

刘邦眼睛一亮，盯着赵尧说道："不错！朕最近也在考虑此事，但是满朝文武谁能担当重任呢？"

赵尧非常确定地说道："非御史大夫周昌不可！陛下知道，他这个人刚强耿直，从皇后、太子到满朝文武，人人都很尊重他，只有他才能够担此重任！"

赵尧算盘打得很精，表面上是为刘邦分忧，实际上是想把领导周昌设法弄走，这样他才有机会上位嘛。

作为老大，刘邦肯定考虑不到这种问题，他只是认为赵尧的分析有道理，点头称赞道："你小子这个主意还真不错！"

于是，刘邦当即派人召周昌进宫说道："老周啊，有件事要麻烦你了。朕想派你到赵国做丞相，辅佐赵王如意，这事你无论如何都要答应朕啊！"

听刘邦这样安排，周昌很不情愿。

御史大夫多牛啊，人人敬畏，诸侯的丞相完全没法相比。何况赵王刘如意是皇后吕雉的眼中钉、肉中刺，去作赵相无疑是跟皇后吕雉过不去。于是周昌对刘邦说道："臣很早就跟随陛下了，陛下为什么偏偏要在半路上把臣甩给诸侯王呢？"

刘邦对周昌的小心思再明白不过了，拍着周昌的肩膀安慰道："朕很清楚，这相当于降了你的职，但朕也是没办法啊！你知道，朕最放心不下小如意，经过再三考虑，赵相非你莫属啊，烦请你为朕勉强走一遭吧！"

刘邦贵为皇帝，竟能说出这么客气的话，周昌不敢拒绝，迫不得已接受了任命。不久，他便护着赵王如意前往赵国履职。看到十岁的儿子如意离开了自己，戚夫人又洒下了许多眼泪，伤心了好多天才回过神。

作为皇帝最宠爱的女人，戚夫人应该非常幸福才是，可是动不动伤心流泪，说起来也是不祥之兆，后面的结局也恰恰印证了这一点，我们将来还会详细说到。

就这样，赵王的空缺补上了，赵相也有了。但周昌走后，就出现了御史大夫的空缺。

那么，刘邦会让谁来继任御史大夫一职呢？

第十章

韩信之死

47. 韩信的教唆

周昌去赵地做了赵相，御史大夫的职位自然就空了出来。这可是一个非常重要的职位，过了很长一段时间，刘邦也没有找到合适的人去填补空缺。

一天，刘邦拿着御史大夫的官印，边抚弄边自言自语地说道："究竟让谁来做御史大夫才最合适呢？"

说完，抬头一看，正看见符玺御史赵尧在旁边专心致志地工作，刘邦一拍脑门说道："远在天边，近在眼前，没有人比赵尧这小子更合适了！"于是，下诏任命赵尧为御史大夫。

周昌刚到赵国就听说了这个人事安排，他大吃一惊，此时才想到门客方与公赞赏赵尧的话，不由得心中钦佩不已。

孔子曰："后生可畏，焉知来者之不如今也？"

既然木已成舟，周昌只能坦然面对，并在新的工作岗位上发挥更加重要的作用。

因为长期担任御史大夫一职，周昌政治嗅觉非常灵敏，刚到赵地没多久，他就发现有一个人行为不轨。

这个人是谁呢？前面提到过，就是陈豨，不知道大家是否还记得？

两年前，戚夫人的儿子刘如意被封为代王，由于年龄太小，无法履职，刘邦特意任命陈豨为代相，前去管理代地。

陈豨是宛朐（qú）人，也就是今天山东省菏泽市东明人，由于战功卓著，刘邦对他很是欣赏，在第二批封侯时，就加封他为阳夏侯。但是，司马迁却并没有给陈豨单独立传，其事迹主要散落在《史记·淮阴侯列传》和《史记·韩信卢绾列传》中。

在《史记·韩信卢绾列传》中，对汉朝建立前的陈豨，司马迁仅说了一句："陈豨者，宛朐人也，不知始所以得从。"

什么意思呢？就是说，司马迁只知道陈豨是宛朐人，至于他怎么跟随、什么时候跟随刘邦打天下的，不清楚。

有学者认为，这是不可能的，陈豨影响力那么大，司马迁怎么可能会搞不清楚呢，一定是不敢说或者是被西汉朝廷有意识地删除了。这个我们不作过多推理，大家知道就行了。

不管怎样，刘邦对陈豨应该是非常信任和倚重的，所以才任命他为代相，镇守边疆的代地。

陈豨的命运与两个人高度相关，这两个人都叫韩信，也就是韩王信和"汉初三杰"之一的战神韩信。

陈豨与战神韩信私交很好，楚汉战争期间，他长期跟随韩信南征北战，对韩信的军事能力由衷佩服。一个人一旦对另外一个人由衷佩服，往往遇到什么重要的事情都要请教一下。

虽然韩信已经被降封为淮阴侯，郁郁不得志，但当陈豨赶赴代地上任前，还是专门到韩信家里辞行，顺便听听韩信对自己此行的吉凶判断。

韩信见陈豨来了，格外热情，拉着他的手直接引入内庭，而且还特意将左右屏退。

对人如此热情，不太符合韩信为人处世的风格。韩信性格孤傲，连刘邦的连襟樊哙都不放在眼里，却对陈豨另眼相看，从中也可以看出，陈豨当时的地位和分量举足轻重。

像韩信这种长期受打压，而且还很有能力的人，有个共同特点，就是唯恐天下不乱。

韩信也是这样，表面上赋闲在家，不问世事，其实对外面的局势了如指掌，特别是朝中的人事变动。所以来到庭院里，韩信仰天叹息道："老陈啊，我们俩有多年的交情，这次你被派往代地，我想给你提些忠告，不知道你是否愿意听啊？"

陈豨来韩信这里就是为了听忠告，双手抱拳答道："在朝中，俺独服将军，将军的话俺肯定会听的，愿闻其详！"

韩信拍拍陈豨的肩膀，压低声音说道："你这次要去任职的代地是一个战略要地，在那里聚集着天下精兵强将，是个可以图谋大事的地方！你现在还能受到皇帝信任，但是以后远在边疆，难免会被朝中一些别有用心的人诬告，说你图谋不轨，开始的时候皇帝未必轻信，如果是三番五次地被人告，就不一定了！所以啊，我奉劝你还是应该早做打算，以防万一。万一皇帝听信了谗言，肯定会亲自率兵讨伐，到时候你可以大胆起事，我在朝中会积极配合。咱们里应外合，取得天下也不是什么难事！"

韩信的这番分析，逻辑性还是很强的。

边疆大员最害怕的就是朝中有人诋毁，尤其是被手握大权的人诋毁。

陈豨一向认为韩信神机妙算，料事如神，对他的分析又非常认同，于是当即表态道："谨记将军教诲！"

接着，韩信又嘱咐了一些细节，然后两个人才依依惜别。

上面韩信和陈豨的对话源自《史记·淮阴侯列传》，写得绘声绘色，但"韩信粉"认为不可靠，原因有三：第一，既然是密谈，司马迁是怎么知道的？难保不是杜撰污蔑；第二，被严密监视居住的韩信，怎么敢明目张胆怂恿陈豨谋反；第三，韩信过去一直都没有谋反，为什么偏偏这个时候想谋反。

这三点质疑貌似很有道理，确实令人生疑，但也有人进行了一一反驳：首先，历史上密谈的事有很多，还是有很多被详细记载到史书中，因为密谈难保不会被自己或家人的心腹说出去，正所谓没有不透风的墙；

其次，韩信和陈豨私交甚好，怂恿谋反的话是有可能说的，否则历史上不会有那么多人因为发牢骚被杀了；最后，韩信过去一直没有谋反，并不意味着受了极大委屈后不想谋反，正所谓此一时彼一时也。

显然，双方的观点针锋相对，各有道理，我不做评判，大家自己分析。由于我们是按正史述说，所以只有根据正史记载继续往下写，至于推理分析仅供参考。

那么，在韩信的教唆下，陈豨到了代地，会怎么做呢？

48. 陈豨图谋不轨

有了韩信的教唆，陈豨到了代地，经常勾结一些江湖人士，随时准备造反起事。陈豨平时很仰慕“战国四君子”之一的魏国信陵君魏无忌，而信陵君魏无忌喜欢收养当世能人为门客，所以陈豨有样学样，也养起了门客。再加上这次又受到韩信的特别嘱托，他就更加注重广招各类人才，只要有一技之长的，统统召至门下。

和平时期，养那么多能人志士想干吗？这很容易让有心人浮想联翩。

有一次，陈豨路过赵地，竟然有上千名门客跟随着。由于门客太多了，赵国都城邯郸的宾馆都不够住的，全部爆满。

周昌刚来赵地担任赵相，听说代相陈豨过境，当然要去拜会了。他见陈豨人多势众，自然起疑。等到陈豨要离开的时候，随从越聚越多，而且陈豨那种意气风发的样子非同寻常。

周昌原来是朝廷的御史大夫，对这种情形异常敏感。他认为陈豨野心勃勃，早晚会图谋不轨。

很多人觉得，像周昌这种人特别可恶，喜欢捕风捉影，瞎怀疑。实际上，他们的怀疑不是无缘无故的，多是符合人性的。如果一个人有某种企图，往往会在言行上表现得比较夸张，或者太张扬，或者太小心。

周昌的疑虑正是从陈豨的这种不正常言行中产生的。既然已经发现了苗头，身为刘邦的心腹，肯定要上书密报刘邦了。

刘邦收到密报，还将信将疑。

这个时候大概是汉十年七月，恰好刘邦的老爸刘太公病逝。刘太公生前一直在儿子刘邦给他建造的新丰城生活。新丰城在栎阳旁边，按照沛县丰乡的布局规划建设，刘太公非常喜欢那里，把它视为故乡。

刘邦迁都长安后，虽然长安奢侈豪华，但刘太公很少过去，也就是逢年过节在那里待上几天，接受群臣朝拜。即使生病，他也还是坚持住在新丰城。

刘邦听说老爸生病后，很是挂念，出于关心和孝心，将其移入条件更好的栎阳宫。

其实，老年人上了年纪，最怕换地方住，因为老人的适应能力特别差，一旦换个环境，很容易出问题。

结果，刚到栎阳宫没住几天，刘太公病情加重，不久就去世了。

刘太公作为皇帝刘邦的老爸，号称太上皇，他去世了，可不是小事，肯定要大张旗鼓操办一番才行。文武百官无论工作多么繁忙，都必须前来送葬。

这么多人来送葬，有谁来了，刘邦可能数不过来，但谁没来，可是心里有数的。那么，有人敢不来吗？还真有！

这个人就是代相陈豨。

陈豨说自己生病了，刘邦当然不会相信，因为赵相周昌不久前刚密报过他的种种不轨。所以，待老爸刘太公葬礼忙完，刘邦便命人把从赵地回来参加葬礼的周昌找来问话，他要当面了解有关陈豨在代地的详细情况。

周昌接到通知赶快来到宫中，见到刘邦，行过跪拜大礼，待刘邦屏退左右后，才神秘兮兮地说道：“陛下，陈豨私下里结交了很多江湖中人，宾客成群，手握重兵，臣担心他图谋不轨啊！之前，臣都是据实禀报！”

刘邦知道周昌不是那种随便说话的人，不禁愕然道：“陈豨不来参加葬礼，难道真的有谋反之心？你速回赵地坚守，朕马上派人去密查，如果属实，朕会引兵亲征，谅他陈豨也搞不出什么花样来！”

周昌领命，当即返回赵国，以防万一。

紧接着，刘邦就派人赶赴代地，进行秘密调查。派去的人根据刘邦的指示，没有直接针对陈豨本人展开调查，而是先从陈豨的门客舍人入手。

陈豨门客众多，难保没有人曾经犯过罪，一旦查实，陈豨就难逃罪责。

刘邦派去的人没调查几天，果然在陈豨的这帮门客中发现很多不法之徒。门客犯法，收养门客的人当然也有罪了，陈豨难免受到牵连。

刘邦非常老到，仍然没有兴师问罪，而是下诏，令陈豨入朝，说明情况。陈豨心中有鬼，最近又风言风语，不知道刘邦究竟要干什么，所以他不敢轻易入朝。

当年刘邦“伪游云梦”抓捕韩信，对诸侯王的刺激很大，有点什么事，大家都不愿意去见刘邦，就怕有去无回。

正当陈豨犹豫不决时，前几年投奔匈奴的韩王信，向他抛来了橄榄枝。

关于韩王信，大家已经很熟悉了，自从投奔匈奴后，他一直密切关注着汉朝时局的变化。当他了解到陈豨目前的状态后，便派部将王黄和曼丘臣等人前去诱降陈豨。

那么，陈豨会怎么做呢？

49. 刘邦的军事才能

韩王信了解到陈豨目前的状态后，派部将王黄和曼丘臣等人前去诱降陈豨。结果一拍即合，双方直接勾结到了一起，准备共同反对刘汉王朝。

汉十年八月，陈豨自封为代王，公开举兵造反。赵地和代地很多城池在他的胁迫下，也相继起事。

刘邦得到报告，意识到“伪游云梦”虽然是奇计，但副作用太大，以后不好再用了，现在无论哪个诸侯王一听说进京谈话，都会马上造反。

陈豨的造反对刘邦的刺激还是很大的，可以说是让他痛心疾首，毕竟陈豨曾经是他特别信任和倚重的人。

刘邦强忍着心中的痛，气愤地对左右抱怨道：“朕对陈豨如此信任，加封他为列侯，让他以代相身份镇守代地。如今，他却忘恩负义，同韩王信、王黄等人掺和在一起，劫掠代地，是可忍，孰不可忍！朕相信，代地官员和百姓都是受他所胁迫，是无辜的，应该赦免无罪！”

从这里可以看出，刘邦是一位非常高明的政治家，还没有发兵平叛，就先确定了政治指导方针：将陈豨与代地的官员百姓区别对待。事实证明，这是很了不起的政治主张。

然后，刘邦决定亲自率军前去讨伐陈豨叛军。

临出发时，刘邦想让韩信一同前往。但韩信自从被降封为淮阴侯，对刘邦就彻底死心了。另外，陈豨去代地前，两人已经约定好，里应外合造刘邦的反，所以韩信托病不肯去。刘邦也不勉强，他对韩信的表现早就看不惯了。

自从项羽被攻灭后，刘邦和韩信两个人就互相猜忌，不信任感越积越深，直到刘邦把韩信抓捕、降封，才算告一段落。但是韩信仍然不肯服软，对刘邦采取消极对抗，甚至出言不逊。

这里面有一个著名的小故事，也反映出了当时两人之间的紧张关系。

话说被刘邦降封为淮阴侯后，韩信整天躲在家里生闷气，托病不上朝。但也不能总装病啊，“人在屋檐下，不得不低头”，这天他奉诏入朝见驾。

在朝堂内，刘邦与诸将闲聊，品评当今天下谁的军事才能最高，诸将众说纷纭。当然，无论怎么胡诌，最后都会给刘邦拍拍马屁，称赞他最擅长带兵打仗。因为韩信的军事才能是公认的，大家在称赞刘邦的同时，还不忘记将韩信与刘邦相提并论。

能与韩信相提并论，刘邦肯定很高兴了，但他偷眼观察，却看到韩信在那里独自默默无言，便笑呵呵地问道：“韩大将军，你怎么不说话啊？你可是公认的军事奇才啊！朕问问你，你认为朕打仗究竟怎么样，能带多少兵啊？”

刘邦之所以这么问，应该有两层意思：一层，看自己在韩信这家伙眼中究竟是一个什么形象；另一层，他想借韩信的口，为自己的军事能力背书——韩信说好才是真的好嘛。

如果是其他人，一定会对刘邦大加称赞一番，顺便再送顶“军事家”的帽子。可是韩信对刘邦意见大得很，骨子里也确实看不起刘邦的军事水平，所以不假思索地回答道：“陛下最多能带十万兵！”

如果你是刘邦，在诸将面前，听到韩信这样的回答，会是什么感受。即便是事实，恐怕也会不开心吧！

刘邦也一样，但他不会轻易流露出自己的真实情绪，只是淡淡地笑了笑，继续问道：“哦，是吗？这么少啊！那你感觉自己能带多少兵啊？”

这应该是刘邦给韩信的一个机会，让他为前面的话做个弥补。韩信却没意识到，脱口而出道：“臣多多而益善耳！”

这句话大家应该都很熟悉，“韩信点兵，多多益善”的典故正是出自这里，既反映出韩信自负的一面，也表明他对刘邦的看法。有人说韩信情商低才这么说，实际上，韩信是在发泄心中的不满，有意为之，以强调自己的战功。这无疑让刘邦在诸将面前很难堪。

一时痛快，让领导难堪，一般都会付出沉重的代价。

刘邦看韩信不给面子，也不客气了，继续笑着说道："你那么牛啊，既然多多益善，为什么偏偏被朕给擒获了呢？"

刘邦虽然一直在笑，但内心可能对韩信早恨得牙根痒痒了，只是当着诸将的面，表现得大度一些罢了，所以他的反问绵里藏针，非常犀利。

常言说："不吐不快，一吐就坏。"有些话如果不说，憋在胸中只是难受，一旦说出来，很可能就是难过了。

韩信说完刚才的话立马就后悔了，当听到刘邦如此犀利的问话时，一时语塞。在那里愣了好大一会儿，才貌似谦卑地说道："陛下不能将兵，而善将将，此乃信之所以为陛下擒也。且陛下所谓天授，非人力也。"

什么意思呢？

显然，韩信也在拍马屁，为刚才说的话进行掩饰，给刘邦台阶下。这个马屁拍得还是有点水平的，从两个角度对刘邦进行了吹捧：一是，吹捧刘邦擅长带将，这肯定比带兵要高一个层次；二是，吹捧刘邦的能力是"天授"，凡人不能同日而语。

虽然马屁拍得还算及时到位，但刘邦会吃这一套吗？

肯定不会！他最在意的不是韩信说了什么，而是韩信对自己的真实态度。不用深究，韩信后面的话全是假话，前面的才是真情流露。

待韩信退朝时，刘邦在背后注视良久，方才回到内殿。刘邦在想什么？不言而喻！

这个故事说完了，很著名，想必很多人都听说过，从中可以看出，刘邦和韩信之间的关系已经极不融洽了。这次去代地平叛，韩信不愿意跟随，刘邦自然也不会勉强。

汉十年九月，刘邦亲率大军前去讨伐陈豨，一路上星夜兼程，很快就到达了赵国都城邯郸。

赵相周昌听说皇帝刘邦终于到了，赶快开城迎入。待进城之后，刘邦直奔主题，向周昌问道：“陈豨这小子有没有带兵攻打过这里啊？”

周昌站在一边，磕磕巴巴回答道：“从……从来没有过！”

刘邦神情一下子放松了许多，长出一口气说道：“陈豨既不占据南面漳水一线，也不攻打北面邯郸城，这样作战，他不会有什么作为的！”刘邦同项羽打了那么多年仗，又整天和张良、陈平等高参混在一起，本身悟性奇高，到现在，军事水平已经非同一般了，看问题一针见血。

周昌又对刘邦说道：“常山郡一共才二十五座城，陈豨叛军竟然攻占了二十座城，究其原因，都是常山郡守和郡尉抵抗不力所致，应该抓来问罪斩首！”

御史大夫出身的就是不一样，下手狠，动不动就要人家脑袋。但刘邦并不以为然，问道：“他们参与反叛了吗？”

周昌回答说“没有”。刘邦点点头说道：“既然没有，凭什么将他们治罪呢？他们不过是因为兵力不足，才丢掉了那二十座城。如果不问青红皂白，追究罪责，他们不反也要被逼反了！”

说完，刘邦当即下了赦免令，同时还让常山郡守和郡尉官复原职。另外他又特别重申，其他各级官民都既往不咎。这对陈豨反叛的军队来说，无疑是釜底抽薪，有效避免了后续反叛力量的不断增加。

然后，刘邦又问周昌道：“赵国当地有没有能带兵打仗的壮士啊？”

周昌低头想了想，回答道：“有四个人还不错，陛下可以看看。”

说看就看，刘邦命他尽快把人找来。

那么，这四个人会让刘邦满意吗？

50. 胜券在握

周昌奉刘邦之命，派人去找他推荐的那四个所谓壮士。这四个人听说皇帝召见，甭提多激动兴奋了。既能拜见皇帝，还有可能得到提拔重用，能不激动兴奋吗？于是他们高高兴兴跑着就来到了刘邦面前。

结果，刘邦看到他们，好像有点失望，大致询问几句话后，突然破口大骂道："就你们这几个小子，会有什么本事！也配做将军带兵打仗、冲锋杀敌吗？"

那四个家伙第一次见皇帝，没什么经验，不知深浅，都惭愧地趴在地上直叩头。刘邦叹了一口气，佯装很无奈的样子，令他们站起来说话。待他们站定后，刘邦却和颜悦色地鼓励了一番，分别加封千户，任命他们为前锋将军。四个人无论如何也没想到刘邦出手竟然这般大方，忙又跪倒在地，千恩万谢，誓死效忠。

我们后人作为旁观者看到这一幕，可能感觉很可笑，知道这不过是刘邦的驭人权术而已。但当局者未必能够反应过来，即便反应过来了又如何呢？

试想，公司董事长先是痛骂了你一顿，然后又提拔你，你会怎么想，又会怎么做。肯定会感动得稀里哗啦，发誓非要做出个样子让大家看看，不让董事长失望。

这种驭人之术看似简单，却自古屡试不爽。所谓"胡萝卜加大棒"就是这种套路，只是换了包装罢了，本质也是恩威兼施。其实，这是强者管理弱者的通用手段。即使弱者明知在被强者恩威兼施地利用，也会心甘情愿。

为什么？因为胡萝卜太诱人了！用现在的话说："利用你，说明你还有价值，珍惜吧！"

怎么珍惜呢？那就要在工作中好好表现。

这种驭人之术，刘邦身边的近臣却都没看懂。与其说没看懂，不如说心理不平衡，心想，太便宜这四个臭小子了，挨了一顿骂，换封千户，太划算了吧。也可能他们真的不理解刘邦的意图，待那四人谢恩退出去后，都上前劝谏道："陛下，这样就加封他们，不太妥吧！从前，一班开国功臣出生入死，跟随陛下西入汉中，还定三秦，东征西楚，很多人都是身经百战，立有赫赫战功，也不是都能有如此丰厚的封赏啊！现在他们四人毫无战功，为何就能沐恩加封呢？"

刘邦微微一笑，说道："这个你们就不懂了！陈豨叛军已经将邯郸城以北的地方全部占领了，朕下诏征调的诸侯国军队至今都没有过来，当前只能先指望这些当地能人阻挡一时了。如果他们真能够平叛，这四千户又算什么呢？而且，加封了他们也可以抚慰赵地百姓啊！"

说白了，刘邦是利用那四个人渡过眼前难关，发动当地人与陈豨叛军对着干。这是在打政治仗！

左右近臣听刘邦这样分析，无不拜服。接着，刘邦又问道："陈豨叛军中的将领都有哪些人啊？"

周昌回答道："主要有王黄和曼丘臣等人，这些人以前跟着韩王信，其他很多都是商人出身。"

刘邦闻听，哈哈大笑道："知道了！看来陈豨这伙人不足为虑，朕已想出破敌妙计。"

什么妙计呢？刘邦命人从国库中取出一批黄金，然后派一帮擅长搞腐败的人，带着这批黄金到陈豨军营中大肆贿赂收买。当然，主要收买那些商人出身的将士，因为商人唯利是图嘛。

这招是不是很眼熟？好像张良和陈平以前经常使用这种手段。刘邦这家伙学习能力特别强，而且活学活用，现在就都用上了。另外，刘邦又悬赏千金，购拿王黄和曼丘臣两人的脑袋。

总之，就是收买。

这种收买手段使出后，王黄和曼丘臣两人的脑袋虽然没有拿到，但是陈豨手下那帮将领却陆续来降。在一定程度上，收买还是取得了初步成效。

就这样，双方明争暗斗，持续到了年底。过了年，就是汉十一年，各路诸侯军队奉诏陆续赶到，会讨陈豨，汉军声势不断壮大起来。

陈豨和韩王信那边也没闲着，为了防范刘邦率大军讨伐，他们兵分五路：张春进攻聊城，也就是今山东聊城市；王黄屯兵曲逆，也就是今河北省顺平东南；陈豨和曼丘臣驻扎襄国，也就是今河北省邢台市；韩王信攻占参合，也就是今山西省阳高县东北；赵利攻入东垣，也就是今河北省石家庄市东垣故城。另外，侯敞率领一支军队，往来接应。

这样从东到西，形成了一道防线，目的是阻挡汉军向北推进。刘邦则派出五路兵马前去攻击，试图各个击破：聊城一路，由郭蒙和曹参负责；曲逆一路，由灌婴负责；襄国一路，由樊哙负责；参合一路，由柴武负责；东垣一路，由刘邦亲自率领，郦商和夏侯婴跟随。

另外，刘邦又派周勃绕道太原，直接进攻陈豨老巢代地。代地因陈豨倾巢而出，被周勃乘虚攻入。接着，周勃又乘胜进攻最北边的马邑城。马邑城守军顽强固守，周勃猛扑几次，总算拿下。

这个时候，其他几路军队也进展顺利：在聊城，郭蒙会合曹参击败了张春；在曲逆，灌婴打跑了王黄，斩杀了侯敞；在襄国，樊哙击破了陈豨和曼丘臣的防线。各路捷报频传，刘邦自然很高兴，只是他亲自率领攻击东垣的进军却不太顺利。

东垣守将，名叫赵利，前面提到过，他是过去赵国王室后裔，由王黄和曼丘臣两个人拥立为赵王。

刘邦的军队围攻东垣一两个月，多次招降，都被守城官兵给骂了回来。刘邦气得七窍生烟，亲当矢石，督战猛攻，仍然无法攻入城中。直至城中粮食耗完，守军才不得已出城投降。

刘邦进城后，第一件事就是命人将那些叫骂的士兵抓来全部处死，同时到处搜捕赵利。赵利看情况不妙，早逃之夭夭了。不管怎样，东垣总算也被拿下。

不久，王黄和曼丘臣两个人在逃跑过程中，被他们的部下活捉献给了刘邦。看来，当初的重金收买，最终还是发挥了作用。刘邦毫不客气，将他们先后诛杀了事。

这样算来，五路兵马，有四路都取得了决定性胜利，大家依次会合，代地全境基本平定。陈豨一败涂地，只好逃亡匈奴。

但是，负责参合一路的柴武，却始终没有收到捷报。刘邦不免担心起来。

那么，柴武那里的战况又会如何呢？

51. 一物降一物

参合这一路，刘邦派出的战将名叫柴武。

关于柴武，在史书上有两个名字：一个叫柴武，在《史记·韩信卢绾列传》中称为“柴将军”；一个叫陈武，在《史记·孝文本纪》和《史记·律书》中都称呼这个名字。

一个人有两个名字是有可能的，但如果有两个姓，就不太符合常理了。究竟这是两个人，还是两个名字呢？

有人对《史记》和《汉书》进行了梳理，发现两个名字下面所记录的事迹高度重叠，所以目前普遍认为柴武和陈武应该是同一个人，可能因为“陈”和“柴”谐音，才不小心被人搞成了两个姓。

我们这里暂且统一称呼为柴武，后面如果再说到他，便以此名为准。

柴武接到刘邦的命令，马不停蹄地进攻参合，而驻守参合的敌军是韩王信。前面说过，韩王信人高马大，孔武有力，特别能打，是一个劲敌。面对劲敌，柴武开始没有硬攻，而是采用了招降策略。他先给韩王信写了一封劝降信："陛下宽仁，诸侯虽有叛亡，而复归，辄复故位号，不诛也。大王所知，今王以败亡走胡，非有大罪，急自归！"

什么意思呢？这封信虽然很短，但劝降的理由很充分，主要从两个方面进行劝说：一方面，皇帝刘邦为人宅心仁厚，很少杀叛将，只要知错能改，基本都能原谅，甚至还可能恢复爵位；另一方面，你韩王信没有大罪，叛逃匈奴是因为战败，迫不得已而为之，所以更能得到皇帝刘邦的谅解。既然皇帝"宽仁"，你韩王信又"非有大罪"，那就赶快回来，将功补过。

有人看到这两个理由，可能感觉并不充分，认为刘邦并不"宽仁"。那么柴武为什么要这样说呢？前面说过，韩王信有叛变前科，曾经投降过项羽，但最终还是得到了刘邦的谅解，并被加封为韩王。这说明，刘邦有一定的包容度，也就是"宽仁"。所以，柴武的劝说是有根据的。

韩王信收到柴武的书信，辗转反侧，踌躇良久，很受打动，毕竟刘邦对他确实不薄。但是经过反复思量，他还是决定继续对抗下去，于是回了一封长信："皇帝把我从街巷平民之中提拔上来，让我有机会能够南面称王，这对我来说，是万分荣幸的！可是，现在我罪不容诛啊！在荥阳保卫战中，我不能以死效忠，被项羽关押，这是我的第一条罪状；在匈奴进犯马邑时，我不能坚守城池，选择了献城投降，这是我的第二条罪状；现在为了多活一天，率兵与将军争战，这是我的第三条罪状。过去越国文种和范蠡没有上面任何一条罪状，却一个被杀，一个逃亡，而今我对皇帝犯下了三条罪状，还妄想苟活于世，怎么可能呢？下场肯定会像伍子胥执意留在吴国一样身首异处。所以我只有隐藏在山谷之中，靠向蛮夷乞讨为生。说句实话，我的思归之心犹如瘫痪的人渴望直立行走，盲人渴望光明一样，只是目前的情势不允许我这样做！”

很显然，韩王信怀着某种深深的悔意，而现实却由不得他再走回头路了，只有拼死一搏，死里求生。话已经说到这个份上，还有什么好劝的呢？于是，柴武发起全面进攻。

别看韩王信貌似特别能打，碰到了柴武却屡战屡败。

眼见打不过，韩王信躲入参合城中，坚守不出，伺机而动。柴武看破了韩王信的打算，佯装奉命撤军，实际上暗设伏兵。当然，这种手法一定要玩得很逼真才行，否则被识破了，就白忙活了。

具体柴武怎么玩的，史书上没有记载，我们不得而知。反正，韩王信信以为真，倾巢而出，出来追击。刚追击没多久，突然伏兵四起。柴武冲上前直取韩王信，将他一刀劈落马下。韩王信的军队见老大都被劈了，纷纷跪地举手投降。

就这样，参合一路也取得了最终胜利。虽然胜利了，柴武知道自己已经落后，赶快向刘邦报捷。刘邦这边正在担心，还以为自己用错人了，准备派兵支援。柴武的捷报到了，他自然欣喜万分。

但是刘邦对于自己在东垣受到的挫折，仍然耿耿于怀，临走时下令将那些抵抗自己进城的叛军都“黥之”，也就是脸上刻字。并将东垣城，改名为真定城，那意思就是真的平定了，以后不许再反了。

这次平叛工作总的来说还是卓有成效的，只可惜陈豨成了漏网之鱼。为了防范陈豨卷土重来，刘邦诏令周勃留守代地，自己则打道回府，又去了洛阳。

回到洛阳，刘邦深刻反思了陈豨谋反的原因，对左右说道：“代地在常山北边，赵地在常山南边，隔着一座山，太远了，让赵国管理代地实在是勉为其难啊！”

怎么办呢？刘邦决定将赵地和代地仍然按照过去的办法分开立国。这样一来，代地就又成了代国，那么刘邦又会让谁过去做代王呢？刘邦肯定不会再加封异姓王了，潜在风险太大，还是从自家子弟中选拔合适的人比较放心。为了显得民主，他征询了王侯将相和文武百官等三十八个人的意见，结果大家共推皇四子刘恒，认为这孩子温顺贤良，可以封王。

说起刘恒，对这段历史有所了解的人都知道，他就是后来的汉文帝。刘恒的老妈，我们前面有详细说到过，也就是薄姬，历史上称为薄太后。

薄姬原本是魏王豹的姬妾，被刘邦抢来宠幸了一夜，正是那一夜，怀上了儿子刘恒。之后，刘邦就再也没碰过薄姬。可见，薄姬和刘恒母子并不太招皇帝刘邦喜欢，但薄姬却毫无怨言，一心一意把儿子刘恒抚养成人。现在众望所归，刘邦加封儿子刘恒为代王，建都晋阳，也就是今天山西省太原市晋源区。

刘恒去代地履职时，年仅八岁，老妈薄姬跟随过去，远离了京城长安这个是非之地。刘邦本来对薄姬只有同情，没有感情，就由着他们母子一同离开。

薄姬当时走的时候，估计心境很凄凉，一个不被皇帝喜欢的女人心情不会好到哪里去。但也正是因为这次离开，她躲过了一场宫廷变故，甚至让儿子刘恒有机会做上了皇帝。这个后面我们还会详细说到。

刘邦将薄姬和刘恒母子刚送走，就接到皇后吕雉从长安送来的密报。

那么，这是一份什么密报呢？

52. 步步惊心

刘邦把薄姬和刘恒母子刚送往代地，从京城长安就传来了皇后吕雉的密报。密报说，她将“汉初三杰”之一的战神韩信给弄死了，而且是夷灭三族。

那么，事情究竟是怎么发生的呢？

原来，刘邦去征讨陈豨时，将朝中之事委托给了两个人：外事，由丞相萧何负责；内务，由皇后吕雉负责。正是这一男一女合伙诱杀了韩信。

萧何长期跟随刘邦，对刘邦唯命是从，做事不显山不露水，是一位政坛老狐狸。他这一辈子最大的功绩有两件：一件是为刘邦经营大后方，统筹管理朝政；一件是给刘邦举荐了当世军事奇才韩信。

吕雉是刘邦的原配夫人，权力欲强，手段辛辣，属于政治女强人。但她并不是一开始就是如此的。

当年，刚嫁给刘邦时，吕雉还是一个邻家小妹，清纯可爱、美丽动人。迫于父命，不得已嫁给了刘邦这个没钱没事业的超大龄男青年。

按常理分析，吕雉内心对老爸吕公给自己安排的这桩婚事肯定不满意，但还是答应了，说明她婚前应该是一个乖乖女。

嫁给刘邦这个老男人后，吕雉才发现刘邦不是个省油的灯，不但是个穷光蛋，而且还在外面养女人，养私生子。她没有因此给刘邦捣蛋，而是安心过日子，在家里恪守妇道，相夫教子。

这样一过就是很多年。那时，吕雉应该是个贤妻良母。

后来，刘邦落草为寇，勇闯天涯。吕雉受到连累，蹲过秦朝的牢房，受过狱吏的欺凌，甚至还在项羽那里被软禁了两年四个月。可以说，吕雉为刘邦遭受过很多常人不能忍受的苦难。她没有因为这些付出，像一般女人那样对刘邦埋怨来埋怨去，而是默默承受。这从侧面说明，吕雉是一个有深度的女人，具备政治女强人的基本素质。

经过艰苦奋斗，刘邦终于做了皇帝，吕雉自然而然成了皇后，好像苦尽甘来，一切变得好起来了。事实上，并非如此！

此时，吕雉年纪已经不小了，大概三十多岁的样子，又加上后宫佳丽成群，刘邦对她早已失去了兴趣。男人移情别恋，对女人来说也是一种痛苦。

这还不算，让吕雉最为煎熬的是儿子刘盈的前程。儿子刘盈早在汉二年就被刘邦册立为太子，可因为天性善良软弱，不怎么受刘邦待见，地位岌岌可危。

面对这样的现实，吕雉该怎么办？

毫无疑问，她必须出头为儿子保驾护航，从而不得不站到了历史舞台的前沿。在这个舞台上，摆在吕雉面前的，有两个棘手且亟待解决的问题：首先是情敌戚夫人，戚夫人青春靓丽，整天吹枕边风，怂恿刘邦废立太子。其次是那帮开国功臣。刘邦活着，还能压得住这帮老家伙，如果刘邦不在了，就很难说了。特别是韩信、彭越、英布这些人，有时候他们连刘邦都敢对抗，更何况吕雉和太子刘盈呢？

第一个问题，吕雉很无奈，只能想方设法去防范，有点听天由命的味道；第二个问题，吕雉必须亲自操刀来解决。

实际上，对于第二个问题，刘邦也一直在想办法，只是他的套路比较圆滑，想步步为营，逐步解决。比如处理韩信，刘邦先是解除其兵权，再从齐王改封为楚王，最后无中生有一个借口，从楚王降封为淮阴侯，变相软禁起来。这一连贯套路，动作优美，效果明显，但是吕雉却嫌太慢了。吕雉认为，刘邦年纪大了，身体每况愈下，再这样玩套路，迟早会搬起石头砸自己的脚。她看在眼里，急在心上。简单地说，她想一步到位！

步步为营也好，一步到位也罢，吕雉和刘邦的方向是一致的。既然一致，一旦有机会，吕雉肯定会不遗余力地冲上前去大开杀戒。

这次刘邦亲率大军讨伐陈豨，吕雉留守大后方，大权在握。由于韩信不愿意跟随，刘邦深感不安，特别交代老婆吕雉要提防不测。

果不其然，韩信当真图谋不轨，早与陈豨有过密约。而且当刘邦派人调查陈豨时，韩信曾暗中派人到代地鼓励陈豨："兄弟你尽管大胆起兵，我在京城会大力协助！"这才让陈豨下了最后反叛的决心。

韩信手里没有军队，他凭什么能在长安办助陈豨起兵呢？

据《史记·淮阴侯列传》中记载："信乃谋与家臣夜诈诏赦诸官徒奴，欲发以袭吕后、太子。"什么意思呢？说韩信与家臣谋划，准备在夜里，以假传诏书的方式，赦免那些在监狱服役的罪犯和奴隶，然后发动他们突袭吕后和太子。

有人认为这个记载不可靠，纯属为了证明韩信有谋反之心而捏造的证据，子虚乌有。为什么呢？因为这种造反方案不具备可行性，韩信不可能这么做，具体原因有两点：

第一，韩信被严密监视居住，他怎么可能有机会赦免并调动罪犯和奴隶呢？

第二，即便调动了，这些乌合之众怎么可能是朝廷正规军的对手呢？

质疑貌似合情合理！但如果我们对照一下韩信以往的战例，不难发现，韩信最擅长把乌合之众带成虎狼之师，而且总能以少胜多。

前面说过，刘邦曾经两次夺走韩信的军队，一次是占领代地之后，一次是占领赵地之后。韩信每次都能在极短时间内，召集一批种地的百姓，而且不需怎么训练，就能攻城略地。这说明，韩信带兵打仗具有化腐朽为神奇的能力。

总之吧，质疑归质疑，我们还是要按照正史记载来述说。

韩信部署完一切，专等陈豨战场上的好消息。不巧的是，韩信家里却发生了一件意想不到的事。什么事呢？

韩信家的一个舍人不知道犯了什么事，韩信将其拘押起来，甚至准备杀掉。有史书上记载，这个舍人的名字叫栾说，后来被刘邦加封为慎阳侯。他知道韩信谋反的秘密，并把这个秘密泄露给了自己的弟弟。

看来，所谓的秘密都是相对的，只要一出口，便有可能天下皆知。

栾说的弟弟听说韩信要杀他哥哥，非常着急，兄弟情深嘛，谁也不会眼睁睁地看着自家亲兄弟被人宰了。于是他上书皇后吕雉，揭发了韩信勾结陈豨准备反叛的阴谋。

那么，皇后吕雉会怎么做呢？

53. 韩信的悲剧

吕雉闻听韩信准备与陈豨里应外合谋反，顿时有点发慌，第一次遇到这样的事，能不发慌吗？但她很快就镇定了下来，打算把韩信召来杀掉。转念又一想，韩信对刘邦都不买账，何况她呢，于是便找萧何来谋划。

萧何听了吕雉的想法，眉头紧皱，他也知道韩信不会轻易就范。萧何这只老狐狸果然老谋深算，略迟疑了一会儿，就想出了一条鬼主意。

什么鬼主意呢？他要导演一出戏，而且是个悲剧，主角肯定是韩信了。

这天，萧何特别派出一个心腹，假扮前线军人的模样，悄悄溜出长安城，然后又骑着快马大张旗鼓地飞奔回来，边跑边大喊前线捷报，谎称皇帝刘邦打了大胜仗，平定了代地叛乱，杀死了陈豨。

前线传来捷报，按照规矩，群臣都要进朝祝贺。群臣当然不知道这是萧何诱骗韩信的花招了，成群结队地进宫充当群众演员。由于不知内情，这帮大臣整场戏演得形象逼真。但韩信不为所动，仍然装病不上朝，躲在家里。

演了半天戏，群众演员都散场了，结果主角要大牌没来，导演再有水平，戏也没法出彩。萧何这个大导演只好亲自出马，他借着探病为由，来到韩信府邸。

众所周知，萧何对韩信有知遇之恩，而韩信又那么讲究知恩图报，肯定不敢怠慢了，赶快出门迎接。萧何握着韩信的手嘘寒问暖，然后佯装生气地说道：“真不知道说你什么好，你要什么小孩子脾气啊！不过与皇帝有点小过节，干吗那么较真呢？现在皇帝派人从前线送回捷报，你理应入宫道贺才是啊！正好借此机会缓和一下君臣关系，为什么要杜门不出呢？即使有病，也应该强打精神过去！”

萧何的劝说入情入理，配合肢体语言，很能打动人，又加上他亲自来请，韩信略微有点小激动，不得已随萧何入宫。

谁料，刚进入宫门，突然从周围跳出来一帮武士，二话不说，上前把韩信五花大绑给捆了起来。韩信这才知道上当了，急回头向萧何求救。哪里还有萧何的踪影？这个老狐狸完成任务后，早溜之大吉了。

想当年，刘邦需要大将时，“萧何月下追韩信”，成就了一段佳话；现如今，吕雉要杀功臣了，萧何又煞费苦心，诱骗韩信入宫。

正所谓：“成也萧何，败也萧何。”

韩信被众武士推推搡搡，押到了长乐宫中。只见吕雉高高坐在上面，摆着一张臭脸，厉声怒喝道：“皇帝待你不薄，你为什么要与陈豨叛贼串通谋反？竟敢在京城做内应！”

韩信腰杆挺得笔直，朗声回答道：“纯属栽赃陷害！这是谁诬告的？”

吕雉倏地一下站了起来，用手一指骂道：“就知道你要抵赖！陈豨已经被皇帝抓获，供出正是由你主使，他才谋反。你的舍人刚刚也告发你了，铁证如山，还有什么话好说？”

韩信还想申辩，吕雉早不耐烦了，令武士们将他推进长乐宫旁边的钟室内。在黑暗的钟室内，韩信仰天长叹道：“我真后悔当初没有听从蒯彻的话啊，以至于要死在‘儿女子’手中，这难道不是天意吗？”

话音刚落，脑袋已经被砍了下来，滚落在地。

事到如今，韩信才想到蒯彻的话，不是太晚了吗？他口中的“儿女子”很显然指的就是吕雉和太子刘盈，被他们这样的妇孺之辈要了他的命，肯定心有不甘，所以他认为是天意。

那么，韩信为什么会有如此下场呢？很多人不禁发出这样的疑问。

在战场上，韩信料事如神，攻无不克，战无不胜，是众人眼中的“战神”，可是结局如此凄惨。有太多的人把原因归结在刘邦和吕雉的阴毒上，认为他们卸磨杀驴，屠杀功臣。这是外因！

难道韩信自己不应该反思吗？

在刘邦眼中，韩信是“汉初三杰之一”，萧何和张良都能善终，唯独韩信死得很惨。其实，早在请封假齐王时，韩信就已经注定了这个结局。后来，刘邦下令合围项羽，韩信又趁机谈条件、提要求，这都是为人臣的大忌。当然，即使韩信没有这些不当行为，也难保刘邦不对他下毒手。

为什么这么说呢？

前面说过，谋士蒯彻劝韩信自立时，曾说过一句非常经典的话：“今足下戴震主之威，挟不赏之功，归楚，楚人不信；归汉，汉人震恐。”

说白了，韩信除非自立门户，否则天下无容身之地。因为他的本事与刘邦项羽比肩，也就是蒯彻口中的帝王之相。而韩信不愿意自立，那只有死路一条！所以，韩信的下场正像他自己说的那样，是天意。

韩信为什么不愿意自立呢？无非有两个原因：一是心太软，不忍心背叛刘邦，刘邦一直在利用他这个弱点；二是才大志疏，实际上，才大志疏是韩信不愿意自立的根本原因。

志大才疏大家都比较熟悉，就是志向大，才能小，很多人都是如此。那么，什么叫才大志疏呢？所谓才大志疏，通常指一个人才能卓越，却没有与之匹配的远大理想和抱负。

比如生活中，有的人能力非常强，发展潜力也很大，但是因为过多地受到眼前利益的诱惑和干扰，把目标定得很低、很实际，过早地追求安逸舒适的生活，不愿意经过长期奋斗和磨炼获得更大的成就。这种现象就是才大志疏！

显然，韩信就是才大志疏。他给自己定的人生目标很明确，也就是高不过一方诸侯王，低不过军中大将军。这两个目标他都实现了，要他改变目标再往上突破，无论别人怎么劝说都不愿意了。

有人可能不理解，实际上，我们身边很多安于现状的人，正是这种心理。让他过得再苦一点，可能受不了；如果让他过得再好一点，他也懒得去努力。

韩信之所以选择给刘邦做个诸侯王，应该正是如此。

不过也有人说，韩信因为性格孤傲才导致了他的人生悲剧。这个说法肯定有一定的道理，但不是根本原因。历史上性格孤傲的人很多，成功的也大有人在。但凡有点本事的人，哪个不孤傲？只是表现形式不同而已！

好了，关于韩信的人生，到此先告一段落，有些是个人观点，仅供参考，大家可以根据自己的阅历去体会，以此来读懂自己的人生。

杀死韩信后，吕雉赶快派人把这件事密报给了刘邦。

那么，刘邦又会作何感想呢？

54. 暗藏玄机

刘邦得知皇后吕雉杀掉了韩信，“且喜且怜之”。

“且喜且怜之”是《史记》中的原文，司马迁对刘邦心境的刻画入木三分。又欣喜，又怜悯，这是人的正常心理。

总的说来，刘邦应该还是高兴多一点，毕竟终于清除了一颗不定时炸弹，所以他并没有责怪老婆吕雉，相反内心充满了赞许。

当得知在诛杀韩信的过程中，萧何起了至关重要的作用时，刘邦当即作出了一个决定：“使使拜丞相何为相国，益封五千户，令卒五百人一都尉为相国卫。”

什么意思呢？很明显，这是要加封犒赏萧何。

首先，由丞相升为相国。那个时候丞相分为左右丞相，而相国就只有一个了。其次，封地增加五千户。这个加封力度还是相当大的，当年按功封侯时，也没几个人能加封这么多。最后，扩充警卫队，为萧何增加五百名士兵和一个都尉。

韩信被杀，萧何无疑受益良多。为此，朝内同僚和亲朋好友都前来祝贺，萧何的相国府内热闹了好一阵子。但有一个人见到萧何，却直摇头哀叹，一副让人扫兴的样子。

这个人是谁呢？那么不识相！

他的名字叫召平。

召平其实也是个侯，不过是秦朝时期的侯，那时被封为东陵侯。现在是汉朝，秦朝侯自然不好使了，他便沦为一介平民。平民百姓不比做侯，没有了国家俸禄，又经过多年战乱，很快返贫了。所谓家道中落，说的就是这种情况。

但一家老小总要养活啊，召平只好自谋生路，在长安城东边的一块空地上，种一些蔬菜瓜果养家糊口。因为种的瓜味道甜美可口，很受欢迎，因他做过东陵侯，大家就给他的瓜起名叫“东菱瓜”。

召平封过侯，创过业，阅历丰富，见多识广，说话做事很有水平。萧何看他对自己受到皇帝的封赏表现出不同态度，知道此事定有蹊跷，就问他有什么看法。

召平叹了一口气说道：“相国啊，大难临头了，您还蒙在鼓里啊！”

别看萧何已经贵为相国了，一人之下，万人之上，但是整天活得还是战战兢兢。听召平这么说，他后脊背直冒凉气，忙问道：“此话怎讲？还望老兄直言相告啊！”

召平凑上前去，轻声说道：“皇帝风吹日晒，统军在外，而相国您留守朝中，安享太平，不用到前线冒着枪林箭雨去打仗，皇帝反而给您又是升官，又是封地，又是增加卫队，这是为什么？表面上是因为淮阴侯韩信在京城谋反的事，实际上皇帝内心对相国您也有所怀疑啊！增设警卫队说是保护您、宠信您，其实没那么简单啊！”

萧何闻听，恍然大悟，这次封赏确实太厚重了，特别给自己加设警卫队，完全没有必要啊。于是他拉着召平问，到底该怎么做才能消除皇帝刘邦对自己的猜疑。召平东瞅瞅，西看看，然后捋了捋胡须说道：“别无他法，相国只有忍痛割爱了！我建议相国还是不要接受这些封赏，另外最好把现在的财产全部捐给军队，那么皇帝心里肯定会很高兴，他一高兴，猜疑就没有了！”

说白了，就是拿钱消灾，表达忠心。

萧何认为很有道理，便听从了召平的建议，宣布为了向国防事业做贡献，捐出全部家产。

刘邦看萧何这么识抬举，果然对萧何赞赏有加，表彰他顾大局，识大体，忠心可鉴。

就这样，萧何躲过了一次看似好事的祸端。

比较一下韩信，就知道萧何活得多么不容易了，基本上是在刀尖上跳舞。尽管这样，刘邦临死前还是差点把他杀了，后面还会详细说到。

不久，刘邦回到了长安，当然第一件事就是向老婆吕雉了解杀掉韩信的全过程。吕雉唾沫横飞地讲了一遍，趁机在刘邦那里为自己和太子刘盈邀功。待她说完，刘邦突然问道：“韩信这小子死的时候有没有说过什么话啊？”

俗话说：“鸟之将死，其鸣也哀；人之将死，其言也善。”人在快死的时候往往会把真心话吐露出来。无论是后悔的话，还是忠告的话，一般都要讲上几句，主要是为了不留遗憾。刘邦认为韩信心里充满了委屈，一定也会留下遗言。

吕雉想了想说道：“好像只说了一句，说什么后悔没有用蒯彻的计策。陛下，这蒯彻是谁啊？”

刘邦惊愕道：“蒯彻是齐地的一个辩士，据说此人谋略精深，必须抓捕他，否则他还有可能跑到其他地方煽动别人造反！”

说完，刘邦当即派人赶赴齐地，诏令齐相曹参务必将蒯彻抓住，扭送到京城长安。

前面说过，蒯彻自从劝说韩信自立不成，料定跟着韩信没有好下场，装疯卖傻跑掉了，找了一个清净的地方给人摆地摊算卦。

像蒯彻这个年纪的人，不可能跑太远，最多在家乡周围隐姓埋名谋生。刘邦算准了这一点，才让齐相曹参前去搜捕。

接到诏令，曹参不敢怠慢，派出大量警力四处探寻。结果正如刘邦所料，没费多大工夫，蒯彻就在齐地被抓住了。曹参如获至宝，赶快派人把他押送到了京城长安。刘邦闻讯，格外重视，亲自提审。

刚一见面，刘邦就怒目叱问道："你就是蒯彻吧？胆敢教唆韩信谋反，你是活腻了吧？"

事到如今，蒯彻毫不避讳，昂首答道："不错，臣确实曾经让他自立！只可惜这小子没出息，不听臣的话，如今才落得个夷灭三族的下场。如果他肯用臣的计策，陛下怎么可能有机会杀掉他呢？"

这是一番大实话，但实话不好听，刘邦闻听大怒。

那么，他会怎么处置蒯彻呢？

第十一章

诛杀彭越

55. 放一个，抓一个

蒯彻见了刘邦，直言不讳，承认自己当年教唆过韩信谋反。刘邦闻听大怒，心想这老头够牛啊，死到临头了还嘴硬，二话不说，喝令左右道：“烹之！”烹人一般是项羽的专利，现在刘邦也要用，看来他被蒯彻这番话给刺到了痛处。

左右侍卫正要上前架走蒯彻，只听蒯彻大喊道：“哎呀，哎呀，烹得好冤枉啊！好冤枉啊！”

刘邦听蒯彻喊冤，很是得意，心想知道服软了吧，我就不相信你不怕死。于是挥手让左右住手，然后“哼”了一声问道：“朕倒要听听究竟怎么冤枉你了，你教唆韩信谋反，难道不应该被烹吗？”

蒯彻整了整衣服，冲刘邦朗声说道：“陛下，当年秦朝法度败坏、政权瓦解的时候，山东六国趁势大乱，各路诸侯纷纷起事，天下英雄豪杰像乌鸦一样聚集起来。正所谓‘秦失其鹿，天下共逐之，于是高材疾足者先得焉’。当时臣在韩信帐下做事，在臣眼中只有韩信，没有陛下。古时候，据说曾有一条狗跳着冲尧帝狂吠不已，为什么？这并不是因为尧帝没有仁德，狗才叫，而是因为尧帝不是狗的主人。臣也是一样啊！况且那会儿，稍微有点本事的人都会拉一伙人，跃跃欲试，想干陛下所干的事业，只是都力不从心，失败了。陛下总不至于把他们全抓来烹了吧？如果陛下不能烹他们，而唯独要烹臣，那臣感觉实在是太冤枉了！”

看来蒯彻真怕死，一口气说了那么多，不惜将自己比喻成一条狗，而且还发明了两个成语：一个是“秦失其鹿，天下共逐之”，后人总结为“逐鹿中原”；一个是“高材疾足者先得焉”，后人总结为“捷足先登”。

这两个成语大家应该耳熟能详，我这里就不多解释了。

蒯彻不愧是一位杰出的辩士，他这段话逻辑严谨，很有欺骗性，让人不得不信服。实际上，他偷换了概念。

本来刘邦因为他教唆韩信谋反的事要烹他，结果他却说当年不认识刘邦，才这样干。韩信是刘邦的下属，蒯彻是韩信的下属，下属的下属怎么能说不知道刘邦呢？显然，蒯彻在诡辩！

另外，蒯彻说像他这样的人当时很多，不可能全烹了，法不责众嘛。这一点说得倒比较符合实际情况。

刘邦一听有道理，烹了一个蒯彻，结果烹出了一大堆敌人，不划算，便笑着说道：“好吧，朕就放了你吧！”

于是蒯彻被无罪释放，又回到了齐国，安享晚年。

处理完这件事，刘邦带着一帮随从，又要去洛阳住一段时间。在去往洛阳的路上，突然有人拦住他的銮驾，说要告发梁王彭越谋反。

关于彭越，想必大家已经很熟悉了，前面说得比较多。他是一位游击战大师，楚汉战争期间，经常在背后侵扰项羽，立有大功，当时与韩信、英布等人齐名。

刘邦听到有人告发彭越，特别兴奋，像打了鸡血一样。

为什么会这样呢？这还要从陈豨在代地反叛时说起。

看看，又是因为陈豨反叛。

陈豨反叛时，刘邦亲征来到邯郸，在那里他曾派人诏令彭越带兵一起会剿陈豨。但彭越和韩信一样，称自己生病了，不能奉陪，只派了一个将领带着一帮人过去应付刘邦。

刘邦看彭越没来，那个火大啊，心想我这把年纪了还亲征呢，你们却一个个病倒了，岂有此理，现在都指挥不动了，以后还了得。于是，他便派人到梁国都城定陶责骂彭越。

被这么一责骂，彭越清醒了许多，心生恐惧，准备亲自过去当面向刘邦谢罪。如果真这样做，再在刘邦面前装成一副病秧子的状态，估计这事也就过去了。但彭越手下有一个将领却阻止了他。这个将领名叫扈辄，他对彭越说道："大王可不能去啊！之前皇帝下诏让大王去，大王不去，现在皇帝派人责怪，大王又要去，这说不过去啊，必定会引起皇帝猜疑！皇帝当年'伪游云梦'抓捕韩信，就是一个活生生的例子，不得不防啊！臣建议大王不如就此举事，趁皇帝讨伐陈豨之际，乘虚西进，直捣长安，截住皇帝的退路，这样岂不更好？"

说句实话，彭越如果真这样做了，韩信又在京城长安做内应，刘邦这个皇帝还真不一定能坐稳。只可惜，彭越没这个胆子，他既没有造反，也没有按照先前的打算去刘邦那里赔礼道歉，而是仍然坚持说自己重病在身，无法成行。

彭越的做法不能说不对，既然不敢造反，也不敢过去，那最好的办法莫过于继续装病了，说不定还能蒙混过关。

彭越手下有个太仆，也就是车夫，不是个善茬，听说这件事后，认为彭越太没种了，就有点瞧不起彭越。被车夫瞧不起，彭越心里肯定很不爽了，心想你算什么东西，敢瞧不起我，他就想找个理由把这个车夫给杀掉。

不料，那个车夫提前获知了消息，一溜烟逃跑了。这小子确实比彭越有种，准备跑到京城长安诬告彭越，恰好半路上遇到了刘邦的銮驾，他便上前拦住，告发彭越和扈辄谋反。

本来因为没有跟随自己讨伐陈豨，刘邦对彭越就很有意见，现在既然有人告发，那还不趁机好好收拾彭越啊。

可刘邦既没有发兵去讨伐，也没有派人去调查，因为上次就是这样，结果把陈豨给逼反了。那么，这次他会怎么做呢？

俗话说："射人先射马，擒贼先擒王。"刘邦派了一帮大内高手暗地里来到梁国都城定陶，想出其不意地抓捕彭越与扈辄两个人。

彭越和扈辄这俩倒霉蛋无论如何也想不到刘邦会这么玩，事先没有防范，竟然还真的被抓到了洛阳。到了洛阳，刘邦诏令廷尉对他们严加审讯。负责审讯彭越和扈辄的廷尉，名叫王恬开。

俗话说："真的假不了，假的真不了。"王恬开一审讯，就发现彭越被冤枉了，扈辄才是真正的主谋。

那么，面对这种情况，他会怎么判呢？

56. 分食彭越

刘邦派人抓捕了彭越和扈辄，交给廷尉王恬开审讯。经过审讯，王恬开发现彭越是被诬告的，主谋应该是扈辄。但这家伙多长了个心眼，他从诏令中看出来，刘邦想给彭越治罪。

在封建社会，皇帝的意志就是最大的政治。廷尉又是政治打手，所以王恬开审判时尽量往刘邦的想法上靠。他在判决书中写道："谋反计划出自扈辄，彭越虽没有听从实施，但身为梁王没有及时追责上报，说明也有谋反之心，应该依法论处。"

这种措辞明显加重了彭越的罪行，谋反之心那就是想谋反啊，如果依法论处，彭越肯定要被处死。按说，这应该正中刘邦下怀。但刘邦看到判决书后，却表现得好像很大度，只是下诏诛杀了扈辄，而对彭越则赦免了死罪，贬为庶民。不过，彭越也别想再回梁地了，被发配到了蜀地青衣县，也就是今四川省芦山县。

显然，刘邦玩的仍然是步步为营的套路。

俗话说："好死不如赖活着。"不管怎样吧，彭越总算保住了一条性命。

彭越明知是冤枉，也无可奈何，只好遵从诏令，向西前往蜀地青衣县。如果这样一路顺风去了那里，凭着他的能耐，说不定还有可能东山再起。可这事偏偏被皇后吕雉知道了。

本来，吕雉听说刘邦抓捕了彭越，心中窃喜，以为又可以除掉一个隐患。不想，刘邦竟然赦免了彭越，这不是养虎为患吗？所以，吕雉立即起程，从长安向东赶往洛阳，目的是说服刘邦速杀彭越。

彭越向西，吕雉向东，真是冤家路窄啊！两个人竟然在郑县，也就是今河南省新郑相遇了。

彭越还当自己遇到了救星，主动拦住吕雉的车队，上前拜见。吕雉一看是彭越，佯装很关心的样子，对他进行百般抚慰。

如果说刘邦是影帝的话，那么吕雉当之无愧就是影后。

彭越刚受到天大的冤枉，听到吕雉这番动情的慰问，感动得稀里哗啦。他连忙拜倒在地，一把鼻涕一把眼泪地向吕雉诉说冤情。

一个英雄般的大男人，曾经叱咤风云，流血流汗，什么时候流过泪啊？但是见了吕雉这个小女人，彭越竟然委屈得痛哭流涕，像个小孩子一样。可见，男人在坚强的外表背后是多么脆弱！

吕雉听了彭越的哭诉，不管真假，也陪了几滴眼泪。

彭越怎么也不会想到，眼前这个貌似慈祥温柔的女人比刘邦要狠毒百倍。他还天真地以为打动了吕雉，一个劲地乞求为自己说情，请刘邦开恩，放他回家乡昌邑终老。

吕雉毫不推辞，一口应允，让彭越跟着她从原路返回洛阳。彭越擦干眼泪，满心欢喜。

这正所谓："阳光大道不去走，地狱无门闯进来。"

到了洛阳，吕雉命彭越在宫外静候佳音，她进宫去见刘邦。刘邦正和戚夫人把酒当歌，翩翩起舞呢，看吕雉来了，很是奇怪，还以为过来查岗呢。刘邦挥手让戚夫人离开，然后笑盈盈地问吕雉怎么跑到洛阳来了。

吕雉才懒得查刘邦的岗呢，也没必要查！她缓步走上前，直奔主题说道："彭越可是个壮士啊！陛下如今流放他到蜀地，不是在养虎为患吗？臣妾刚刚把他从半路上截了回来，依臣妾之见应该马上杀掉他！"

听吕雉这么说，刘邦没有表态，他在那里沉吟了一会儿，大手一挥，说让吕雉自己看着办。

刘邦其实也想杀彭越，但他深知，诛杀功臣这事将来是要被世人咒骂的，这才绕来绕去，犹豫再三。现在既然吕雉愿意替他操刀一步到位，他何乐而不为呢？

吕雉看刘邦这种不管不问的态度，心里有底了，当即派人到宫外控制住彭越。

在宫外，彭越好像抓住了一根救命稻草，还在傻等着呢。差不多待了一天，正当他暗自庆幸遇到贵人吕雉时，突然从宫中冲出来了一帮卫士。这帮卫士二话不说，上前将他绑得结结实实，连拖带拽，又给拉到了廷尉王恬开那里。

王恬开看彭越又给抓回来了，还直纳闷呢，心想彭越的案子皇帝不是早都给钦定了吗，怎么又提回来审，难道自己判错了？他不敢大意，忙派人到宫中打探消息。

没多久，得到回报，原来是皇后吕雉来到了洛阳，现在是她在主抓这个案子，声称非要杀掉彭越不可。

既然皇后吕雉主抓，王恬开只有重新审理了。为了配合王恬开审案，吕雉安排彭越的门客诬告彭越。这个门客信誓旦旦地揭发，说彭越暗地里招兵买马，准备到了蜀地再谋反。

看来门客养多了，也不见得是好事啊，关键的时候专门用来坑害自己了。历史上不知道多少人、多少事都毁在门客、舍人、太仆手里。

王恬开是老廷尉，逢迎高手。他看皇后吕雉如此上心，哪里还会手软。于是仅凭着彭越门客的口供，对质都懒得搞，他直接给彭越定了谋反的罪名，上报刘邦。

刘邦看到定罪报告，貌似一副非常气愤的样子，立即批准诛杀彭越，灭其三族。彭越听到这个结果，可能肠子都要悔青了，后悔跟着吕雉这个杀星回来。

不久，彭越三族老小被五花大绑，拉到集市给砍了脑袋。

刘邦还不解恨，又下令将彭越的脑袋悬挂在洛阳城门下示众，并把彭越的尸体剁成肉酱，分赐诸侯王食用。

这可是真食用啊，可不是走走样子！朝廷专门有人在旁边监督着，赐多少，吃多少，少一口都不行。

刘邦这么做是不是有点变态啊？但不变态，怎么能让大家相信彭越真的谋反了呢？这就叫杀一儆百！而且，刘邦还命人在悬挂彭越脑袋的地方贴上告示："有敢收视者，辄捕之！"

意思是说，禁止任何人来收殓或探视，否则立即逮捕问罪。可才过了几天，就有人穿着素服，拿着祭品，在彭越的脑袋前，边拜边哭。

那么，这个人会是谁呢？刘邦又会怎么处置他呢？

57. 逢凶化吉

这个祭拜彭越的人名叫栾布，梁地人，年轻的时候和彭越就是好朋友，一对穷哥们。不过后来两个人命运的走向却大不相同。

栾布早年家里贫困，从梁地流落到齐地，在一家酒馆里打工，做酒保。所谓酒保，也就是我们常说的店小二，现在叫服务员。马甲在不断变换，其工作性质都差不多，主要是伺候客人喝酒。

在那里干了几年后，一天，栾布竟然莫名其妙地被一伙强盗劫持了。栾布是一个穷光蛋，既没钱，也没色，强盗劫持他干吗呢？

原来，劫持栾布的这伙强盗是人贩子，他们劫持栾布后，将其当作奴隶贩卖到了燕地。

而此时，前面我们说过，彭越则跑到巨野做起了强盗。这样一来，两个人的命运截然相反：一个做了强盗专门劫持人家，一个却被强盗劫持做了奴隶。

栾布被那伙强盗贩卖给了燕地一个大户人家做奴仆。幸好，这家人看栾布仪表堂堂，谈吐不俗，对他特别照顾。栾布出于感激，主动出头为这家人报了一个血海深仇。至于是什么仇什么恨，史书上没有交代，我们这里也只好一笔带过。

因为这件事，当时在燕国做大将的臧荼听说后，对栾布很是欣赏，便举荐栾布做了军中都尉。臧荼做了燕王后，又提拔栾布做了将军。一个家奴摇身一变成了将军，也算是时来运转吧。

可是好景不长，汉朝建立没多久，臧荼却谋反了，被刘邦率军给彻底剿灭。栾布身为燕国的一个将军，自然成了汉军的俘虏。

这真是人生无常啊！

此时，彭越已经是梁王了。他听说好友栾布的遭遇后，百感交集，念及过去的交情，出钱把栾布从监狱中赎买了出来，算是救了栾布一命。

因为栾布能力很强，德行又好，彭越任命他为梁国大夫。

栾布这个人总是被人买来卖去的，人生看似比较倒霉，实际上，每次倒霉，他总能遇到贵人。越倒霉，遇到的贵人越贵，他的地位也就越来越高。

这次，刘邦抓捕彭越的时候，栾布正出使齐国。当他回到梁国，彭越已经被吕雉杀了，还夷灭了三族。栾布听说后悲痛欲绝，彭越既是自己的好友，又是救命恩人，所以他不顾刘邦的诏令，冒死赶往洛阳城门下祭拜。

在彭越人头前，栾布先把自己出使齐国的情况做了汇报。给死人汇报工作，可见栾布是一个对工作极其负责的人。然后，他拿出祭品，郑重其事地在那里哭拜起来。

前面说过，刘邦曾下过诏令，不允许任何人祭拜彭越。栾布这样旁若无人地又拜又哭，看守彭越脑袋的卫士心想，这不是成心要害我们下岗吗？他们一拥而上将栾布绑了起来，上报刘邦如何处置。

刘邦闻听大怒，没想到当真有不要命的，敢公然无视诏令，于是亲自审讯栾布。在朝堂上，栾布一副大义凛然的样子，让刘邦更是不爽。只见刘邦桌子一拍，厉声责问道："你这个家伙究竟是什么来路？胆敢来私祭彭越！"栾布不卑不亢，如实回答。

刘邦一听，原来是彭越的老部下，怒骂道："狗东西！你难道没看见朕的诏令吗？一定是彭越死党，来人啊，把这家伙给朕烹了！"

也不知道什么时候，宫殿外面早已经支好了大锅，看来刘邦有备而来，不是闹着玩的，那是要动真格的。对造反这种事，刘邦向来深恶痛绝，下手也毫不手软。

旁边的武士听到号令，一窝蜂冲了上去，像抓小鸡一样，提溜起栾布，转身便向大锅走去。

栾布估计也不想死啊，使劲扭回头冲着刘邦喊道："陛下让臣说一句话再死，臣才死而无憾！"你看，人在关键的时候，都想多说一句话，全指着一句话改变命运呢。

刘邦心想，不就是一句话吗，不差这一会儿工夫，省得你不服气，怨气太重，到阴曹地府告我的状，挥挥手说道："说吧！"

左右武士立马停住，转过身，将栾布重重抛在地上。栾布从地上勉强爬起来说道："陛下，您现在的做法不得人心啊！当年彭城一战，陛下败走于荥阳和成皋之间，正是梁王彭越据守梁地，才牵制住项籍，使其不能放开手脚向西进攻，否则楚军可能早就入关了。那个时候，如果彭越跟楚军联合，汉军必败无疑！可以说，彭越非常关键，从楚则汉败，从汉则楚败，但他最终选择了跟汉军联合。再说垓下之战，如果没有彭越协同作战，项籍也不一定会死。后来，陛下取得了天下，彭越受封于梁地，他感念陛下的恩德，一心想好好干，希望能够世世代代传承下去。据臣所知，他从来也没打算过谋反。前段时间，陛下派人到梁地征兵讨伐陈豨叛军，恰好彭越有病在身不能随行，陛下却因此对他产生了怀疑，认为他要谋反，这实在是天大的冤枉啊！现在陛下灭他三族，悬首示众，剁成肉酱，臣担心这样下去会让有功之臣人人自危啊！如今，梁王已经死了，臣曾经受过梁王的恩惠，理应拼死前来祭拜。臣心愿已了，生不如死啊，就请陛下烹了臣吧！”

栾布慷慨激昂，洋洋洒洒说了半天，好像也没什么新意，无非是帮助刘邦回顾一下当年的创业史。

按说听到这番话，刘邦应该恼羞成怒才是，毕竟在揭自己的短，但他突然像换了一个人似的，急命武士给栾布松绑，然后又和颜悦色地对栾布的情况进行了解，最后竟然封他为军中都尉。

这脸变得也忒快了吧？不符合情理啊！为什么会出现如此戏剧性的变化呢？我们不妨分析一下。

在前面的述说中，类似这样的事情其实不止一次发生过：早前，刘邦赦免了项羽的大将季布，并留在身边重用；之后，他又赦免了谋杀自己未遂的赵相贯高等人；前不久，他还赦免了曾鼓动韩信谋反的谋士蒯彻；现在，他改变诏令，赦免为彭越喊冤的栾布，并提拔重用。

如果稍加总结，我们不难发现，这些人有一个共同特点，就是都忠于职守，对原来的领导忠心耿耿。

很明显，刘邦在有意宣扬一种精神，也就是忠诚。他在努力将忠诚转化成一种文化，以渗入到每个人的骨子里，从而为大汉王朝服务。

栾布运气确实不错，又走了一次运。既然刘邦开恩，他也不好在那里硬挺着了，赶快顺坡下驴拜谢而去。

刘邦看栾布那么配合，暗自得意。但自从处死彭越后，梁王的位子就空了出来，让他在得意之余不由得还要认真考虑一个问题，也就是加封谁为梁王。

第十二章

游说南越

58. 家天下的梦想

诛杀彭越后，梁王的位子自然就空了出来。不用说，刘邦仍然会派自己的儿子去填补空缺，以逐步实现他的“家天下”梦想。

刘邦一共有八个儿子，前面已经说到过四个：齐王刘肥，是庶长子，年龄最大，情人曹氏所生；太子刘盈，是嫡长子，皇后吕雉所生，也就是后来的汉惠帝；赵王刘如意，排行老三，宠妃戚夫人所生；代王刘恒，排行老四，薄姬所生，也就是后来的汉文帝。

这次刘邦将梁地一分为二，梁地东北仍称号为梁，加封第五个儿子刘恢为梁王；梁地西南称号为淮阳，加封第六个儿子刘友为淮阳王。

有人可能会问，这两个儿子是刘邦跟谁生的啊？很遗憾，史书上没有记载。刘邦死后，他们俩一个殉情自杀，一个被活活饿死——总之都是被吕雉给逼死的，以后我们还会详细说到。

刘邦还有两个儿子：一个叫刘长，排行老七；一个叫刘建，排行老八。他们俩也是有故事的人，这里先给大家提一下，将来遇到，我们再说。

待刘恢和刘友被加封后，梁地的事就算告一段落了。于是，吕雉劝刘邦回京城长安居住，不要总是与戚夫人待在洛阳，以免荒废了朝政，透支了龙体。连续除掉韩信和彭越两个隐患，刘邦对老婆吕雉非常满意，所以就同意“夫妻双双把家还”。

吕雉虽然人老珠黄了，但凭借着个人能力仍然在刘邦心目中占有举足轻重的地位，也为儿子刘盈顺利继位打下了坚实的政治基础。当然，后面吕雉不择手段到处害人，就是另外一种情况了，以后我们还会详细说到。

回到长安后，刘邦总算在长乐宫老实待了一个多月，闲暇时，没事就瞅瞅大汉疆域图，看到自己家大业大，乐得合不拢嘴。

一天，他突然发现，在地图的最南面，有一块比较大的疆域，他很是好奇，便问左右是什么地方。左右告诉他那是南越国，并给他讲了关于南越国的发展历史。

南越国是在南越的基础上发展起来的，而南越属于岭南百越之一，也叫南粤。所谓百越，主要指东越、闽越、南越、西瓯等地。其中，南越主要分布在今天广东的南部、北部和西部地区，以及今天越南北部一带。

前面说过，秦始皇当年好不容易才打下来这块地方。

为了后面述说的连贯性，我们不妨简单再回顾一下那段历史，顺便介绍一下南越国两个开山鼻祖式的人物，也就是任嚣和赵佗。

这两个人是南越国的谋划者和缔造者。

早在荡平六国后的第二年，秦始皇就开始着手统一岭南地区的百越各族。任嚣便是首次领兵攻打岭南的统帅，但他的进攻以失败而告终。

三年后，秦始皇派太尉屠睢和副将赵佗率领五十万大军再次对岭南进行讨伐，经过三年艰苦卓绝的战斗，却意外功败垂成。主帅屠睢因为滥杀无辜，引起当地人的顽强反抗，最后中毒箭身亡。

之后，秦始皇又重新起用任嚣为主将，赵佗为副将，再次征讨岭南。这次进展顺利，终于将岭南纳入秦朝版图。紧接着，秦始皇在岭南设立桂林、象郡和南海三郡。

桂林郡辖区，在今广西境内，北边到兴安一线，南边到右江、扶绥一带，西边至百色、河池周围，东边至玉林；象郡辖区，包括今越南中北部地区，中国广西钦州和防城地区、广东省湛江地区；南海郡辖区，大致位于今广东省内除去湛江以外的地区和广西东南部分地区。

作为南征岭南的主帅，任嚣被秦始皇委任为南海郡尉，同时节制桂林郡和象郡，权力非常大，人称“东南一尉”。南海郡下设四个县：傅罗县，也就是今广东省惠州市博罗县；番禺县，也就是今广东省广州市番禺区；揭阳县，也就是今广东省揭阳市；龙川县，也就是今广东省龙川县。

这四个县中，龙川县地理位置最为特殊，属于军事要地，由副将赵佗担任县令。赵佗祖籍真定县，也就是今河北省正定县，曾两次作为副将征讨岭南。

秦始皇死后，胡亥继位，不久，陈胜吴广揭竿起义，中原从此陷入战乱。而此时，在任嚣的领导下，南海郡蒸蒸日上，兵强马壮。

当秦王朝大厦将倾，忙于镇压起义军，无暇南顾之际，任嚣便起了割据一方的野心。所以，他既不奉诏派兵支援秦朝平乱，也不愿意与起义军勾搭连环，而是一边冷眼观望，一边自谋发展。

虽然任嚣野心勃勃，但是身体却不行，一直重病在身，无法支撑他的野心，让他深感心有余而力不足。

由于身体的缘故，任嚣自知不可能实现割据一方、建国称王的理想，只好物色得力接班人。按照常理，接班人肯定是自己的儿子，但他的儿子们个个才能平庸，不堪大任，身边又没有德才兼备的人值得托付。

面对这种情况怎么办？为了不错过自立为王的大好时机，任嚣左思右想，想到了一个人。

那么，这个人会是谁呢？

59. 赵佗称王

值得南海郡尉任嚣托付的人就是征讨岭南的副将、龙川县令赵佗。

于是在病床上，任嚣派人去找赵佗。

听说郡尉召唤，赵佗从龙川县快马加鞭赶了过来。看赵佗来了，任嚣从床上坐了起来，然后轻轻挥挥手，驱散了旁人。等到只剩下他们两个人了，任嚣才叹口气说道："赵将军啊，找你来有一件大事要同你商量啊！"

赵佗一听是大事，赶快凑近了说道："末将愿听将军教诲！"

任嚣连续咳了几声，继续说道："秦朝无道，天下苦之久矣！陈胜、吴广、项羽、刘邦先后带头造反，他们煽动百姓，组建军队，争夺天下。目前中原地区动荡不安，不知什么时候才会安定下来。我们南海郡虽然地处偏远，但我还是担心他们有朝一日会打到我们这里来啊！所以我们应该早做防备，将通往中原的大道切断，静观其变，伺机而动。只可惜我现在重病在身，恐怕活不了多久，来不及做这些事了！番禺这个地方好啊，北面有险峻大山依靠，南面有大海作为屏障，东西有几千里，而且中原人越来越多，如果经营得当，将来完全可以在这里建立国家，称雄一方。我遍观南海郡的官员，没有哪个人能值得我托付这件事的，思来想去，认为只有你可以担此重任，来完成我的心愿。你看如何？"

任嚣的这番话与其说是让赵佗来接班，不如说对未来南越的发展做了顶层设计：首先是借势，中原大乱，无暇南顾，顺势而为；其次是防范，切断往来，静观其变，伺机而动；最后是自立，依山临海，自立为王，割据一方。

这里特别说明一下，任嚣口中的“海”并不是指南海，而是指珠江。因为珠江河面宽阔，那个时候被称为海。

见郡尉任嚣将如此重要的任务托付给自己，赵佗受宠若惊，忙拜倒在地指天发誓道：“末将一定不会辜负将军的重托！”任嚣看赵佗态度诚恳，非常满意，当即颁布任命文书，让他代行南海郡尉一职。

赵佗不负重托，上任后，严格按照任嚣的规划，采取了一系列举措，加强对岭南的控制，防止中原战乱向南延伸。

首先，他封锁了五岭上的四个关口：横浦关、洭浦关、阳山关、湟溪关。所谓五岭，前面说过，主要是指越城岭、都庞岭、萌渚岭、骑田岭、大庾岭五座大山。毛主席有首诗《长征》，其中有一句“五岭逶迤腾细浪”中的“五岭”指的就是这五座山。这五座山合起来便是中国南方最大的横向构造带山脉，也是长江和珠江两大流域的分水岭，横亘在广东、广西和湖南、江西之间，将南越与中原分割开来。

其次，他断绝了南越通往中原的四条新修的大道：江西入广东南雄一路；湖南入广东连州一路；湖南入广西贺县一路；湖南入广西静江一路。

最后，他构筑了捍卫番禺的三道防线：乐昌、仁化、南雄防线；英德、清远防线；石门要塞防线。

完成这些动作，南越基本上中断了与中原地区的一切联系，成了相对独立的区域。

两年后，秦朝灭亡，郡尉任嚣病情加重，于同年病逝。赵佗亲自为他发丧，正式接任南海郡尉，随即向各个交通要塞发布檄文：“盗兵且至，急绝道聚兵自守。”

什么意思呢？就是说，中原造反的军队马上就要打过来了，现在必须切断道路，集合军队，保卫家园。

赵佗担任南海郡尉一职，不是朝廷加封的，而是由任嚣禅让的，明显不合法。他此时发出这样的檄文应该有军事戒严的意思在里面，让大家紧张起来，一致对外。

紧接着，赵佗对南海郡内部，展开了人事“大清洗”。

赵佗把郡内那些忠于秦朝的军政官员该杀的杀，该撤的撤，全部换上了自己的心腹。在处理好内部问题，统一思想后，他又举兵向西，进攻桂林郡和象郡。

这个时候，楚汉战争刚刚开始。

赵佗大概花了两年时间，吞并了桂林郡和象郡，并于当年，也就是公元前204年，正式自封为“南越武王”，定都番禺。

就这样，一个南到越南中部，北达广西和广东北部，东临大海，西至云南、贵州和广西交界处的南越国诞生了。汉朝建立时，南越国已经拥兵数十万，与北方匈奴并称为“北强南劲”。

以上就是南越建国的历史。了解完这段历史，刘邦认为，南越国原本属于秦朝，现在秦朝被汉朝取而代之，理应归属于他的大汉王朝。于是他准备派兵收复，但考虑到山高、路远，又加上国内元气尚待恢复，便想采用招安的方式。

既然是招安，那就要派个能言善辩的说客，对赵佗晓之以理，动之以情，不战而屈人之兵。

那么，派谁去办这件事呢？刘邦觉得，陆贾这个人最合适。

关于陆贾，前面我们介绍过，当时被誉为“有口辩士”，经常跟随刘邦左右，到处游说诸侯。楚汉战争期间，他曾经去游说项羽放回刘太公和吕雉，结果没有成功。虽然那次游说不成功，但是刘邦对陆贾的才干还是很认可的。

这次，刘邦又派陆贾作为自己的特使，去游说赵佗。

陆贾也想好好表现一下，当仁不让。他带了一帮随从，驾着几辆小车，揣着专门刻制的南越王印绶前往南越国。那意思就是，一旦游说成功，正式加封赵佗为南越王。

赵佗已经自称南越王很多年了，听说汉朝派特使过来加封他，感觉很好笑，心想我称王很多年了，才不稀罕你加封呢。虽然他并没把陆贾放在眼里，但还是要接见一下，趁机也可以窥探汉朝的势力。

陆贾在侍从的引导下，来到南越王宫，只见赵佗头上梳着当地流行的一种锥子一样的发髻，两腿像簸箕一样伸开，一副傲慢无礼的模样。

这模样是不是很像刘邦的架势啊？看来老大做久了，都是这副德行，显得自己好像很飘逸、很潇洒似的。赵佗的发型也很别致，明显带有少数民族风情。

那么，看到赵佗这副模样，陆贾会怎么办呢？

60．成功游说赵佗面北称臣

赵佗接见陆贾时，表现出一副傲慢无礼的模样。陆贾经常去游说诸侯，什么场面没见过，看赵佗这副鸟样，也装作很牛的样子，并不行礼，走上前开口便说道："足下本是中原人氏，据我所知，足下的祖坟还在真定县，如今却已经忘记了中原的习俗，不穿衣、不戴帽，成何体统！如果足下想凭借弹丸大小的南越与汉朝天子为敌，抗衡大汉王朝，我看足下要大祸临头了！足下也不好好想想，想当年，秦朝暴虐无道，诸侯豪杰纷纷揭竿而起，却只有汉王率先入关，占据了咸阳城，推翻了秦王朝。足下应该听说过项羽这个人吧，他背叛盟约，自立为西楚霸王，诸侯无不归顺，可以称得上是天下无敌。结果汉王从巴蜀发兵，还定三秦，挥师东征，很快就征服了诸侯，杀死了他，灭掉了楚国。区区五年时间，海内得以平定，这显然不是一般人力所能办到的，而是天命所为啊！

"如今，大汉天子听说足下在南越擅自建国称王，从来没有帮助过天下百姓讨伐暴秦，很是生气，汉朝将相也都跃跃欲试，纷纷请命带兵前来消灭足下。幸好天子有好生之德，可怜天下众生，不想他们刚刚脱离了战火，又要兵戈四起，这才不同意出兵，而是派遣我授予足下南越王的金印，剖符为信，互通使臣。按说，足下理应到郊外远迎，面北称臣，谁料足下竟然不知天高地厚，在此傲慢无礼！倘若让朝廷知道此事，肯定会挖掘烧毁足下的祖坟，诛灭足下的宗族，然后再派一名偏将带领十万人马前来讨伐越地。到时候，越地百姓闻讯，投降汉朝，杀掉足下，易如反掌！”

陆贾咄咄逼人，说了这么一大通，明显是赤裸裸地搞威胁。在赵佗一亩三分地上，他怎么敢有如此大的口气呢？又不是愣头青！看不懂的，还以为来的时候，这家伙吃错药了呢。

其实，陆贾抓住了赵佗的软肋，也就是赵佗的祖坟和宗族都在汉朝管辖范围内。

所以，当赵佗听到陆贾这么说，心中一惊，赶快站起身来，双手抱拳向陆贾道歉道：“失敬，失敬，我在蛮夷之地住久了，把我们中原那边的礼仪都忘得差不多了，还请多多包涵啊！”

陆贾本来也是吓唬提醒赵佗，不会得理不饶人，他捋着胡须说道：“大王知错能改，善哉，善哉，也称得上是一位贤王啊！”

听陆贾这么夸自己，赵佗心情放松了许多，不由得喜上眉梢，闲聊了一会儿，突然问道：“你从中原来，听说你们那边萧何、曹参和韩信都很有才干，寡人想问问我和他们相比，谁更强啊？”

能问出这种问题的人，要么自负，要么自卑，否则也不好意思开口问啊。

赵佗应该是自负，土皇帝做久了，没怎么见过世面，往往会自以为是。陆贾不好当面说破，怕伤了赵佗的自尊心，只是呵呵一笑说道：“大王似乎比他们要强一些哦！”

这么回答，陆贾已经很给面子了，可赵佗自鸣得意，不依不饶地像个小孩子一样，又问道：“那寡人和你们皇帝相比呢？”

这样问，陆贾就有点不高兴了，他把脸往下一沉回答道：“皇帝从丰沛起兵，讨伐暴秦，诛灭强楚，为天下百姓兴利除害，继承了三皇五帝的事业，统理中原大地。而中原地域广阔，方圆万里，富甲天下，人口众多，以亿来计算，无论城镇还是农村，都车水马龙，政令统一。可以说，开天辟地以来，从未有过这种盛况。再看大王您，统治人口不过几十万，还都是未开化的蛮夷，又居住在这崎岖不平、局促狭小的山海之间，最多相当于汉朝的一个郡，大王怎么能与汉朝天子相提并论呢？”

赵佗听完，先是一怔，接着哈哈大笑道：“你真能吹啊！要不是寡人没有在中原发迹，才在这里称王；假使寡人在中原，你焉知寡人比不上呢？”看来赵佗还是不服气啊！

这番对话，你来我往，多少有点紧张，不过气氛还算融洽。虽然陆贾绵里藏针，话中有一大堆软钉子，但赵佗非常喜欢他这种性格，两个人很是投缘。

接下来的一段时间，赵佗天天与陆贾饮酒作乐，谈天说地。每次纵谈时事，陆贾都能对答如流，见解非同一般，总是让赵佗有醍醐灌顶之感。不知不觉，两个人已经成了无话不谈的朋友。

一天，赵佗不无感慨地对陆贾说道：“南越人当中没有一个人能跟寡人谈得来，只有你来到这里之后，才使寡人每天都能听到过去闻所未闻的事啊！”能说出这句话，可见，赵佗对陆贾多么认可。

陆贾知道赵佗是真心实意，也乐得在南越国多住一段时间，趁机劝他诚心归汉。这就像现在搞销售一样，好的销售员一般不是卖力推销产品，而是尽力推销自己，当对方接受认可自己这个人了，产品也就自然而然销售出去了。

显然，赵佗接受了陆贾这个人，被他的言行打动，于是自愿向汉朝称臣，接受汉朝的统治约束。

一晃，陆贾已经在南越国待了好几个月，既然任务完成了，这天他便提出告辞。赵佗依依不舍，临分别时，赠送陆贾一袋珍宝，另外还送给他不少南越特产，价值千金。陆贾此次南越之行，收获颇丰。

陆贾见势，就将随身所带的财帛，回赠给赵佗，也不下千金。这样宾主尽欢，方才挥手告别。

陆贾还朝之后，向刘邦详细汇报了出使南越的情况。刘邦非常高兴，当即任命陆贾为太中大夫，主要负责给皇帝提建议、发议论。

从此，陆贾便有机会经常跟刘邦在朝中坐而论道，议论国家大事。但不承想有一天，竟然把刘邦给聊生气了，令刘邦大发雷霆。

那么，他们究竟聊了些什么呢？

61. 陆贾新语

陆贾是儒生出身，知识分子，说话喜欢引经据典，张口闭口都是《诗经》《尚书》上怎么说，而且说得津津有味。刘邦是流氓出身，半个文盲，说话张口闭口都是老子当年如何如何，对儒生那一套向来嗤之以鼻。他看陆贾在自己面前整天之乎者也，非常讨厌。心想，这家伙怎么像孔夫子放屁，文气嗖嗖的，真烦。

这天，陆贾又在那里“孔子曰”“孟子曰”，刘邦实在忍无可忍了，破口大骂道：“乃公居马上而得之，安事《诗》《书》？”

什么意思呢？“乃公”是刘邦骂人的口头禅，意思就是“你老子”。

至今，这个词在某些地方仍然是口头禅，比如云贵川等地，它的作用只是加强语气，宣泄情绪，并不是纯粹的粗话。

刘邦的这句话完整翻译过来就是说：“我的天下是骑在马背上南征北战打出来的，什么时候用过《诗经》《尚书》上面的话呢？”

显然，刘邦对陆贾口中的儒家经典进行了全盘否定。用现在的话说，刘邦是一个“读书无用论者”。当然，这里的书特指儒家经典。

刘邦身边的智囊团，包括张良、陈平等人，都学贯古今，从没见刘邦对其否定，相反大加重用。可见，刘邦只是讨厌儒家那一套而已，这是不是跟秦始皇非常相似？

刘邦认为，自己的江山是打出来的，读儒家的书没什么用。刘邦有这种想法是可以理解的，他长期生活在战乱时期，生存主要靠拳头，提倡“仁义礼智信、温良恭俭让、忠孝勇恭廉”的儒家文化，在某种程度上确实没多大用。经验告诉他，儒家的书读多了，还很容易读成书呆子。

刘邦这种所谓的“读书无用论”影响了后世很多不明就里的人，社会发展到今天，甚至还有人以刘邦为榜样不好好读书。

这真是天大的误解！

实际上，一个读书少的人，无论外面表现得多么自信，都难掩骨子里的自卑。当然，一个死读书的人，也就是书呆子、“教条主义者”，正像刘邦说的那样，也没什么用，还不如不读书。

“尽信书，则不如无书”，说的就是这个道理。所以，我们要有一个正确的读书观，既要读好书，还要会读书。

陆贾不是一个普通儒生，更不是书呆子，而是一个活跃在政治历史舞台上的辩士，因此，他非但没有被刘邦的怒骂吓倒，反倒趁机一本正经地反问道：“居马上得之，宁可以马上治之乎？”

这个问题非常尖锐，可以说振聋发聩，它对究竟如何治国平天下提出了疑问：“马上得天下，难道就可以在马上治理天下吗？”

刘邦从来没有认真思考过这个问题，一时被问住了，不知如何回答。陆贾继续说道：“过去，商汤和周武也都是以武力征服天下，但得天下后，他们都顺应形势发展，以文治守成。事实证明，只有文治武功并用，才能使国家长治久安啊！从前，有一个吴王夫差，还有一个智伯，这两人都是因极力炫耀武功，不懂文治守成，最终导致国破家亡。先不说远的，就说眼前的秦王朝，陛下应该很清楚吧，那也是因为一味地使用严刑酷法，不懂变通，才一步步走向了灭亡。假使秦朝统一天下之后，实行仁义之道，效法先圣，陛下怎么可能有机会取得这天下呢？”

从以往陆贾的言谈中，我们不难看出，他的逻辑思辨性特别强，语言极具煽动性和引导性。这次也不例外，他用例证的方式，提出了一个著名论断：“马上得天下，安能马上治之！”这个论断对后世影响深远，估计大家都耳熟能详，最早就是由陆贾提出来的。

任何事物都有发展阶段，不同阶段应该采取不同的应对方式。对国家或者企业来说，初创阶段和守成阶段是完全不同的两个阶段，必须采用不同的治理方式。如果一成不变，就很难长久。

刘邦悟性奇高，听完陆贾的话，立刻意识到了自己的浅薄无知，不由得面露“惭色”。所谓惭色，就是惭愧的脸色。

这是什么色？肯定是红色了！刘邦脸皮不可谓不厚吧，面对这样的问题竟然羞红了脸。

为什么会这样呢？说白了，还是书读少了。无论嘴巴多硬，事业多么成功，一个没文化的人，在有学问的人面前，总会自惭形秽。

刘邦虽然文化水平不高，但很善于学习，而且能从谏如流。略微沉吟了一会儿，刘邦谦虚地向陆贾请教道：“先生说得好啊！那就请先生为朕总结一下秦朝失天下，而朕得天下的原因，以及古代王朝的成败、兴衰和得失。”

刘邦把问题又一脚踢给了陆贾，顺势让陆贾为自己写一部历史评论。

这才是一个有水平的领导！很多领导面对下属提出的类似问题，往往会感觉自己很没面子，有的可能当场就要狡辩，甚至发作。一个人可以无知，但不能拿无知当个性、当有趣，如果刚愎自用，那就更要不得了。

刘邦的过人之处，就在于知道自己擅长什么，不擅长什么，从而对症下药，利用别人的脑袋打造自己的事业。而像陆贾这样的读书人，最大的理想就是在明主的领导下，将他们的毕生所学付诸实践。

所以接到刘邦的任务，陆贾兴奋不已，立刻回去着手总结论述国家兴衰存亡的征兆和原因。每写完一篇，他都会及时上报给刘邦。刘邦每次看完都意犹未尽，称赞有加，赞其为“新语”。左右群臣也跟着在后面拍马屁，一齐山呼“万岁”。

就这样，在刘邦的激励下，陆贾一口气写了十二篇。这十二篇合在一起，就是历史上著名的一部书，名叫《新语》。准确地说，《新语》应该是一部政论散文集，全书主张“行仁义，法先圣”，也就是礼法结合，同时强调治理国家要无为而治。

这部书为西汉前期的统治思想确立了一个基本模式，后面出台的政策差不多都是从这个模式里衍生出来的。毫不夸张地说，陆贾虽然始终没能封侯，但他对汉王朝的贡献一点也不亚于萧何、张良等人。

按照陆贾的治国方略，汉朝逐渐进入了良性发展轨道，一时四方宾服，国泰民安。

国家太平了，身为一国之君的刘邦自然就会安逸起来，闲暇时间也会多一些。但俗话说得好：“人闲百病生。”不久，刘邦病倒了，而且是一病不起，躲在内宫不出来。

群臣闻听，纷纷到宫中请安。可是刘邦谁都不愿意见，吩咐守门人员，无论文武百官，还是亲朋家眷，一概不得擅自入内探视。

有经验的人都知道，一个人如果病到不愿意见人，要么是重病，要么是心病。那么，刘邦究竟是什么病呢？史书上没有记载，我们不得而知。只知道，在内宫中只有一个男宠日夜陪护着他。

刘邦躲在宫中有十多天了，群臣开始猜疑起来。

常言说：“家不可一日无主，国不可一日无君。”这没法不猜疑，再继续下去，国将不国，可是谁也不敢贸然冲进去看个究竟。恰在此时，有人跑到京城长安，告发淮南王英布谋反。

这个人是谁呢？英布真的谋反了吗？

第十三章

平叛英布

62. 吃醋害死猫

刘邦病倒了，躲在宫内不愿意见人。这时，突然有人跑到京城长安，告发淮南王英布谋反。这个人是英布手下的中大夫，名叫贲赫。

贲赫为什么要告英布谋反呢？英布真的谋反了吗？

这还要从吕雉诛杀韩信和彭越说起。

韩信被吕雉诱杀时，英布内心就很恐惧。不承想，半年后，彭越也被以谋反的罪名灭了三族。刘邦还将彭越的尸体剁成肉酱分给诸侯王食用，其中特意给英布送来了一大份。

当时，英布正带着一帮人在外面打猎，看到彭越的肉酱，差点吐了一地。他更加恐惧，担心不知道自己哪天也会步韩信和彭越的后尘，成为人家的盘中餐，哪里还有心情继续打猎？于是，英布马上回去暗中集结军队，部署防范，派人侦察边境周围的军事动向。这种动作本来属于正常职权范围，最多算一次地方军事演习，但是在有心人看来，却有图谋不轨的嫌疑。和平时期，无缘无故调动军队，搞军事演习干什么？

如果没人告发，时间久了，调动军队的事也就无声无息地过去了。恰好这个时候，发生了一件意想不到的事，这件事直接导致中大夫贲赫到京城长安揭发检举英布。

那么，究竟是什么事呢？说起来也有点滑稽，就是男女之间争风吃醋的事。

英布身边有一个姬妾。这个姬妾很受英布宠爱，估计跟刘邦身边的戚夫人差不多。

有一段时间，英布这个爱妾生病了，经人推荐，认识了一位水平很高的医生。为了便于更好地治疗，英布的爱妾经常亲自上门看病。

说来也巧，这个医生和告发英布谋反的中大夫贲赫是邻居。

由于英布爱妾多次去那个医生家治病，贲赫很快就知道了。贲赫认为，自己是英布的下属，医生家距离自己家又那么近，理应去看看，顺便巴结一番。于是，在英布爱妾治疗期间，贲赫时不时都会过去送些丰厚的礼物。

不久，英布爱妾的病好了，贲赫非要专门在医生家设宴庆贺。英布爱妾受了人家那么多恩惠，不好意思拒绝，入席畅饮，直到很晚才散席。

用我们现在的眼光来看，这也没什么不妥，下属陪着领导夫人看病吃饭，不是很正常的事吗？但是那个时候就不一定了，男女之间授受不亲，何况还陪着一起喝酒呢。

按说，贲赫也应该有老婆，真要巴结，走夫人路线多好啊，为什么非要自己过去陪呢？所以，贲赫和英布爱妾的来往，貌似光明正大，其实还是有点说不过去，保不准暗地里眉来眼去，暗送秋波。

当然，这只是我们的猜测想象，没有任何根据。

贲赫大献殷勤，英布爱妾很是受用，一心想着帮贲赫做点事。有一次，当她与英布亲热的时候，不由自主地称赞贲赫如何善解人意，如何忠厚老实。

女人在自己老公或男朋友面前称赞另外一个男人，这是大忌！别看男人好像很大度的样子，但在这种事上，往往会很小气。

所以英布感觉很不爽，当场翻脸质问道：“你怎么知道他善解人意啊？寡人怎么没看出来他老实啊？”

被英布这么一问，爱妾后悔莫及，知道自己失言了，顿时变得语无伦次，不知道如何解释才好，其实真没什么事，就是给吓的。

类似这样的情况，恐怕我们每个人都遇到过，之所以态度神情紧张，主要是因为怕产生误会。

英布爱妾努力把心情平复下来，然后小心翼翼地讲述了自己与贲赫的交往过程。英布不听还罢，越听越别扭，厉声责问道："你和贲赫非亲非故，他为什么这般优待你啊？莫非你们两个有私情？"

英布爱妾又急又恼，连哭带说，指天发誓，要死要活，宁死不认。英布不肯罢休，竟然派人去召贲赫过来对质。看来，英布真的进入了白痴状态，如果不相信，暗中调查一番不就一清二楚了吗，为什么非要这般急迫呢？

贲赫听说英布派人找自己，还以为英布爱妾帮他吹枕边风吹出好事了，非常高兴，赶快出来迎接。一见面，贲赫发现来人脸色不对，冷言冷语，他便在家里盛情款待，问明缘由。来人看贲赫如此热情，就将事情的经过大致说了一遍，让他好自为之。贲赫闻听，吓得魂飞天外，知道自己弄巧成拙了，就推说自己有病在身，改日再到王府登门解释。

待那人走后，贲赫不踏实，越想越害怕，知道误会已经产生，很难化解，以英布的秉性肯定会派兵来抓自己。于是，他什么也不顾了，家人也不要了，当即乘车出门，飞奔逃命而去。

我们一看就知道，这也是一个极不负责任的家伙，跑了和尚，能跑得了庙吗？果然不到半天，英布发兵包围了贲赫的府邸，入宅搜捕，结果一无所获。英布又派兵追赶，追了一二百里到了边境，也没看到贲赫的踪迹，只好作罢。

此时，贲赫已经星夜兼程赶到了京城长安。在长安，他上书说英布有造反的迹象，擅自调动军队就是证据。可这么重大的事，刘邦却因有病在身，心情烦闷，躲在宫中，诏令不见任何人。为此，群臣心急如焚，无计可施。即使周勃和灌婴等刘邦的心腹爱将，也都不敢违抗刘邦的诏令进宫汇报。

这天，有一个人实在忍无可忍了，他把群臣召集过来，要带头擅闯内宫。

那么，这个人会是谁呢？

63. 重振雄风，谋划平叛

准备擅闯内宫的人是谁呢？他就是狗屠出身的樊哙。

这天，樊哙带着群臣来到宫门外。门卫刚要上前阻挡，他大手左右一推，将门卫推到了两边，带头“排闼直入”，闯进内宫，群臣紧随其后，一窝蜂地跟了进去。

“排闼直入”是一个成语，就是出自这里，准确地说，出自《史记·樊郦滕灌列传》。所谓“闼”，是门的意思。“排闼直入”就是没有敲门得到许可，推门闯入。如此霸气，难怪刘邦临死之前要派人杀掉他，以后还会详细说到。

樊哙和群臣进入内宫后，只见刘邦躺在床上，紧皱眉头，似睡非睡。

樊哙看到刘邦这副一蹶不振的模样，既悲又愤，痛哭流涕地说道：“想当初，陛下率领臣等从丰沛起兵，平定天下，那是何等的威武雄壮啊！而如今，天下初定，陛下却显得何等的疲惫不堪啊！听说陛下重病在身，臣等都惊慌失措，可是陛下却躺在这里贪图享受，不肯接见臣等商议国事！陛下难道忘记了秦朝赵高作乱亡国的教训吗？”别看樊哙文化水平不高，每次出场都是不鸣则已，一鸣惊人。

他这段话是哭着说的，铿锵有力，像强心针一样冲击着刘邦的神经。刘邦看群臣闯进来本来就大吃一惊，又听樊哙这么说，不由得精神为之一振，病也去了一半。他不好意思地冲群臣笑了笑，然后从床榻上爬了起来。

刘邦为人处世有个显著特点，就是无论遇到多尴尬的事，他都能一笑置之。这种人一般能藏得住事，不轻易暴露自己的真实想法，城府极深。

坐起来后，刘邦伸个懒腰，跟大家打了一下招呼，让他们在外面先等着。群臣看刘邦愿意接见，便知趣地纷纷退了出去。待刘邦出来，群臣详细汇报了最近发生的事情，并把贲赫揭发英布谋反的报告呈了上来。

刘邦看了看报告，暗喜，心想终于有借口灭掉英布了。但他没有表态，而是转过头问相国萧何的意见。萧何一时没有理解刘邦的意图，走上前说道："陛下，依臣之见，英布不至于谋反，恐怕是因为个人恩怨被诬陷。臣建议，先把贲赫关押起来，同时派人暗中调查。"

刘邦瞥了萧何一眼，勉强点头同意放英布一马。

可英布那边心虚得很，料定贲赫会潜逃到京城长安，诬告自己，说出暗中调动军队的事情。现在刘邦派巡视组过来，他知道自己在劫难逃，干脆一不做二不休，派人屠杀了贲赫全家，准备起兵造反。那帮巡视组预先听到了风声，早早逃脱，奔回京城长安，向刘邦汇报了英布造反的消息。

铁证如山，造反已成事实，没有什么话好说了。刘邦当即释放了贲赫，封他做了将军，接着召集众将过来开军事会议。在会上，他愤然问道："英布这家伙谋反了，为之奈何？"

众将握紧拳头，纷纷走上前说道："发兵击之，坑竖子耳，何能为乎！"众将的这句话是不是很耳熟啊？当年刘邦宣告韩信谋反的时候，他们差不多也是这样说的："发兵攻打，活埋了这小子，还能怎么办！"

所以，正如我们前面分析，并不是韩信在军中人缘不好，压根是人心叵测啊！唯一区别的是，萧何当年没有为韩信说话，而这次他为英布说了句话。正是这句话，刘邦离开京城长安讨伐英布时，对萧何很不放心，甚至差点杀掉萧何。

既然决定要剿灭英布，那首先面对一个问题，就是派谁率兵过去讨伐。按照以往的惯例，只要是平叛工作，都是刘邦御驾亲征，但是这次刘邦却不想亲自出马了。

为什么？因为年纪大了，又大病新愈，刘邦打算派太子刘盈率兵过去。

大家还记得匈奴头曼单于和太子冒顿之间的故事吗？头曼单于曾经想废掉太子冒顿，立小儿子为太子，为此，他把太子冒顿送到月氏做人质，想通过挑起战事，借刀杀人。其实，刘邦这次让太子刘盈率兵讨伐英布，应该也有这层意思，不过更加含蓄委婉一些。

看看，无论匈奴还是汉朝，在权力之争方面，套路都差不多。

由于刘邦这一招玩得比较隐晦，很少有人看出他的险恶用心，但太子刘盈身边有四个老头，洞若观火，看出了门道，不会坐视不管。

那么，这四个老头是谁呢？究竟什么来历？

64. 商山四皓

这四个老头是秦末汉初著名的隐士，号称“商山四皓”，也就是东园公唐秉、夏黄公崔广、绮里季吴实、甪（lù）里先生周术。

前面说过，秦朝初年，秦始皇身边有七十多名学富五车的博士，“商山四皓”就是其中的四位。这四位信奉黄老之学。秦朝末年，他们长期隐居于商山，“眉皓发白”，也就是眉毛、头发、胡子全白了，所以人送雅号“商山四皓”。商山位于今陕西省商洛市境内，因为形似“商”字而得名。“商山四皓”现在常被作为一个成语使用，泛指那些有名望、有才华的民间高人。

汉朝建立后，刘邦久仰“商山四皓”大名，曾多次派人请他们出山为官。这四个老头听说刘邦一身流氓习性，看不上眼，坚辞不出。

正所谓：“得不到的总是最好的，看不清的总是最美的。”刘邦也不例外，为此每每想起“商山四皓”，都会感觉非常遗憾。

“商山四皓”既然不愿意辅佐刘邦，怎么会跑到太子刘盈身边呢？

大家还记得那次刘邦废立太子的事吗？虽然周昌一时阻止了刘邦废立太子，但事后吕雉忧心忡忡，担心不知道哪天太子刘盈就被废了。这个时候，有人给吕雉出主意说道：“留侯张良可不是一般人，一肚子奇谋妙计，皇帝又最信任他，不如请他出谋划策。”

吕雉一听有道理，便想一试，只是张良赋闲在家，不愿意过问政事，于是吕雉便把二哥吕释之找来，让他帮忙搞定张良，为儿子刘盈谋划如何保住太子之位。

太子刘盈是自己的亲外甥，吕释之肯定十分上心了。

前面说过，自从刘邦迁都关中，张良因为体弱多病，整天躲在家中修炼导引吐纳之术。一天，吕释之找个借口邀他到自己家里做客，结果强留下来不让走了。

吕释之先是向张良请求道：“先生是皇帝最信任的谋臣，现在皇帝打算废立太子，这种荒唐事，先生怎么能够高枕而卧，袖手旁观呢？”

张良一脸无奈地回答道：“此言差矣！当初皇帝确实多次在危急之中，采用了我的计谋，但那是乱世啊！如今，天下安定，国泰民安，我不好再出面喽！何况，皇帝由于个人偏爱才想更换太子，我有什么话好说？再说，这些都是至亲骨肉之间的事，属于家事，即使有上百人去劝谏，恐怕也不会有什么作用啊！您还是高抬贵手，就别为难我了！”

吕释之知道张良在耍滑头，明哲保身，心想不来狠的，这家伙不会就范。于是他把脸往下一沉说道：“今天你必须给我出一条计策，否则别想走了！”

大家都是侯，平起平坐，吕释之仗着妹妹吕雉是皇后，明目张胆地搞威胁。张良被胁迫得没办法，在那里来回踱了一会儿步，然后摇摇头，用手点点吕释之说道：“你这是强人所难啊！好吧，我就指给你一条明路，至于能不能干成，我就不管了。”

吕释之看张良松口了，脸上立刻堆满笑容说道：“请先生赐教！”

张良环顾了一下四周，低声说道：“我告诉你啊，这件事很难凭借口舌之争来解决！要想保住太子之位，天下只有四个人可以办到，如果他们肯出面帮忙，就能万无一失！这四个人德高望重，深受皇帝赏识，因为皇帝为人傲慢，喜欢侮辱人，尽管多次盛情召唤他们，他们就是坚决不出来为朝廷做事，目前他们都藏匿在深山中。如果你能让太子写一封言辞谦恭的书信，再派一个能说会道的人，携带重金，诚恳去聘请，他们有可能会来。来了之后，一定要把他们当作贵宾对待，让他们时常跟随太子左右入朝见驾。一旦皇帝知道这四个人的来历，那么他对太子的态度会有根本性变化，对稳固太子的地位自然也会有很大的帮助！”

听张良说得神秘兮兮，吕释之非常好奇，连忙问这四个人是何方神圣。不用说，张良口中的四个人正是“商山四皓”。吕释之也早有耳闻，不由得对张良直竖大拇指，心想，别看这家伙整天病歪歪的，脑子当真好使，把刘邦的心思揣摩得太到位了，难怪受宠。

于是他欢欢喜喜送走张良后，赶快进宫向妹妹吕雉报告。吕雉也认为这个办法很好，同意按照张良的交代迎请“商山四皓”。

当时，“商山四皓”都年逾八十了，老态龙钟。不知道什么原因，他们竟然接受了邀请，愿意出山，估计是见钱眼开，也可能是对性格宽厚温顺的太子刘盈深表同情。出山后，他们暂时住在了吕释之府邸中。

这次，刘邦打算派太子刘盈率兵平定英布叛乱，正是“商山四皓”看穿了刘邦的真实意图。他们非常着急，四个人合计道：“我们这把年纪了，为什么要出山？不就是为了保全太子的地位吗？这次太子如若率兵平叛，事情就危险了！事不宜迟，我们一定要把这个情况向建成侯说明。”

这天，他们一起找到建成侯吕释之，劝说道：“这次太子万万不可亲自率兵前去平叛啊！”

吕释之感觉很奇怪，他认为由太子刘盈率兵出战是好事，一旦功成，太子大位就稳如泰山了，心想老家伙们是不是老糊涂了，但又不好明说，便问为什么。这四位颤颤巍巍地分析道：“太子率兵出战，如果立了功，权位也不会高过太子；但如果无功而返，恐怕要因此遭受祸端了，甚至太子之位难保！再说，跟太子一起出征的将领，那可都是曾经跟随皇帝平定天下的枭将，如今让太子统领这些人打仗，无疑是让羊指挥狼，能指挥动吗？如果他们不肯为太子卖力，太子此行必将凶多吉少，肯定无功而返！俗话说：‘爱其母必抱其子。’现在戚夫人日夜侍奉皇帝，得皇帝宠爱，因此赵王如意常被皇帝留在身边，据说皇帝经常发誓说‘终不使不肖子居爱子之上’，在皇帝眼中，太子是不肖子，也就是不像他，而赵王如意是他的爱子，这说明皇帝铁了心想让赵王如意取代太子之位。所以，这个时候绝不能让太子率兵出征！”

吕释之一听，不禁倒吸一口凉气，心想姜还是老的辣啊，这四位看到了问题的本质。他略显紧张，急问道：“哎呀，是啊！我还真没想到！这该如何是好啊？”

那么，“商山四皓”会有什么好办法呢？

65. 战前准备

听到“商山四皓”的分析，吕释之才明白刘邦派太子刘盈率兵平叛的真正原因，不禁倒吸一口凉气，忙请教该怎么办。这老四位叹了一口气回答道：“事到如今，只有请皇后出马了！事不宜迟，赶紧向皇后汇报，请她找机会向皇帝哭诉，最好这样说：‘英布是天下著名猛将，又很会用兵，陛下千万不可轻敌啊！朝中诸将都是陛下过去的同辈战友，如果让太子统领这些人去打仗，无疑像羊指挥狼，肯定会指挥失灵。况且，一旦让英布听说了这种作战安排，会更加有恃无恐，大张旗鼓地向西进犯，到那时，局面就不好收拾了！陛下虽然有病在身，但振作精神，仍然可以乘坐战车，指挥作战，即便躺在床上发号施令，众将也没人敢不尽心尽力。为了妻儿老小和大汉江山，还望陛下再搏一回！’”

其实，也不是什么奇谋妙计，说白了，就是教唆吕雉“一哭二闹三上吊”。

吕释之认为这个办法不错，当晚就去宫中面见妹妹吕雉，将“商山四皓”的话原原本本转述了一遍。吕雉闻听，吓得脸色大变，没想到刘邦竟然给她搞这么一手。

第二天一大早，她就跑到刘邦那里哭诉，按照“商山四皓”编排的剧本，声情并茂地演了一遍，毕竟是“影后”，演技了得。

刘邦和吕雉是患难夫妻，都是平民百姓出身，不是后来皇帝和皇后之间的那种附庸关系。所以经吕雉这么一哭闹，刘邦不胜其烦，主要也担心英布这家伙真的会坐大，他握紧拳头在桌子上狠狠砸了一下，愤愤然道：“吾惟竖子固不足遣，而公自行耳！”

什么意思呢？显然是在骂人：“就知道这小子不堪大任，还是我亲自去吧！”挨骂总比让儿子出征平叛好，吕雉闻听，破涕为笑，赶快跪倒在地，说了一番安慰刘邦的话，然后才满心欢喜，起身告辞。

于是，刘邦颁布诏令，排兵点将，准备亲征。

这个时候，夏侯婴对刘邦说，他有一个高人要推荐过来，对讨伐英布叛军应该有帮助。关于夏侯婴，我们就不用再多介绍了，之前说得太多，是刘邦的太仆，也就是车队队长，被加封为汝阴侯。

他推荐的所谓高人是他的门客，原来是项羽西楚国的令尹，人称薛公。令尹是一个非常高的官职，相当于丞相一职。能做到如此高的职位，可以看出，薛公非等闲之辈。

但楚国灭亡了，汉朝建立了，国家没了，再大的本事也无用武之地，薛公只好跑到夏侯婴那里做门客，混口饭吃。给人家做门客，不能像流浪汉一样白吃白喝，关键的时候，那是要发挥作用的。

这次英布谋反，夏侯婴便想到了薛公，因为他和英布以前都是项羽的下属，属于同事关系，彼此比较熟悉。一天，夏侯婴向他了解英布究竟是什么样的一个人，他这次究竟是真造反，还是假造反。薛公非常确定地回答道："不管真假，英布迟早都会造反！"

夏侯婴很是好奇，心想这人不会是马后炮吧，问道："那我就想不通了，皇帝又是赐地封王，又是赏赐爵位，现在他已经面南背北成了一国之主，为什么还要造反呢？"

薛公笑了笑说道："英布和彭越、韩信功劳相当，可以说是利益共同体，而陛下前年杀韩信，去年杀彭越，英布会怎么想？自然会担心自己有朝一日遭到皇帝清算，所以造反是迟早的事！"

我们后人看到薛公的分析，可能会认为没什么了不起，那是因为拉开了视角，知道了结果。但是在当时，薛公能够看得如此深刻，还是不简单的。

夏侯婴认为薛公分析得有道理，就又问道："你看英布这次能得逞吗？"

薛公摇摇头回答道："肯定不会得逞！"

然后，他又给夏侯婴大致说了一遍自己的理由。夏侯婴连连点头称赞，赶快把这些话传递给了刘邦，并大力推荐道："薛公曾经做过楚国令尹，这个人很有韬略，深藏不露，与英布比较熟悉。陛下可以和他聊聊，详细了解一下英布的情况。"

刘邦向来对夏侯婴的意见都比较重视，何况薛公的分析确实说到了他的心坎上，于是同意召见薛公。

薛公见了刘邦，开门见山说道："陛下，英布肯定会造反，但不足为虑！他无非有上、中、下三种策略。假使英布计出上策，关外山东地区可能就不归陛下所有了；计出中策，胜负难料；计出下策，英布必败无疑，陛下可以高枕无忧！"

刘邦一听，这家伙说话好干脆啊，很喜欢，笑呵呵问道：“什么是上策啊？”

“向东夺取吴地，向西夺取楚地，然后吞并齐地，占领鲁地，传一纸檄文，威胁燕赵两地不要轻举妄动，这样一来，关外山东地区自然就不再归陛下所有了。此为上策！”

“那什么是中策呢？”

“向东攻占吴地，向西攻占楚地，然后吞并韩地，占领魏地，夺取粮草重镇敖仓，封锁成皋要道，这样一来，胜负难料。此为中策！”

“下策呢？”

“向东夺取吴地，向西攻占蔡地，辎重物资存放越地，自己则跑到长沙国坐镇指挥。此为下策！如果英布采取下策，必败无疑，汉朝也就平安无事了，陛下就可以高枕无忧了！”

薛公口中的上中下三策，简单地说，就是将齐鲁之地作为最重要战略要地，其次是韩魏之地。成功与否就看英布是否去攻取这两个地方了。

至于薛公为什么如此看重这两个地方，我们就不多作解释了，之前刘邦项羽争夺天下时，已经多次分析过。刘邦认为薛公言之有理，追问道：“依你看来，英布将会选择哪种策略啊？”

那么，薛公会怎么回答呢？

66. 刘长身世

听薛公分析说，英布有上中下三策可供选择，刘邦认为言之有理，追问他英布可能会采用哪一策。薛公斩钉截铁地回答道：“必定是下策！”

刘邦疑惑地问道：“哦，何以见得啊？”

薛公有备而来，继续分析道："英布原本是骊山囚徒，遭遇乱世，靠着一股蛮劲才得封为王，做了万乘之主。其实这个人鼠目寸光，没有远见，是一个只顾眼前的家伙。所以臣料定他必出下策！"

显然，薛公是从英布的出身和以往的作为来推断。

这种推断的思路可以说人所共知，没什么稀奇，但并不是每个人都能够深刻领会。它不但需要对人的观察做到细致入微，而且自身也要有丰富的阅历。

刘邦是识人用人高手，当然听懂了薛公的话，他非常高兴，禁不住拍手称赞道："分析得在理啊！"

大战未开，结果已出，这相当于拨云见日，怎么能让刘邦不高兴呢？一高兴，当即赐封薛公为关内侯，封地千户。

一个合乎情理的分析，就换来了一个侯，刘邦为什么会出手如此大方呢？因为要打仗了，刘邦想以薛公为榜样，告诉世人，谁跟着他卖力干，谁就会得到封赏，不论出身。

既然像薛公说的那样，英布必定会被消灭，刘邦信心倍增，干脆在出征前，就把未来淮南王的候选人给确定了。

那么，他会让谁来做未来的淮南王呢？不用说，还是自己的儿子，只封同姓王业已成了朝内最大的共识，分歧最小，纷争最少。

前面说过，刘邦有八个儿子，已经封了六个，这次该轮到老七了，老七名叫刘长。刘长这个人非常有料，包括他的儿子刘安，以后我们都会重点说到。这里，我们不妨先介绍一下刘长的身世，因为他的身世也不一般。

刘邦当年北伐匈奴失败，回来时路过赵国。当时赵王还是刘邦未过门的女婿张敖。张敖对刘邦行"子婿礼"，极为谦卑恭敬，而刘邦还是不满意，满嘴污言秽语。为此，赵相贯高等人看不惯，下决心要做掉刘邦。

第二年，刘邦北伐韩王信，从东垣回来，再一次路经赵国。估计张敖接受了上次挨骂的教训，为了讨老丈人刘邦欢心，他将自己的一位"美人”送给刘邦宠幸。所谓美人，也就是张敖的一位嫔妃，因为姓赵，后人一般称之为赵姬。

赵姬的肚子比较争气，陪了刘邦一夜，就怀上了孩子，而且是男孩。这个孩子便是刘长，跟皇四子刘恒一样，也是“一夜情”的产物。

自己献出的女人怀了皇帝的孩子，张敖又惊又喜，他不敢怠慢，重新修建了一座宫殿，专供赵姬居住。

这本来是一件讨老丈人开心的好事，可张敖万万没想到，他还没来得及向刘邦报喜，赵相贯高等人竟然背着他，在柏人县谋杀刘邦未遂。

前面说过，这件事不久就被人告发了，赵王张敖、赵相贯高等人一并被捕获罪，张敖的母亲、兄弟和妃嫔也全部遭到了拘押，关进河内郡监狱里等候发落。赵姬因为自己怀了龙种，在监狱中乞求狱吏说：“我曾受到皇帝宠幸，现怀有身孕，烦请您帮我上报皇帝！”

狱吏一听，认为此事非同小可，赶紧一级级如实禀报，直到刘邦。当时，刘邦正为刺杀一事气恼不已，没有理会赵姬的诉求。

赵姬有个弟弟，名叫赵兼，他为了救姐姐，花重金请托审食其，向皇后吕雉求救。关于审食其，前面说到过，长期跟随吕雉左右，据传是吕雉的绯闻情人，深得吕雉信任，被加封为辟阳侯。

审食其收到钱财后，确实去找吕雉帮忙了，但吕雉因为反感刘邦儿子太多，不肯向刘邦进言求情。审食其本着多一事不如少一事的原则，就没有竭尽全力相劝。

赵姬这个女人性格刚强，听说刘邦薄情寡恩，不肯救助自己，在狱中生下孩子后，怀恨自杀。显然，这是死给刘邦看啊！

当狱吏把孩子抱到刘邦面前的时候，刘邦追悔莫及，于是给孩子取名为刘长，估计有来日方长的意思在里面。

为了妥善照顾好儿子刘长，刘邦将其托付给皇后吕雉。后来，刘长一直由吕雉抚养成人。也正因此，在吕雉和儿子刘盈主政期间，刘长有幸免遭政治迫害。但是，可能因为赵姬的怨气太重，她那刚强的性格全都遗传给了儿子刘长。刘长成人后，做了许多非常过分的事，结果死得很惨，后面还会详细说到。

这次英布造反，刘邦预立刘长为淮南王，准备在剿灭英布后，让他接管淮南四郡。

汉十一年初秋，刘邦率兵亲征，武将多半跟随，文臣则留守辅佐太子刘盈。

皇帝亲征，群臣肯定要送行了，一直送到灞上才回去。张良虽然病歪歪的，也坚持从病床上爬起来，送刘邦直到曲邮。一般只要张良出场，都会给刘邦出谋划策，这次也不例外。

在曲邮，张良进谏道："陛下，剿灭英布，事关重大，臣本应跟随前往，无奈病情加重，只好留守了。楚人彪悍，陛下此次出征，还是要多加留心才是，最好不要跟楚人斗狠争锋！"

很明显，张良这是担心刘邦会大意轻敌，才特意提醒。刘邦最懂张良，知道张良的好意，他轻轻拍拍张良的肩膀说道："子房啊，在家好好养病，朕一定会谨记在心的！"

提醒刘邦在外作战不要轻敌，并不是张良要说的重点，其实他还有更重要的话要同刘邦讲。

那么，张良要讲什么呢？

67. 御驾亲征

刘邦御驾亲征，张良抱病来送行，善意提醒他作战不要大意轻敌。刘邦表示，会小心谨慎。紧接着，张良又进谏道："陛下亲征，京城长安尤为重要。臣建议让太子做将军，统领关中军队，这样才能慑服人心啊！"

张良为什么会突然提出这么一个建议呢？不是有相国萧何坐镇关中吗？大部分人认为，张良是受皇后吕雉所托，为太子刘盈争取表现的机会。从后面张良反对刘邦废立太子的态度来看，可能有这层意思。

但如果再往深处想，还不仅仅如此。张良应该也是在告诫刘邦，注意后方关中的稳定。

刘邦接连诛杀功臣，让那些功劳特别大、威望特别高、手中握有实权的人惶恐不安，其中萧何就是代表。在这个节骨眼上，万一有人在后方兴兵作乱，怎么办？

有人可能认为这绝不可能，萧何多忠诚啊！搞政治，不同其他，宁可信其有，不可信其无，决不能心存侥幸。这是政治人物立于不败之地的天条！

张良劝刘邦将关中军事大权交由太子刘盈掌控，某种程度上是对类似萧何这样的人不放心。但这个话他不好明说，只能点到为止。

刘邦天生政治嗅觉灵敏，对张良的建议心领神会。何况，战前只有萧何为英布说过好话。所以，刘邦当即诏令上郡、北地、陇西的骑兵，以及巴蜀的步兵，加上关中军队三万人屯兵灞上，由太子刘盈统领。然后，他又嘱托张良道："子房是朕最信得过的人，虽然有病在身，但朕还是希望你能够强打精神，在卧床养病期间全力辅佐太子啊，免得让朕挂念！"

辅佐太子的人一般是太子太傅，差不多也就是太子的老师，而这个职务，早有人担任了。这个人就是叔孙通。

前面说过，叔孙通是儒生出身，曾经六易其主，为刘邦制定过朝仪。现在刘邦又让张良出来辅佐太子，明显是对叔孙通的政治能力不放心。

张良谦让道："叔孙通已为太子太傅，他的才能足以胜任，请陛下放心吧！"

刘邦怎么能放心？继续劝说道："朕知道叔孙通学问很大，只是他一个人恐怕不够啊，烦请子房屈居少傅之职，在一旁协助，还望不要推辞啊！”话都说到这个份上了，张良只好接受任命。

待这一切部署完毕，刘邦才率兵出关东征。

此时，果真如薛公所料，英布已经先后攻取了荆地和楚地。在进攻之初，英布一直对参与谋反的军队宣传道：“皇帝老了，不中用了，肯定不会亲征！从前善战的将领中，只有韩信和彭越智勇过人，如今全都无故被杀，其余都是一帮酒囊饭袋之徒，不足为虑。只要我们同心协力，定将得胜而夺取天下！”

从这个宣传可以看出，“商山四皓”不让太子刘盈出征的分析，还是很有道理的。于公于私，刘邦都必须亲征。

英布手下将士听说刘邦不会来，个个精神抖擞，摩拳擦掌，他们率先向荆地发动猛攻。

前面说过，荆地是刘邦远房堂兄弟刘贾的封地。荆王刘贾哪里是英布的对手，不久战败身亡。英布收编了他的部队，渡过淮河攻打楚地。

楚地是刘邦同父异母的弟弟刘交的封地。楚王刘交是一个文人，“之乎者也”还行，打仗就不那么在行了，他派了一名将领前去迎战。关于这名将领，史书上没有记载他的姓名，只称呼为“楚将”。楚将水平也不太行，竟然兵分三路，妄想采用相互救援的办法抵抗英布的进攻。

有人劝告他说：“英布这家伙擅长用兵打仗，军民大都畏惧他，不如集中兵力全力迎战。兵法有云：‘诸侯战其地为散地。’也就是说，作为一方诸侯，在自己领土上打仗，一旦失利，将士容易逃散。如今将军兵分三路，他们只要战胜我军任何一路，其余两路都会不战自败，怎么可能有机会互相救援呢？”

这无疑是一条正确的意见！

面对强敌，最好的办法就是集中兵力，积极防御。分兵作战等于自废武功，很容易战败。一旦战败了，又是在自己家门口，士兵们肯定四散而逃。

但这个楚将听不进忠告，一意孤行。结果，经过两次交战，前锋部队一败再败，左右两军见势不妙，不战自溃。楚将也弃军而逃，自寻生路去了。楚王刘交眼看不敌，无法坚守都城，逃亡薛地，也就是今天山东省滕州东南。

攻取荆地和楚地后，英布率兵西进蔡地，与薛公当初的判断如出一辙。作战方略已被对方识破，那还会有好结果？失败是迟早的事。

英布率军刚到达蕲县以西的会甀（zhuì），也就是今安徽省宿州市埇桥区西南，就和刘邦的军队遭遇。刘邦打了一辈子仗，作战经验极其丰富，他看英布的军队都是精锐，又是乘胜而来，便避其锋芒，躲进城内，坚守不出。

英布没想到刘邦会御驾亲征，大吃一惊，但势成骑虎，只有硬着头皮摆好阵势，准备与刘邦一决雌雄。

在城墙上，刘邦举目远眺，观察到英布排兵布阵一如项羽当年，顿生厌恶。项羽永远是刘邦心中的痛，因为刘邦从来都是被项羽追着打，而英布却拿项羽的战术来借尸还魂，能不让他厌恶吗？

刘邦召集众将，做完战前动员，亲率大军出营对阵。只见英布骑着高头大马，威风凛凛，立在阵门前。刘邦手握马鞭远远地指着英布喊道：“朕加封你为淮南王，从没亏待于你，你何苦要造反呢？”

英布当然说不出什么更好的理由了，总不能把自己与下属争风吃醋的事抖搂出来啊，于是随口应道：“做王哪里比得上你做皇帝舒服啊，我也想做几天皇帝啊！”

他倒爽快，直言不讳。更大的可能应该是故意气刘邦，巴不得在战场上直接气死刘邦这老头省事。

刘邦果然大怒，这没法不怒，放到谁都受不了。他在那里“乃公”“而公”地痛骂了一阵，然后马鞭一挥，众将士如同猛虎出笼一般冲了出去，杀向英布的阵营。

那么，英布会如何反击呢？

68. 成功平叛

英布事先有防备，一声“放箭”，瞬间万箭齐发，射向汉军。

俗话说：“万箭齐发谁都怕，冷箭一个也要命。”所以，汉军在冲锋过程中不免纷纷中箭受伤，但仍然都拼死向前，有进无退。后面有皇帝老儿亲自督阵，谁敢后退啊？

刘邦看到这一幕，情绪激昂，竟然也冲了上去，完全不像生过病的老人。忽然，一支冷箭朝刘邦射来。刘邦来不及躲避，正中胸前，幸好有铠甲护身，箭头深入不多，但也已经入肉几分，鲜血顺着铠甲直流。此时，刘邦已经怒气冲天，完全进入了状态，他手捂伤处，强忍着痛，继续高呼杀贼。

皇帝受伤了，还在那里拼命疾呼，指挥作战，场面太震撼人心了。全军上下无不深受鼓舞，顿时热血沸腾，也不顾什么生死安危了，都争先恐后向前冲锋。

就这样，冒着箭雨，汉军愣是拨开一条血路，直冲入英布的阵营，好似天兵天将下凡一般，横冲直撞。英布排兵布阵再好，也经不起这么冲啊，不久，被冲得七零八落，官兵四散逃窜。无论英布多么英勇，怎么喝止，也无法镇住，只好鸣金收兵，掉头退去。

刘邦虽然伤得不重，但毕竟年纪大了，又大病初愈，这么一折腾，只有先被人扶回营休息。听说英布败退了，他派了一名将领率兵在后面紧追不舍。

英布几次试图停下来反攻，都不能扭转败局，他边战边退，一直退到淮河边。在淮河边，因为担心汉军追上，英布率兵急渡淮河，结果很多士兵淹死在水中。待渡过淮河，军队已经不满千人，再加上沿途逃散，最后只剩下一百多骑兵跟随左右。

这点人马怎么可能守得住淮南呢？

正在无路可逃之时，突然有一伙人迎面过来接应，让英布欣喜万分，仿佛看到了一丝生机。

这伙人是谁呢？他们是奉长沙王之命前来。

说起长沙王，大家可能想到了有“番君”之称的吴芮。关于吴芮，前面多次提到过，他是英布的老丈人，政坛不倒翁。在项羽分封诸侯时，被加封为“衡阳王”；汉朝建立后，刘邦做了皇帝，又改封他为“长沙王”。

刘邦一共分封了八个异姓王，到这个时候已经被清理得差不多了，唯独长沙王吴芮始终没怎么受到刘邦的逼迫。甚至他的后世子孙，历经五代都没有被汉朝清理，直到没有子嗣继承，才撤掉封国。

这不能不称为一个奇迹！那么，吴芮究竟是怎么做到的呢？

其实，刘邦开始对吴芮也是疑虑重重，而且屡屡试探他的忠心，多亏张良暗中指点，才让他转危为安。

前面说过，吴芮之所以得封长沙王，也是因为听从了张良的劝说，及时投靠刘邦。后来，张良体弱多病，不问政事，曾经到长沙国，在吴芮家中小住了一段时间养病。其间，张良给他出谋划策，以解除刘邦的戒心。

按照张良的指点，吴芮做了三件事：首先，他把自己一部分领地赠送给了刘邦的子女，这叫割地；其次，他又将自己部分精锐军队派到刘邦的堂兄弟荆王刘贾帐下效力，这叫弃军；最后，他安排第五个儿子吴元带着家眷回到老家浮梁瑶里，也就是今江西省景德镇市浮梁县瑶里镇生活，这相当于给刘邦送人质。

割地、弃军、送人质，这三件事一做，刘邦彻底放心了。

但不久，吴芮无疾而终，一命呜呼。说来也巧，吴芮有一个爱妃，名叫毛萍，是当时著名的女才子，两人心心相印，竟然一同死掉。

吴芮死后，长子吴臣顺理成章继承了王位，也就是第二代长沙王。派人接应英布的正是长沙王吴臣。

因为吴芮是英布的老丈人，那么按照这层关系来算，吴臣就是英布的小舅子。小舅子派人带着书信来接应姐夫，非常符合情理。

在书信中，长沙王吴臣诱骗英布说，他也不想跟着刘邦混了，太憋屈，愿意一起逃亡南越，以图日后东山再起。穷途末路的英布信以为真，这个时候不信也得信啊，因为已经无家可归了。于是，他随同那伙人前去投奔长沙王吴臣。

这天，他们来到了番阳，也就是今江西省上饶市鄱阳县。当时，天色已晚，他们寄宿到了一个百姓家中。正准备休息，一伙当地壮士手持兵刃冲了进来，不容分说对英布就是一阵乱砍。英布还没反应过来怎么回事，已经死于非命。

那么，这伙壮士从何而来呢？其实他们是长沙王吴臣派来的杀手，专门来刺杀英布的。

一代枭雄就这样谢幕了。

此时，刘邦已经率军进驻淮南。为了请功，长沙王吴臣派人将英布的首级给刘邦送了过去。

刘邦查验确认是英布后，非常高兴，认为吴臣大义灭亲，忠心可鉴，当即大加犒赏，正式颁布诏令加封他为长沙王，同时加封皇七子刘长为淮南王。另外，刘邦又加封告发英布谋反的贲赫为期思侯。贲赫“舍小家，为皇家”，用一家老小的性命换了个侯。其余将士也大多因战功受到了刘邦的封赏。

正当刘邦为杀掉英布欣喜不已时，从北方战场又传来了好消息。什么好消息呢？原来之前谋反的陈豨被周勃斩杀。

前面说过，刘邦平定陈豨代地叛乱很成功，但是让陈豨和赵利跑掉了，当时留下周勃在代地防范他们卷土重来。

周勃不负所望，先后平定了雁门郡十七个县，云中郡十二个县，又乘势攻击陈豨于灵丘，也就是今山西省大同市灵丘县。在那里，周勃彻底打败陈豨，并将其斩首。

至此，代地剩下的九个县也得以平定。

这个消息太振奋人心了，让刘邦不禁拊掌称快。于是，他决定班师回朝，准备召见周勃再详细了解北方边疆的局势。

在回去途中，车队路过刘邦的老家沛县。

刘邦四十八岁出来打天下，屈指一算，已经十多年没回过家乡了。此时的刘邦垂垂老矣，而且重病缠身，自感时日不多。

人老了，就容易思旧，思乡之情更是油然而生。

刘邦也不例外，何况是衣锦还乡，所以他想在沛县多停留几天，与乡亲们见见面，唠唠嗑，叙叙旧。

那么，这段时间，刘邦会在家乡怎么度过呢？

第十四章

刘邦还乡

69. 刘邦还乡（一）

刘邦从淮南回关中，途经老家沛县。刘邦已经十多年没回老家了，垂垂老矣，难免思乡心切，他想在沛县多停留几天，与乡亲们见见面，唠唠嗑，叙叙旧。

刘邦贵为皇帝，顺道回来，显得很自然。沛县地方官可不敢太自然，他们听说皇帝要回来了，忙得不亦乐乎，又是准备行宫，又是召集百姓排练口号。为此，沛县大街小巷充满着节日的气氛。百姓们议论纷纷，谈得最多的当然是刘邦当年和自己关系如何如何好。

这天，天气晴朗，刘邦的车队浩浩荡荡来到了沛县郊外。在郊外，县内父老乡亲代表早已恭候多时，他们远远望见銮驾，赶快跪拜迎接。

不一会儿，在左右侍从的搀扶下，刘邦从车上下来了，缓步走到众人面前，请大家免礼平身。在众人的簇拥引导下，刘邦显得很有亲和力，与众乡亲一路谈笑风生，进入城中。

城中街道两旁，张灯结彩、鲜花载道；百姓们扶老携幼、欢呼雀跃，争睹皇帝风采。刘邦瞧在眼里，喜在心中，不停地向大家挥手致意。

此时，整齐的“万岁”之声不绝于耳。

不久，刘邦来到了预设的行宫中。在行宫外，百姓们迟迟不肯离去，仍然驻足围观。刘邦干脆命人将原来的近邻故交，以及父老子弟都请了进来，他要款待大家。

待把父老乡亲们召集进来，丰盛的酒席已经备好了。刘邦高坐在上面，示意他们分坐两旁，不必客气多礼。

开始大家不免拘束，差不多酒过三巡，慢慢放松下来，纷纷向刘邦敬酒祝福。每当有一个人来敬酒，刘邦总要用心想想对方是谁，然后拿出往事，开句玩笑。大家配合着哄堂大笑，来衬托刘邦的幽默感，整个氛围其乐融融。

这么好的气氛，不由得吊起了刘邦的情绪。他命地方官去挑选一百二十个儿童，过来唱歌跳舞助兴。儿童应该早都准备好了，不一会儿，排着整齐的队伍进入行宫。

这帮孩子进来后，首先合唱一首具有家乡风情的民歌。他们在那里咿咿呀呀，满口乡音，刘邦非常舒心，不禁举起酒杯与众人满饮了几杯。

当酒兴正酣时，刘邦令人呈上一台筑琴，他要亲自演奏一首歌。

所谓筑琴，是一种弦乐器，形状像琴。这种乐器产生于先秦时代，源于我国南方，其声音悲亢激越，容易让人情绪激昂、心中感伤。有一句成语叫“悲歌击筑”，其中的“筑”字就是指筑琴。这个成语源自大家熟知的“荆轲刺秦王”的故事。

荆轲有一个朋友，名叫高渐离，为荆轲送行到易水边。在易水边，高渐离击筑，荆轲反复高唱：“风萧萧兮易水寒，壮士一去兮不复还！”把送行的一行人直唱得泪流满面。估计这种乐器比较受当时的老男人欢迎。

刘邦一大把年纪了，也喜欢用筑琴一类的乐器表达感情。史书中没有记载刘邦什么时候学会筑琴的，但我们相信，凭借刘邦的悟性，又加上戚夫人的手把手调教，其弹击筑琴的水平应该不会太差。

只见刘邦左手按住弦的一端，右手握住竹尺，有节奏地击打着琴弦。众人闻听，顿时鸦雀无声，貌似在认真地倾听欣赏。

弹击了一会儿，差不多找到了感觉，伴随着配乐，刘邦信口作歌道：“大风起兮云飞扬，威加海内兮归故乡，安得猛士兮守四方！”

一遍不够，两遍，直到感觉调调满意了，才停下来。然后，他要求那一百二十个孩子跟着学唱。

这首歌在历史上非常有名，名字叫《大风歌》，歌词比较短，调子也不复杂。那帮孩子聪明伶俐，很快就能唱得婉转悦耳，引得刘邦笑逐颜开。

可能太高兴了，刘邦干脆直接走下座，与孩子们一起在那里载歌载舞，舞着舞着，也不知道触碰到了哪根敏感的神经，竟然当众流下了几行热泪。

众人看到刘邦哭了，无不惊愕动容，纷纷拍手称赞，缓解气氛。

那么，刘邦为什么会突然哭呢？

70. 刘邦还乡（二）

贵为皇帝，刘邦为什么会不加掩饰地在家乡父老面前哭了呢？这与他的身份太不相配了！为此，历史上各种说法都有。

大多数人认为刘邦太高兴了，喜极而泣。猛一听，也能说得过去，毕竟很多人都有过类似的体会或经历，特别是在千辛万苦取得成功后，当想到以前的各种辛酸时，会情不自禁地流泪。比如，我们在电视上常常看到奥运冠军、才艺选秀冠军等，他们在获得桂冠的那一刻，总是泪流满面。

如果按照这种情况来推理，刘邦刚当上皇帝那会，应该没少哭，眼圈不知道哭肿多少回了。但很遗憾，史书上毫无记载，而记载刘邦的哭，仅仅这一次。这样来看，喜极而泣一说，是不是就有点牵强了？

所以，我们不妨换个角度来分析一下。

先看看刘邦哭的时间点。他是在反复唱诵《大风歌》过程中流泪的，说明《大风歌》本身触动了他的某根脆弱神经。那么，《大风歌》里究竟有什么内容，竟然让刘邦如此动情呢？

这首歌仅有三句，高度凝练，每句都代表了一个波澜壮阔的场景，基本上囊括了刘邦一生，甚至还有身后展望。

先说第一句，“大风起兮云飞扬”，令古今不知道多少人拍案叫绝。这句直译过来意思是：“大风刮起来啊，云彩飞扬。”

乍一看，好像稀松平常、不过如此，幼儿园小朋友经常造这类句子嘛。其实，刘邦在这里巧妙运用了暗喻手法。他将大风和云彩暗喻成自己取得天下的社会大势，也就是天下大乱、群雄并起。正是有了这个社会大势，才让他有机会出来打天下。

第二句，“威加海内兮归故乡”，则直接展现了刘邦逐鹿中原、取得天下、衣锦还乡的宏大场景。把它直译过来就是：“威震海内，一统天下啊，回到故乡。”

这里的“威”字是神来之笔，有画龙点睛的作用：一个“威”字，形象地衬托出了刘邦无与伦比的气场；一个“威”字，生动地描绘出了刘邦所向披靡的气势；一个“威”字，清晰地再现了刘邦臣服天下的气魄。

刘邦认为，他是靠着在乱世之中施展神“威”，得以脱颖而出，从而“威加海内”，荣归故里，威风八面。但刘邦并没有盲目夸大自己的个人能力，而首先坦承，他今天能够“威加海内”，是有赖于“大风起兮云飞扬”的大势。这种认识还是比较客观的。

一个人的成功是偶然性和必然性叠加的结果，缺一不可。如果没有“大风起兮云飞扬”的偶然因素，即便刘邦能力再大，也不可能“威加海内”，充其量做到沛公，因为他出身太过低微。这也就是我们常说的“时势造英雄”。但是，同时代的英雄有很多，并不是每个人都能走到最后，获得成功，创造历史。

所以，通过这两句，我们不难看出，刘邦胸中满满的都是成就感。不过，刘邦没有到此为止，而是顺势引出了第三句“安得猛士兮守四方”。这句直译过来就是：“怎么才能得到忠诚的勇士啊，为国家镇守四方。”

如果说前两句表达了刘邦心中满满的成就感，那么这句反映出他心中深深的隐忧。这种隐忧是守成之忧，究竟靠谁才能守住现在的既得成果。

刘邦为什么会突然冒出这种忧虑呢?

不管什么原因，韩信、彭越、陈豨、韩王信、英布等功臣元老一个个都谋反了，甚至连萧何也令他心存不安，守成之忧明摆着就在眼前。

俗话说：“打江山难，守江山更难！”身为一国之君，特别是开国皇帝，一般都有强烈的居安思危意识。

要保住天下，必须有忠诚的猛士来镇守四方，世上有没有这样的猛士呢？所以，与其说刘邦对未来充满了希望，不如说他开始怀疑。一旦怀疑，自然就会焦灼恐惧起来，担心好不容易取得的天下哪天又会失去。

人在追求成功的过程中，往往会斗志昂扬、激情四射；但成功后，随之而来的，就是对失败可能不期而至的惶恐不安。

刘邦在反复唱诵《大风歌》时，应该是不小心触动了这种情绪，才一时无法克制，流下热泪。何况此时，刘邦年纪很大了，还有病在身，又加上刚刚在战场上负伤，自知时日不多。

事实上，半年后刘邦就病死了。

一个人在临死前一段时间是有预感的，特别是生病的老人。没有人想死，生病的老人见了故人，在受到关心之后，往往很容易流眼泪。

因此，刘邦流泪应该也有这方面的因素。

而且，《大风歌》是由筑琴配乐。这种配乐，前面说过，有悲歌击筑的效果，不知道曾经唱哭过多少英雄豪杰，比如荆轲、燕太子丹、高渐离等。刘邦的情绪肯定也受到了筑琴配乐的影响，让他想到了很多，自然而然也就“慷慨伤怀，泣数行下”。

这样总结起来，刘邦流泪的原因至少有以下三点：一、对自己的江山社稷充满忧虑；二、对自己的身体状况充满无奈；三、筑琴配乐加重上述悲伤情绪。

当然，应该还有其他原因，这里我们就不再延伸了。

以上通过分析刘邦流泪的原因，我们顺便解读了《大风歌》，也试着探寻了老年刘邦的内心情感世界。不一定准确，权当抛砖引玉。

看到刘邦把自己给唱哭了，父老兄弟们大为错愕，赶快拍手叫好，缓解气氛。刘邦这才从他那复杂的心理状态中惊醒过来。他停下舞步，轻轻拭去脸颊上的泪水，走到桌边拿起一杯酒，自我解嘲道："俗话说，'游子悲故乡'，人越老越想故乡啊！朕虽然建都关中，但是将来死后，肯定也会魂归故里。当年朕是以沛公的身份起兵讨伐暴逆，取得天下，沛县就是朕的汤沐邑啊！因此，朕决定免除沛县百姓的赋税徭役，世世代代不必纳税服役！"

沛县父老听刘邦说要免除他们世代赋税徭役，也没人关心刘邦刚才流泪了，纷纷拜倒谢恩。刘邦挥挥手，令大家起身归座，继续豪饮，直到很晚才散场。

接下来，刘邦在沛县住了十多天，那么，这十多天里又会发生哪些事呢？

71. 刘邦还乡（三）

刘邦承诺给沛县百姓免除赋税徭役，这让大家非常高兴，他们陪着刘邦豪饮到很晚才散场。第二天，刘邦命人将过去认识的七大姑八大姨等一帮妇女老太太，也都召过来款待。

在过去，女人地位低下，常被称为"妇道人家"，要严格遵守"三从四德"。所谓"三从"，指未嫁从父、出嫁从夫、夫死从子；所谓"四德"，指妇德、妇言、妇容、妇工。

汉朝初年，"三从四德"的风气虽然还没有在社会上完全流行，但妇女的地位应该也不会太高。刘邦好像不太理会这些所谓的规矩，从某种程度上，他应该比同时代的人思想要先进。据史书记载，刘邦曾破除男尊女卑的规矩，加封过至少一个女列侯。

所以，刘邦这次回来专门宴请了家乡里一帮女人。这帮女人有老有少，在专人引导下，小心谨慎地来到行宫。由于没怎么见过世面，也不知道怎么施礼，大家都偎依在一起。刘邦笑呵呵地走上前，跟她们一一打招呼，下令一概免礼。

见了皇帝哪有不行礼的道理，有人带领大家跪倒在地，算是行礼了。草草礼毕，刘邦让她们随意分坐两旁，不必拘谨。

来的女人中，有两个大家应该比较熟悉，前面有说到过，也就是村里酒馆的老板娘武大姐和王大娘，刘邦年少时曾经在她们酒馆里白吃白喝很久。只是几十年过去了，武大姐已经变成了武大娘，王大娘老成了王老太婆。

刘邦对她们格外客气，特意嘘寒问暖了一番。当然，重赏那是必须的，权当酒钱本息一次清了。这可把两人给乐坏了，创业一辈子也没赚几个钱，意外风投，却收获巨大，于是连忙起身跪谢。

从此，她们俩逢人便说，自己独具慧眼，当年就看出刘邦不是凡人，诸如刘邦喝完酒之后，头上有光环了，有金龙盘旋了，等等。此类说法基本上都是出自她俩之口，最后越传越神，越传越广，有鼻子有眼，让人不得不信。后来，司马迁来沛县调研，就把她们的说法写进了《史记》中，将刘邦又神化了一遍。

不管怎样吧，从另一个侧面也可以看出，刘邦这人情商高，会办事，才有了好口碑。

在宴席上，刘邦与这帮女人拉起家常，谈及往事，时而欢声笑语，时而开心鼓掌。大家边吃边聊，很快又消磨了一日。

以后，每天都有男男女女、老老少少进出行宫，刘邦来者不拒，盛情款待。这样一晃就是十多天。

十多天对普通人来说并不算长，但对日理万机的皇帝来说，已经是很长时间了。于是，刘邦准备起驾回京城长安。沛县父老听说后，都跑过来盛情挽留刘邦再多住一些日子。刘邦耐心解释道："朕这次过来啊，车马随从众多，每天消耗太大，如果再住下去，恐怕会增加家乡父老百姓的负担啊！"

刘邦这个人说话有个特点，说什么好像都是为了对方着想，而且合情合理。俗话说："恶语伤人六月寒，良言一句三冬暖。"不管真假，好言好语总是暖人心！

这天，刘邦的车队缓缓离开沛县。沛县父老百姓纷纷带着家乡特产，赶到城西送行，县城内一下子全空了。看到这个场面，刘邦很是感动，当即决定暂停下来，就地搭起帐篷，与父老兄弟们再痛饮三天。

这个举动是不是很富有人情味啊？

一眨眼，三天就过去了，刘邦只好再下令启程。这时，沛县父老突然都跪倒在地，说有事相求。刘邦很纳闷，回来快二十天了，也没见人这么兴师动众求自己，今天怎么回事。他让大家起来，尽管大胆说出，答应一定会设法满足。大家叩头谢恩道："谢陛下隆恩，沛县有幸能够世代免除赋税徭役，可唯独丰邑却没有免除，希望陛下可怜可怜他们，也能享受这个待遇啊！"

刘邦好像有点不太情愿，他在那里犹豫了一会儿说道："不是朕小气啊！丰邑是朕土生土长的地方，应该最不能让朕忘怀，但是大家还记得吗？当年朕刚起兵的时候，力量还很小，丰邑人却跟着雍齿一起反叛，帮助魏王守住丰邑城，不让朕回家，这事做得是不是太过分啊？"

刘邦提到的这件事，之前我们也说到过两次，沛县父老当然记得了，但仍然为丰邑百姓说好话，请求刘邦原谅。估计他们来时在家商量好了，否则怎么会那么坚持呢？刘邦这才不得已同意道："看在沛县父老的面上，朕就一视同仁，跟沛县一样，免除丰邑的赋税徭役！"

大家闻听，山呼万岁，黑压压的人又跪倒拜谢。听到拜谢声，刘邦心里总算平衡一些。他朝大家挥挥手，然后上车向西行进。

沛县父老目送刘邦的銮驾直到看不到踪影，才陆陆续续回到城中。为了纪念刘邦这次还乡，在城中刘邦入住的行宫前，沛县父老筑起了一座台子，号称“歌风台”。该台位于今江苏省徐州市沛县汉城公园内。

刚刚离开沛县不久，刘邦想到了一件事。

什么事呢？他想到荆地目前还空着一个王位。

前面说过，荆王刘贾在对抗英布造反时战死了，而刘贾没有子嗣，没人继承王位。

荆地这个地方民风彪悍，一般人很难镇守。刘邦将其改号为吴地，打算另外再封一个年轻有为的自家子弟过去做王，却一直没有找到合适人选。

这次在沛县老家，刘邦过得很开心，他知道这与沛县地方官的周到服务分不开，而沛县是刘濞的封地。

关于刘濞，我们之前有提到过，是刘邦二哥刘仲的儿子，加封为沛侯一年多了，刚刚二十岁。这次刘邦讨伐英布，刘濞因为膂力过人也跟随左右，并立有战功，又加上在沛县服务周到，所以刘邦决定下诏加封他为吴王。

接到诏令，刘濞马上赶到刘邦那里谢恩。

可是一看到刘濞，刘邦却后悔不已，认为封他为王草率了，这又是为什么呢？

第十五章

高祖陨落

72. 疑虑重重

刘濞膂力过人，在平定英布叛乱时，战功卓著，又在沛县把刘邦伺候得很开心。刘邦下诏将他由沛侯，加封为吴王。

接到诏令，刘濞欣喜万分，忙跑过来谢恩。刘邦看刘濞来了，招招手，让他走近些，说是要给他相面。待刘濞走近，刘邦装模作样地盯着他的脸细细端详了一番。

史书中从没记载过刘邦在什么时候、在哪里学的相面术，最大的可能是当年跟着老丈人吕公学过一点。总之，他给刘濞相面后，认为刘濞这小子面目犷悍，隐带杀气，不禁懊悔起来，厉声说道："刘濞啊，朕看你怎么长着一副反相啊！"

这反相和反心虽是一字之差，但性质差不太多，都是要反的。

刘濞闻听，吓得差点尿裤子，扑通跪倒在地，指天发誓，绝无二心。刘邦慢慢站起来，走到刘濞背后，弓下腰，用手抚摸着他的后背，抚慰道："据说汉朝建立后五十年，在东南方向将发生叛乱，难道就是你吗？天下刘姓是一家啊，希望到那时你能够谨慎从事，念及亲情，千万不要造反啊！"

刘濞趴在地上使劲叩头，连声应道："不敢，不敢！"

刘邦拍拍他的肩膀，示意他起身，然后转换话题，和蔼可亲地嘱咐了一些如何管理吴地的话。刘濞被刘邦这一冷一热、一惊一乍，搞得六神无主，待刘邦说完，慌慌张张拜谢离去。

这件事详细记载在《史记·吴王濞列传》中。

有人说不可能，纯属杜撰，刘邦又不是神仙，他怎么知道刘濞会谋反呢，而且还是五十年后，肯定是为了吹捧抬举，瞎编乱造。

我个人倒不这样认为。刘邦确实不是神仙，但他有两个过人之处。

一个是善于识人。刘邦平时对侄子刘濞应该没少观察，习惯性琢磨人是刘邦的思维模式，在观察琢磨过程中，他肯定看出了刘濞性格脾性不好驾驭，难免在受了委屈之后会有二心。

另一个是驭人之术。刘濞尽管是刘邦的亲侄子，但毕竟不是亲儿子，委以重任，刘邦当然要敲打一下了。

实际上，刘邦真没有打算再加封亲儿子之外的人为王，只是他担心吴地人太过彪悍，不用年轻勇壮的人来震慑不行，而自己的儿子只剩下老八，年龄太小，实难胜任。他是迫不得已才加封刘濞为吴王，统辖吴地三郡五十三个县。

至于刘邦为什么能将造反的时间预测得那么精准，可能有两个原因：要么是他根据自己、吕雉、刘盈的年龄综合推算得出；要么这个时间是杜撰的，以显得刘邦算得准确无误。

不管怎样，后来刘濞果然造反了，以后还会详细说到。

打发走刘濞，刘邦的车队继续向西行进。

这天，路过鲁地，也就是孔子的家乡，刘邦突然想起陆贾的话。按照陆贾的说法，守天下需要儒家才行。于是，刘邦这个向来对儒生嗤之以鼻的人，决定去祭祀孔子。但他没有亲自过去，而是派了一帮官员前往拜祭，算是一种政治表态吧。

待派去的大臣祭祀回来，刘邦这才下令继续赶路。

也许是车马劳顿，也许是在沛县老酒喝多了，也许是还在想着“安得猛士兮守四方”，半路上，刘邦箭伤复发。车队中途不敢再停留，匆匆入关。

刚入关不久，就遇到很多关中百姓拦路上书，说要状告相国萧何。萧何兢兢业业、勤勤恳恳，深得民心，为什么会被百姓状告呢?

原来，在刘邦出征期间，萧何伙同商人，低价强买百姓的田地房屋，搞商业开发。

这种事发生在萧何身上，大家可能感觉不可思议，太不符合萧何“高大上”的形象了！其实，这并不是萧何的本意，他是为了消除刘邦对他的怀疑，才迫不得已自泼污水。

为什么这么说呢?

前面说过，刘邦在准备讨伐英布之前，曾经征求过萧何的意见，萧何出于稳妥考虑，替英布说了一句话。正是这句话，让刘邦对萧何开始不放心，临出征时，他听取了张良的建议，将关中军队交由太子刘盈全权掌管。但还是不踏实，出征期间，每当萧何派人向前线输送军粮，刘邦都要问来人萧何在京城长安忙些什么。

萧何派的人肯定为萧何说话了，所以总是在刘邦面前称赞萧何如何体恤百姓，如何不辞辛苦征收军粮，如何深得民心，等等。

俗话说：“说者无心，听者有意。”刘邦每次听他们说完，都默不作声，既不肯定，也不否定。按说，萧何做得那么好，以刘邦奖罚分明的作风，应该对萧何大加表扬一番才是。

说到这里，大家可能想到了楚汉战争期间发生过的一件类似事情。

当时，刘邦在前线与项羽苦苦周旋，由于担心后院起火，常常派人回关中慰问萧何。经人提醒，萧何才明白刘邦对自己不放心。后来，他把家族子弟全部送到前线工作，变相做人质，才打消了刘邦的顾虑。

那个时候，刘邦还是有求于萧何的，暗示比较委婉。现在刘邦虽然已经取得天下，但疑心病越来越重，他总是担心有人潜伏下来，伺机窃取刘汉政权。

这些人一般有什么特点呢？首先，位高权重；其次，深得民心；最后，深受信任。一筛选，不用说，萧何就是最大的嫌疑人。所以，表面上刘邦对萧何最器重，实际上对他也最警惕。

从《史记·萧相国世家》的通篇记载中，也能发现这一点。这篇传记并不长，甚至可以说有点短，但其中详细描写了萧何如何避免被刘邦怀疑的三个不同时期的故事。

前两个故事我们已经说过，现在说的是第三个故事。

这次，萧何在对待英布造反的问题上不够明智，以至于加深了刘邦对他的疑虑。萧何自己却没想那么多，在他看来，自己是掏心掏肺的，问心无愧。所以，当他听说刘邦总是关心他在关中忙些什么时，并不以为意。他还以为前线战事紧张，刘邦在向他催要作战物资呢。

于是，萧何只是一味地拼命工作，在关中安抚勉励百姓，多征收粮草。而且，他还跟讨伐陈豨时的做法一样，向军队捐献大量家财。

这时，萧何的一个门客揣摩出了刘邦的心思，善意提醒道："相国大人，要当心啊，陛下可能对您有所怀疑了，您不久就要被灭族啦！"

萧何这个相国当得也真够倒霉的，动不动就有人吓唬他要灭族。他听多了，早已习以为常，心里估计在暗骂，你们家才灭族呢，便没好气地责问道："瞎说，何以见得啊？"

这个门客忙解释道："大人，您已经位居相国，功劳又是第一，还能够再封赏吗？封无可封了！相国您进入关中已经十多年了吧，一直深受百姓拥戴。皇帝在前线之所以屡次询问您的情况，是害怕您威震关中啊！"

萧何一下子就听懂了他的意思，知道自己太勤勉、太卖力，以至于可能抢了皇帝的民心，与皇帝争夺民心，不死才怪呢，吓得他急问怎么办。那个门客建议道："相国您可以采取低价或赊借等手段强买强卖百姓土地，以此来败坏自己的声誉，声誉坏了，皇帝自然也就安心了！"

萧何是个爱惜羽毛的人，这个建议却让他自泼污水，心中有多难受可想而知，但为了一家老小的性命，也只有如此了。

好人干坏事一般比坏人干坏事所引起的反弹更大。这个道理大家应该都懂的，好人好欺负嘛！萧何一向勤政爱民，突然作恶，关中百姓受不了，为此怨声载道，甚至在刘邦刚入关时，就有百姓成群结队拦路告状。

那么，刘邦究竟会怎么处理这件事呢？萧何真能凭借这个办法躲过一劫吗？

73. 将萧何抓捕下狱

刘邦的这种心态是不是有点变态啊？看到别人倒霉他就高兴！

其实，很多人在某种程度上都有这种心理，只是程度不同而已。有一个成语叫“幸灾乐祸”，差不多就是形容这种现象，往往因为嫉妒而产生。刘邦对萧何之所以有这种心态，应该也与嫉妒有关，嫉妒萧何深得民心。

何况，随着年纪越来越大，刘邦本来对萧何就越来越不放心。他刚回到宫中，还没来得及休息，萧何便来觐见，说要汇报工作。看到萧何，刘邦先是寒暄几句，然后指着桌子上的竹简，笑嘻嘻地问道：“相国，你究竟怎么回事啊？看看，多少人在状告你啊？你就是这样干工作的吗？”

萧何早已闻知，赶快拜倒在地承认错误。刘邦摆摆手，佯装很严肃地说道：“这次朕就不追究你了，记得抓紧时间向百姓们谢罪啊！”

萧何唯唯诺诺地说道：“陛下，臣一定会改过自新，原价退还已经购买的土地房屋。”

刘邦很是得意，煞有其事地对萧何教育了一番。董事长好久不给总经理上课了，抓着这次机会，还不得多说几句啊。

如果到此为止，刘邦出气了，萧何的目的也就达到了，两人之间的猜忌自然有所淡化，皆大欢喜。但对自泼污水这事，萧何可能骨子里比较抵触，受不了刘邦的教育，抑或可能被刘邦一副亲民的演技给迷糊住了，他竟然趁机为百姓请愿道：“陛下啊，随着最近几年的快速发展，京城长安一带，人口急剧增加，可耕土地越来越少，而上林苑中有很多空地，已经废弃荒芜。臣建议，陛下不如允许百姓们进去耕种，增加点收成，最起码也可以收些稻草给家畜做饲料啊！”

上林苑是皇家园林，最早是由秦始皇兴建，主要是供皇族用来游玩打猎。汉朝建立后，自然就归了刘邦家族所有。

萧何的这个建议还是有些唐突的，究竟出于什么想法，大家可以揣摩一下，是不是有激将刘邦的味道在里面。刘邦闻听，当场就翻脸了，勃然大怒道：“好你个萧何啊，胆子越来越大了！你接受商人的贿赂，强买民宅，这事还没结论呢！现在你还有脸替百姓索要朕的上林苑啊，你究竟是何居心？”

说完，不容分说，当即下令将萧何拿下交给廷尉处置。听到命令，一帮侍卫从外面冲了进来，上去扒下萧何的朝服冠带，并把镣铐套在了萧何脖子上。

这一连串动作好像事先有所安排一样，萧何还没反应过来怎么回事，已经被投入了监狱。可见，刘邦想收拾萧何不是一天两天了，只是苦于没有机会而已，今天总算勉强找了个借口，岂能放过！

萧何是相国，名副其实的国家二把手，还是老战友、老同事，按说应该体面对待。即便有错要查办，那也需要一系列手续，可刘邦一言不合就翻脸不认人，给萧何上了镣铐。下手还是有点重的！

下手这么重，朝内群臣心知肚明怎么回事，所以都徘徊观望，谁也不敢前去为萧何求情。这时，有一个人实在看不下去了，认为萧何太委屈了，便想找机会劝说刘邦。

这个人是谁呢？史书上没有详细记载他的名字，只称呼为“王卫尉”。王肯定是姓了，卫尉是官职名称，相当于现在领导身边的卫士长。所谓“王卫尉”，应该是负责宫中安全工作的王卫士长。这个职务级别虽然不高，但天天跟在刘邦左右，关系应该比较亲近，能搭上话。

这天，王卫士长趁着刘邦心情好些，在一旁佯装好奇地问道："陛下，最近听说相国被抓捕下大狱了，他究竟犯了什么弥天大罪啊？"

提起这事，刘邦好像余怒未消，愤然说道："朕这个相国太不像话了！他自己大量收受奸商的贿赂，侵占民宅，朕没有追究，只是批评了他两句而已，结果他倒好，反过来要求朕腾出上林苑给百姓耕种，真是岂有此理，是朕要将他下狱治罪的！你知道李斯这个人吗？朕听说，他辅佐秦始皇时，有了成绩会主动归功于秦始皇，出了差错则会主动承担，这才是丞相应该干的事嘛！"

王卫士长可能身份比较特殊，胆子大一点，当即反驳道："陛下别怪臣多嘴啊！臣以为，为民请命，才应该是相国分内的事。另外，相国收受商人贿赂这事有定论了吗？记得当年陛下在关外与项籍打仗时，多亏相国留守关中，源源不断输送兵源和粮草，才坚持到胜利。后来，陈豨、英布谋反，陛下亲自带兵出关平叛，也是相国留守关中。那些时候，相国稍微动一动脚，恐怕函谷关以西的地盘就不归陛下所有了。相国当时不趁机为己谋利，反倒现在贪图商人的小钱，可能吗？再说那个李斯，在臣看来，他真不值得效法啊！正是因为他动不动分担过错，才蒙蔽了秦始皇，以至于秦朝失去天下。说句实话，陛下把相国想得太浅薄了，还请陛下三思啊！"

从这段话可以看出，王卫士长是一个很耿直的人，说话直来直去。如果不耿直，安保工作恐怕也做不好，刘邦也不会用在身边。

那么听他这么说，刘邦会是什么反应呢？

74. 无利不起早

听了王卫士长一番耿直的劝谏，刘邦肯定很不高兴了，不过思来想去，觉得自己好像做得是有点过分了，于是当天宣布赦免释放萧何。

萧何已经上了年纪，又被惊吓了一场，那种状态很是狼狈不堪。他一向谦恭谨慎，不敢有怨言，刚出狱，马上光着脚丫子入宫谢恩。

大家还记得吗？当年刘邦封萧何为第一功侯时，曾下令他可以“带剑履上殿”，但此一时彼一时，萧何性命都难保了，哪里还敢带剑穿鞋呢？

刘邦看到萧何这副失魂落魄的模样，酸溜溜地抚慰道：“相国，你就不要来这一套了，这次你赚大发了！相国为百姓请愿开放上林苑，朕却不答应，如今朕在天下人眼中不过是桀纣一样的昏君，而你则落个贤相的美名啊！朕先关你，再释放你，更会让百姓们都知道，朕总错，你总对！”

萧何明知道刘邦在挖苦自己，也没胆量再废话了，连忙跪谢而退。从此，萧何更加谨言慎行，而刘邦好像从来没发生过这档子事，仍然像过去一样对待他。

这件事，刘邦表面上看似无所谓，实际上也受到了严重刺激，再加上箭伤复发未愈，不久又病倒了，而且卧病在床好多天。这期间一直由戚夫人在一旁悉心照料。

戚夫人看刘邦身体一天不如一天，忧心忡忡。当然，她主要不是为了刘邦的身体而忧心，而是忧心刘邦死后她和儿子刘如意怎么办。因此，她又开始在那里哭哭啼啼，怂恿刘邦册立儿子刘如意为太子。

刘邦看到戚夫人在他面前抹眼泪，心里很不是滋味，便把群臣召来，再次抛出废立太子的议题。议题刚抛出，不用说，还是会遭到群臣的强烈反对。

首先跳出来反对的就是张良，上次被吕雉的二哥吕释之绑架了，他都不愿意亲自出头为刘盈说话，这次为什么那么积极呢？

俗话说："无利不起早，无奸不成商。"张良不是奸商，但趋利避害是人的本性，也是他最擅长的。前面说过，张良已经被刘邦封为太子少傅，也就是给太子刘盈做老师了。师生关系自古都不是一般关系，谁不想自己的学生当皇帝啊？

张良也无法免俗。他带病跑到宫中，口若悬河，引经据典，向刘邦晓以利害。刘邦心想，你不是装清高，不问世事吗，这次怎么那么积极啊，踩着你尾巴了吧。所以他对张良的态度比较冷淡，一副爱理不理的样子。

张良多聪明一个人啊，马上意识到自己失态了，不敢再多说，告辞退出。回去后，他便又躲在家里，闭门谢客，托病不出，继续修炼气功。

连张良出马都碰了一鼻子灰，群臣认为这次刘邦肯定是王八吃秤砣——铁了心，都不敢再进宫劝说。但有一个人却急红了眼，非要冒死进谏，阻止刘邦废立太子。

这个人就是叔孙通。

前面我们有交代过，他是太子太傅，也是太子刘盈的老师，比张良还要正式一些。张良那个老师更多的是挂名，自己整天病歪歪的，也没时间给刘盈上课，充其量算个选修课老师。

叔孙通就不同了，按照现在的说法，他应该是刘盈的班主任老师，怎么可能坐视不管呢？别看他以前六易其主，貌似是个老滑头，喜欢顺势而为，但这次为了学生刘盈能当上皇帝，也要玩命了。

说穿了，这事还是有利可图！而且，一旦成功，利益极大，一旦失败，损害也极大！

这天，叔孙通带着一股子气来到宫中。刘邦一看就知道他为什么事而来，仍然是一副不加理睬的样子，心想，管你谁来，我就是要废立太子，随你怎么说。叔孙通好像早有心理准备，走上前往地上扑通一跪说道：

"听说陛下要废立太子，臣特来进谏，这事万万不可啊！从前，晋献公因为宠幸骊姬而废掉太子，重立奚齐，以至于晋国大乱数十年，终被天下人所耻笑！这是远的，姑且不提。那就说近的，秦始皇因为没有及早确定扶苏为太子，才让赵高等人有机可乘，诈立胡亥，结果自取灭亡，这可是陛下亲眼所见啊！如今，太子仁义忠孝，天下闻名，再说吕后与陛下是患难夫妻，同甘共苦，风雨同舟，陛下怎么能忍心无端背弃他们呢？如果陛下一定要废嫡立幼，臣情愿先死，就让臣的一腔热血染红这地面吧！"

说完，他就要找地方撞死自己。

一个人，特别是身边人，非要死在自己面前，谁都受不了！

叔孙通是老儒生，平时挺客气一个人，温文尔雅，今天说话这么横，刘邦知道他不是说着玩的，慌忙摇手制止，然后叹口气说道："你就拉倒吧！至于以死相争吗？朕只不过是随便说说罢了，不必当真！"

叔孙通怒气未消，不依不饶地说道："太子为天下根本。根本动摇，地动山摇，陛下怎么能拿天下根本来开玩笑呢？"

反正刘邦文化水平不高，叔孙通净拿大道理来吓唬他。被叔孙通这么一逼迫，刘邦一时无法应对，只好佯装同意道："朕听你的就是了，不废立太子了！"

听刘邦这么承诺，叔孙通才转怒为喜，向刘邦跪谢后，快步退了出去。刘邦嘴上说不废立太子了，但还是心有不甘，待叔孙通走后，继续冥思苦想怎么推进废立之事。

有了叔孙通的模范带头作用，内外群臣纷纷上书劝谏刘邦。刘邦被这些上书搞得头大，不敢强行废立，看到戚夫人那副惨兮兮的样子，又着实心疼得要命。

真是左右为难啊！最后，刘邦干脆暂时不提这件事，准备冷处理一段时间再说。

过了几天，他感觉身体稍微好一些，在宫中摆酒庆贺。太子刘盈肯定也要来祝福了，不过他不是一个人来的，身后还跟着四个老头。不用说，这四个老头就是“商山四皓”。

自从“商山四皓”出山后，一直没有机会跟随刘盈入宫见驾，这次在废立太子的关键时刻，有意过来朝见刘邦。

见到刘邦，太子刘盈先上前行礼，接着让“商山四皓”过来拜见。

“商山四皓”都是八十多岁的老人了，眉毛胡子头发全是银白色的，穿着古香古色，正容亢色，往那里一站，不用说话，回头率都是百分之百，太抢眼了。刘邦不由得被他们给吸引住了，好奇地问太子刘盈：“这四位老者是何许人也？”

还没等太子刘盈回答，“商山四皓”主动自报家门。刘邦不听还好，一听大吃一惊，忙恭敬地问道：“公等果真是商山四皓吗？朕慕名已久，多方寻求公等很多年了，听说公等不愿意见朕，如今却又为何愿意辅佐太子呢？”

“商山四皓”会如何作答呢？

75. 屡受打击，痛不欲生

“商山四皓”见刘邦询问辅佐太子的原因，不约而同地回答道：“不是我等不愿意出来辅佐陛下，只是听说陛下言行随意，常常侮辱谩骂人，我等一大把年纪了，怕承受不住，就躲藏了起来！如今太子仁义孝顺，谦恭有礼，礼贤下士，天下有志之士无不削尖脑袋，抻长脖子为太子拼死效力，我等才慕名而来，甘心辅佐！”

这些话，估计是“商山四皓”在家商量好，专门来刺激刘邦的，而且生怕刘邦听不懂，说得很直白。你刘邦不是看不起太子刘盈吗，其实我们认为他比你强！

听到这话，刘邦心里说不出是什么滋味，既高兴又失落。哪个当爸的不希望儿子比自己强啊，肯定会高兴，但因此废立太子也就不太可能了，又会有失落感。

在这种复杂情绪下，刘邦温和地说道："诸公既然愿意来辅佐太子，朕深感欣慰啊！烦劳诸公多操心，能够始终如一教育好、保护好太子啊！"

显然，刘邦已经彻底打消了废立太子的念头。

"商山四皓"当然听懂了，都唯唯听命，祝福刘邦健康长寿。刘邦佯装非常高兴，安排他们四人一同坐下喝酒聊天。其实他心中并不是很痛快，郁郁寡欢，脑子里一直想着如何给戚夫人解释。

待酒喝得差不多了，刘邦实在没心思再继续下去，便命太子刘盈等人先行退去。刘盈知道老爸刘邦不喜欢自己，他也懒得在那里演戏，赶快起座行礼后离开，"商山四皓"也起身告辞，尾随而去。

刘邦急召戚夫人过来，指着还没走远的"商山四皓"说道："看见没？这四个老头就是朕苦苦招之不来的'商山四皓'啊！朕本想依你的意思废立太子，可太子羽翼已成，由他们四个人辅佐，地位再也难以撼动了！将来后宫的主人非皇后莫属了！"

戚夫人闻听，眼泪哗地流了下来，在那里哭泣不停。刘邦好像也很无奈，把她揽入怀中安慰道："人的命，天注定啊！你也不要太伤心了，得过且过吧！不如现在你为朕跳一曲楚舞，朕为你唱一首楚歌，我们再合作一把！"

戚夫人只好收住眼泪，强颜欢笑，走到大厅中央，飘扬长袖，轻盈独舞起来。看着翩翩起舞的戚夫人，刘邦一阵心酸，随即高声吟唱道："鸿鹄高飞，一举千里。羽翼已就，横绝四海。横绝四海，当可奈何！虽有矰（zēng）缴，尚安所施！"

我们一直在说刘邦没文化，但看看这诗词，像完全没有文化的人吗？"鸿鹄高飞，一举千里"这个成语，至今还经常会被年轻人拿出来抒发志向。它就是源自这里，出自刘邦之口。

这首词比较简单，我们就不详细解读了，主要是说太子刘盈已经羽翼丰满，地位无法撼动了。其中“矰缴”一词可能会有人不太理解，它是指一种带着绳子的短箭。这种短箭，因为有长绳在上面，发射出去之后，还可以再回收利用。

通过吟唱这首词，刘邦抒发了一种貌似无奈的情感，目的是规劝戚夫人放弃废立太子的想法。那么，刘邦真的是完全无奈吗？

未必！他是皇帝，想废立谁就废立谁，说是无奈，不如说是为了大汉江山不好硬来而已，如今只有装模作样哄哄无关紧要的戚夫人罢了。

不管怎样，刘邦还是真心喜欢戚夫人的，表达方式也很浪漫。伴着戚夫人的舞姿，刘邦反复吟唱了几遍。戚夫人识文断字，肯定理解刘邦的意思了，她越听越难受，袖子也甩不起来了，索性掩面痛哭，泣下如雨。被她这么一哭，刘邦实在没心情了，慢慢走上前婉言劝解了一会儿，然后一同回了后宫。

从此，戚夫人再也不提废立太子的事了，但这件事对刘邦的打击非常大，他深感心力交瘁，身体每况愈下。正当刘邦每天靠强打精神度日时，不久又发生了的一件大事，彻底将刘邦给击垮了。

什么大事呢？前面说过，刘邦御驾亲征讨伐英布时，周勃率军在代地将陈豨叛军彻底打败，并斩杀了陈豨。最近，周勃从代地回到京城长安，向刘邦详细汇报了整个战况。这本来是一件好事，但同时，周勃还带回来了一条极坏的消息，让刘邦一时无法接受。

什么坏消息呢？原来，燕王卢绾竟然私下里串通陈豨抵抗汉军。

关于卢绾，之前我们详细介绍过，是刘邦的发小，与刘邦同年同月同日生，同乡同村同学加同伴，而且还是世交。

看到这么多“同”字，估计大家眼都花了，我这里只是想再强调一点，卢绾在刘邦心目中的地位举足轻重。

当年，为了能让卢绾顺利当上燕王，刘邦费尽心机，可是卢绾却在刘邦率兵艰难讨伐陈豨期间，暗地里唱反调，给刘邦使坏。如果你是刘邦，听说后会是什么感受？肯定像被人在胸口上捅几刀一样难受。

下面我们不妨把这件事发生的经过详细述说一下，孰是孰非，由大家来评判。

那还要从陈豨造反时说起。

前面说过，陈豨在代地造反，刘邦御驾亲征前往邯郸平叛。当时，燕王卢绾奉命率领燕军进攻陈豨的东北部防线。陈豨不敌，派副将王黄向匈奴冒顿单于求救。

因为在这之前，匈奴与汉朝已经和亲，不管真假，冒顿单于名义上成了刘邦的女婿，所以接到陈豨求救，他一时举棋不定，没好意思立即发兵支援。这事被燕王卢绾获悉，出于对刘邦的忠诚，他生怕冒顿单于受到王黄蛊惑，便派部下张胜出使匈奴，目的是劝说冒顿单于千万不要再与汉朝为敌。

卢绾为什么要派张胜过去呢？因为张胜这小子有个特长，就是精通匈奴语言，熟稔匈奴事务。用现在的话说，他是“匈奴通”。

张胜接到命令，赶往匈奴。开始，他也打算按照卢绾的安排去说服冒顿单于，不要轻易发兵。但俗话说：“不怕没好事，就怕没好人。”

张胜与冒顿单于见面前，在匈奴碰到了一个人，结果把所有的计划都给破坏了。

那么，张胜碰到的这个人会是谁呢？

76. 受人蛊惑，背叛刘邦

张胜在匈奴遇到的人，我们之前也提到过，就是前燕王臧荼的儿子臧衍。

大家还记得吗？

汉朝建立之初，前燕王臧荼造反，被刘邦率军攻灭杀掉。他的儿子臧衍比较滑头，当时趁乱溜走，投奔了匈奴。因此，臧衍跟汉朝有国恨家仇，势不两立，长期在匈奴从事“反汉”工作。

臧衍听说张胜的来意，偷偷把张胜拉到了他那里喝酒聊天。

像张胜这种外交人员，经常在国外跑动，受到的诱惑特别多。他们中一部分人，表面上肩负着国家使命，实际上在外面早已经跑野了，什么人都敢交往，还经常自我标榜富有国际视野。这些人有的意志如果不够坚定，很容易被敌国策反。

按说，臧衍是国家叛徒，张胜身为特使理应敬而远之，但是他与臧衍搞在了一起。在喝酒时，臧衍诱劝张胜道：“我说老兄啊，你知道你现在为什么那么受燕王重用吗？那是因为你熟悉匈奴事务啊！”

张胜喝了一口酒，得意地应道：“哈哈，兄弟不才，就是懂一门外语而已。”

臧衍继续说道：“你老兄谦虚了！那你知道刘邦为什么会让卢绾做燕王吗？”

张胜瞅了瞅臧衍，骄傲地说道：“这还用问！我们燕王是皇帝发小，铁哥们。”

臧衍冷笑了一声说道：“哼，我看没那么简单吧！刘邦为人好猜忌，除了儿子和亲兄弟外，他会放心谁啊？整天疑神疑鬼的！韩信立有那么大的功劳，不是也被他给废掉了吗？兄弟我今天就向你解密其中缘由，卢绾之所以能够坐稳燕王之位，那是因为现在诸侯王反叛不断。如果陈豨等人哪天被消灭了，接着刘邦就要收拾你们燕国！到时候，恐怕你和燕王卢绾要么成为阶下囚，要么跟我一样无家可归、流落他乡。我奉劝你们最好不要那么拼命攻打陈豨，而应该与匈奴修好，设法让汉朝战乱不断，这样燕国才可能安然无事，卢绾才有可能永远做燕王，你也就一直会得到重用了！将来如果汉朝内部发生激变，你们还可以随时摆脱汉朝制约！”

臧衍的话不知道大家是否听明白了。

简单地说，就是唯恐天下不乱。只有天下大乱，燕国才能偏安一隅，卢绾才能坐稳燕王位子，他张胜才能安享富贵，也就是“兔不死，狗不烹”。

张胜是一个心思比较活络的人，眼中只有利益，没有什么节操，听了臧衍的话，深受启发。本来他的任务是联络匈奴不要帮助陈豨叛军对抗汉朝，可他擅自改变主意，跑去忽悠冒顿单于派军队牵制汉军。

燕王卢绾也不傻，张胜迟迟不回，匈奴军队却开到了燕国边境，他断定张胜和匈奴暗中勾结，叛国了。于是上书刘邦，请求将张胜满门抄斩。

大战在即，有人通敌叛国，刘邦肯定马上批准了。卢绾刚收到刘邦的批复，张胜就从匈奴大摇大摆地回来了。回来后，他坦承自己确实从中作梗，并把之所以这样干和盘托出。

显然，张胜这家伙也是个投机分子！他怎么就能吃准卢绾一定会听他的话呢？只有一个答案，就是卢绾平时没少流露出对未来的担忧。其实，这在某种程度上，跟刘邦当年对待韩信的态度多少有关。

前面说过，刘邦用陈平的诡计“伪游云梦”抓捕韩信，后遗症非常大。很多诸侯王无缘无故反叛，多由这件事引起，谁都担心早晚轮到自己头上。

卢绾也不例外！

果然，听了张胜的说辞，卢绾很是心动，他认为自己要想善终，必须这样干。既然想通了，就不好再杀张胜全家了，全靠他这个“匈奴通”南来北往从中斡旋呢。但刘邦的批复已经下来了，怎么能说不杀就不杀呢？

为了有交代，卢绾找了一些替身处死了事，让张胜及其家眷得以保全。从此，张胜成了联络匈奴和燕国的双面间谍。

这还不算完，卢绾按照张胜的建议，又暗中派遣一个名叫范齐的人常驻陈豨那里，以便互通有无，帮助陈豨长期叛逃在外，使战争连年不断。

这明摆着是合伙把刘邦当冤大头来坑啊！

一切看似天衣无缝，但卢绾忘记了一个最浅显的道理："没有不透风的墙。"特别是这种事情，更是很难长期隐瞒。

刘邦东征英布时，陈豨经常率军侵扰代地，刘邦派出樊哙前往协助周勃围剿陈豨。不久，陈豨被斩杀。陈豨死了，他手下一员副将投降了过来。正是这员副将说出了燕王卢绾派范齐到陈豨处互相交换情报的事情。

周勃这次回到京城长安，专门把这件事向刘邦做了详细汇报，添油加醋也在所难免。毕竟卢绾没什么战功，却被加封为一方诸侯王，谁看着不眼红啊？

刘邦听后，心中的那个痛就甭提了，比英布那一箭射得还要痛。一个是内伤，一个是外伤。由于太痛，刘邦开始选择不相信。他想不通卢绾为什么会背叛自己，想当面问个清楚，于是派人召卢绾来京城长安说明情况。

卢绾心中有鬼，自知有愧，称病推托不来。刘邦只好又派两个重量级的人物过去请卢绾，顺便做个实地调查。

这两个人一个是审食其，一个是赵尧。关于审食其，我们已经多次提到过，他是吕雉的绯闻情人；关于赵尧，大家应该也不陌生，也就是那个顶替周昌的御史大夫。

刘邦为什么会派他们俩过去呢？这个细节充分体现出了刘邦的良苦用心。

审食其曾经是刘邦家的舍人，长期在刘邦家里工作，相当于刘邦的家里人，委派家里人过去，显然，刘邦这是在用亲情打动卢绾；赵尧官居御史大夫，代表国家权力机关，显然，刘邦这是在用国法威慑卢绾。

一手用情，一手用法，说明刘邦还是不太愿意面对现实。他两手准备，有意放水，给卢绾机会。

卢绾和刘邦从小穿一条裤子长大，对刘邦的套路应该非常清楚。但是，他反而更加害怕，干脆闭门不出，不接待审食其和赵尧。

这又是为什么呢？

77. 误会加深，彻底决裂

卢绾有意不接待审食其和赵尧，让他的一位亲信觉得不可思议，诧异地问道：“大王为什么总是回避呢？这样不好吧？凭着大王与皇帝的关系，应该会得到宽恕，不至于有生命危险啊！”

卢绾摇摇头，唉声叹气地说道：“哎，寡人何尝想如此啊？这也是没办法的事啊！从前皇帝分封诸侯王，中原共有七国，而现在非刘姓王，只剩下寡人和长沙王了！淮阴侯韩信被灭了三族，彭越又无故被满门抄斩，这些可都是吕后的阴谋啊！最近寡人收到确切消息，皇帝重病在身，他把国事全部委托给吕后处理了。吕后这个女人，寡人还是很了解的，她心狠手辣，总想找各种借口除掉异姓王和功臣列侯，如果寡人现在贸然进京，必招致她的毒手！所以啊，寡人只有托病不见审食其和赵尧，才能躲避一时。待皇帝病情好转，寡人再去谢罪，说不定到那时还会有一条活路！”

看来，卢绾对他和刘邦的关系还是很有信心的，只是担心吕雉会加害自己。于是，他继续躲在王宫不出来。

燕国很多大臣不明就里，看到这个局面，知道再这样下去，不会有什么好事，纷纷逃亡藏匿起来。这可害苦了审食其和赵尧两个钦差大臣，他们俩既见不到卢绾，又找不到人调查真实情况，任务无法按时完成，不免焦躁不安起来，便四处打探。

这一打探不要紧，卢绾的那番话被人给透露了出来。

常言说：“病从口入，祸从口出。”

卢绾的这些话虽然对刘邦没有多大意见，但是对吕雉多有微词。御史大夫赵尧倒没什么过多想法，他认为卢绾误会了，有心想当面解释；审食其就不同了，他是吕雉的心腹，甚至还有说不清的情人关系，当听说卢绾如此评价吕雉时，非常恼火，也懒得调查了，拉着赵尧就回了京城长安，把这一切都报告给了刘邦。

刘邦被审食其一撺掇，更加生气了。但他还是对卢绾抱有一丝希望，并没有再继续追究。

正所谓："屋漏偏逢连夜雨，行船又遇顶头风。"恰在此时，有一伙匈奴人投降到汉朝这边。两国之间，你投降我，我投降你，再正常不过的事了。因为无论多完美的国家或组织，也总有人不满意，只是数量不同而已。

这伙匈奴人对"匈奴通"张胜的情况比较了解。他们告诉刘邦，张胜并没有被卢绾灭族，而是作为燕国特使，负责私下联络匈奴。

听到这件事，刘邦勃然大怒，盛怒之下，箭伤迸裂，血流不止，用药反复搽敷，才好不容易将血止住。为此，刘邦对卢绾彻底放弃幻想，仰天长叹道："卢绾真的造反了！真的造反了……"

我们可以想象刘邦当时是什么样的心情，有过亲人朋友背叛经历的人应该深有体会。接下来，刘邦什么话也不说了，直接派樊哙率领军队讨伐燕国。

通过前面的讲述，我们知道卢绾并不是真正意义上的谋反，而是出于自保，耍个小聪明而已。所以，当听说樊哙前来讨伐自己，卢绾没有做任何抵抗，而是带着宫人家眷以及几千名骑兵走了，撤退到长城脚下。

之所以这样，卢绾还是想等待机会，希望刘邦病好之后，能够亲自进京谢罪。而刘邦被他这么一气，箭伤复发，不能愈合，整天痛得在床上翻来覆去睡不着觉。

其实，按照现代医学理论，刘邦的箭伤，应该是发炎了，又频受刺激，休息不好，导致他免疫力下降，外伤逐渐转化成致命内伤。

刘邦哪里懂这些啊！他认为讨伐英布时，如果太子刘盈领命带队出征，自己就不会意外中箭受伤，于是开始埋怨皇后吕雉当初非让他亲征，害他成了这副模样。

刘邦越想越懊恼，每次见吕雉和太子刘盈来探望，都会痛骂一顿。吕雉和太子刘盈实际上对刘邦的意见也很大，尤其太子几次差点被废立，内心委屈得很。

俗话说："眼不见，心不烦。"他们干脆能不过来就不过来，免得挨骂。这样一来，刘邦和吕雉之间的关系越来越僵，只是看在太子刘盈的分上，他不好采取过激行动。

刘邦身边有个人看出了其中的端倪。史书上没有记载这个人的姓名，他跟吕雉的妹夫樊哙关系不太融洽，一天，他趁着左右无人，对刘邦神秘兮兮地说道："陛下，樊哙是皇后的妹夫，关系走得很近啊！臣听说，他们暗地里勾结，准备等皇帝不在了，发兵诛杀戚夫人和赵王如意等人。陛下不可不防啊！"

刘邦不由得大怒道："真有这等事吗？"

那人信誓旦旦，说得有鼻子有眼，貌似千真万确，由不得刘邦不信。当然，至于是否真有这件事，史书没有记载，我们不得而知。

于是，刘邦当即召陈平和周勃两人进宫商议。陈平和周勃知道刘邦病重，听到召唤，跑着就过来了，还以为有托孤重任呢。刘邦看他们来了，从床上勉强坐起身来，恶狠狠地说道："樊哙这家伙看朕病重，竟然与皇后勾结图谋不轨，盼望朕早点死，真是可恶至极！"

陈平和周勃闻听，面面相觑，都不敢为樊哙说话。刘邦现在这种状态，反复无常，谁会那么傻，乱插嘴啊？

刘邦手指着周勃继续说道："你负责到军中取代樊哙的将军之职！"然后又指着陈平说道，"你负责过去立斩樊哙，不得有误！"

陈平和周勃跪在那里，频频点头称是。离开皇宫，两人不敢怠慢，立即启程赶往燕地军中。在路上，两个人边走边商议道："樊哙是皇帝的老部下，功勋卓著，而且又是皇后的妹夫，与皇帝有亲戚关系，地位崇高！今天皇帝不知道听了谁的话，一怒之下，想杀掉他，只怕将来要后悔啊！

我们俩千万别犯二，到军中后，先把樊哙暂时囚禁，不要擅自处置，还是拉回来交给皇帝亲自处理比较好！”

史书上没有明确指出是谁提出了这条建议，但凭我们的经验，非陈平这小子莫属。也正是这条建议，让陈平周勃避免了杀身之祸。因为当他们还在赶往燕地的途中，刘邦已经一命呜呼了。

那么，刘邦究竟是怎么死的呢？临终会有什么交代？

78. 刘邦之死

陈平和周勃奉刘邦之命，前往燕地诛杀樊哙。两个人一路上没想着怎么执行刘邦安排的任务，而是另有打算。这种打算说起来是担心刘邦反悔，秋后算账；害怕得罪心狠手辣的皇后吕雉才是真。因为此时，刘邦的身体已经朝不保夕了。

果然，陈平和周勃两人出发还没多久，刘邦就一命归天了。那么在死之前，刘邦还做了哪些事呢？

前面为了述说的连贯性，有三件事我们没有及时插入叙述，这里顺便补充一下，以便了解刘邦死前的心理状态。

第一件事发生在半年前，也就是刘邦讨伐英布回到长安不久。

一天，刘邦在床上辗转反侧睡不着，也不知道想到了什么，突然唤左右过来，口述了一道诏令：“秦始皇帝、楚隐王陈涉、魏安鳌王、齐缗王、赵悼襄王皆绝无后，予守冢各十家，秦皇帝二十家，魏公子无忌五家。”

什么意思呢？也就是说，刘邦考虑到上面这些人没有后代，墓地可能会没有人管理，专门为他们安排了守墓人：秦始皇有二十家守墓人，其他几位王十家守墓人，魏公子无忌五家守墓人。显然，不同级别，刘邦给了不同待遇。

这些人我们这里就不详细介绍了，曾经都是风云人物，特别是秦始皇和陈胜已经说了很多。至于快走到人生尽头的刘邦，为什么突然想起来做这件事，大家自己揣摩，我们不再单独评论。

第二件事，下诏赦免那些在代地一直跟着陈豨和赵利谋反的官员和百姓。

第三件事，发生在樊哙讨伐燕王卢绾期间，刘邦加封他的第八个皇子，也就是最小的儿子刘建为燕王。刘建天资聪颖，身材长相在众皇子中最像刘邦，年龄又最小，因此也很受刘邦疼爱。但刘建的老妈是谁，史书上没有记载，我们也无从得知。后来，刘建在打猎时被狐狸抓伤，染上了狂犬病，狂躁而死，后面有机会我们还会详细说到。

差不多办完这些事，刘邦病情逐日加重。

刘邦的病主要还是由于讨伐英布时的箭伤发炎引起。一开始，他还配合医生治疗。过去麻醉设施不是太发达，这种箭伤非常折磨人，让人生不如死。到汉十二年春三月时，刘邦已经被伤病折磨得人不人、鬼不鬼了。他实在受不了了，越来越抵触继续看病吃药。说白了，不想活了。

现在有些老人得了重病之后，往往也有这种心理。在他们住院时，医生往往会叮嘱家属时刻看住，就是怕老人一时想不开，一死了事。所以当家里有老人生病了，一定要耐心，因为他们的身心已经很痛苦了。

看刘邦病得厉害，脾气越来越暴躁，皇后吕雉命人千方百计寻找到一个医术高明的医生。这个医生跟着吕雉来到宫里，小心翼翼地察看了刘邦的伤口。检查完后，他说了一大堆没人听得懂的专业术语。

刘邦早不耐烦了，呻吟着怒问道："别废话，朕就问你，朕的病还能治好吗？"那个医生连忙停止唠叨，上前安慰道："陛下不用担心，还是可以治好的！"

这本来是一个好消息，但刘邦瞪着眼，破口大骂道："吾以布衣持三尺剑取天下，此非天命乎？命乃在天，虽扁鹊何益？你少在这里忽悠我！”

刘邦的话一般都比较直白，很容易理解。简单地说，他认为，自己的命是天注定，没必要再治了。实际上，刘邦可能是被伤病折磨得太痛苦了，有弃世的念头在里面。

骂完后，他便把那个医生给赶走了。这个医生运气不错，虽然挨了一顿骂，临走时，刘邦仍然赏赐给他五十斤黄金。

刘邦的情商高，体现在骨子里，让人感叹。但他的这种做法很多人看不懂，都感觉莫名其妙，甚至还有人用此事来说明刘邦晚年如何喜怒无常。简直可笑至极！

其实，刘邦是担心医生出去后，把他的病情和病状透露出去，有损他高大上的形象。用现在的话说，就是避免隐私泄露。

不管怎样，这个时候，刘邦无论如何都不肯再看医生了。

皇帝不是普通人，金口玉言，他说不治就不治了，谁也没办法。吕雉看刘邦如此固执，嘱咐左右侍从几句，也走了。

待吕雉走后，刘邦强忍病痛，诏令文武百官全部入宫见驾，说是有非常重要的事安排。文武百官接到诏令，跑得比兔子都快，谁也不敢在这种情况下惹刘邦生气啊，不久便陆续赶到宫中。

在刘邦面前，大家都紧张得不敢出气，大眼瞪小眼，静候刘邦指示。刘邦命人宰杀了一匹白马。通常都是杀鸡给猴看，刘邦却杀白马给大臣看，究竟作甚？

其实，这是古代的一种宣誓仪式：杀一头牲畜，将其血抹在嘴唇上，然后指天发誓，表示大家永远遵守承诺。刘邦杀的是一匹白马，可能与他戎马一生有关，白色又象征着纯洁无瑕。

不一会儿，侍从端了一盆马血进来。群臣排好队，依次上前用手指沾血涂在嘴唇上，然后齐声宣誓道：“非刘氏而王，天下共击之！”

这件事就是历史上著名的“白马之盟”，或者叫“白马盟誓”，但没过多久就被吕雉给破坏了，这是后话，我们暂且不表。

宣誓完，大家一番“万寿无疆”的祝福后，纷纷匆匆离开。谁也不想跟病人在那里唠嗑啊，何况是一个随时可能要杀人的皇帝呢。

紧接着，刘邦又派人到燕地诏令陈平，杀完樊哙回来后，不必入京，直接赶往荥阳与灌婴合力驻守，以免诸侯趁着丧葬期间叛乱。

待一切安排妥当，他又把老婆吕雉召来，交代自己的后事。

看看，刘邦死都死得那么从容不迫！这是一个优秀政治家的基本素养，来得可能不明不白，走得却要明明白白，值得后人学习！

吕雉趴在刘邦床前轻轻问道：“陛下百年之后，如果萧相国也不在了，让谁来接替他呢？”

刘邦非常确定地答道：“曹参可用！”

吕雉又问道：“曹参也不年轻了，他之后呢？”

刘邦想了想说：“王陵可用！不过他有点迂腐刚直，可以让陈平辅助他。陈平这个人智慧有余，然而难以独担重任啊！‘周勃重厚少文，然安刘氏者必勃也，可令为太尉’。”

刘邦对人的考察简直出神入化，特别是最后一句对周勃的评价，太过经典，只好原文引用。后来，果如刘邦所料，正是周勃带头将吕氏杀光，重新扶立汉室江山。

吕雉可能对刘邦用人是由衷地崇拜，又问以后怎么办。刘邦哼了一声说道：“再以后的事，也不是你所能知道的了！”

吕雉一脸尴尬，不再问了。

又过了几天，差不多到了四月，刘邦在长乐宫中痛苦地死去，享年六十三岁，走完了他不平凡的一生。这一年定格在公元前195年。

刘邦和秦始皇年龄相差仅仅三岁，算是同龄人吧，但一个是王族出身，一个是平民出身，却先后创立两个王朝：秦朝和汉朝。这不得不让人惊叹！

刘邦被项羽封为汉王时为汉元年，汉五年称帝，到汉十二年，刘邦总共做了八年皇帝。按照老规矩，还是要对刘邦做一下总结。

那么，我们究竟该怎么看待刘邦这个从平民百姓中走出的皇帝呢？

79. 成功之道

刘邦在伤病折磨中走了，走得很从容，没有丝毫眷恋，这与秦始皇有很大的不同。为什么？因为他信命！

上一章我们提到，他在拒绝医生治疗时，说过一句话："吾以布衣持三尺剑取天下，此非天命乎？命乃在天！虽扁鹊何益？"从这句话不难看出，刘邦相信"生死有命，富贵在天"。换句话说，刘邦认为，他今天取得的成就全赖"天命"。

这可能就是刘邦眼中的成功之道吧！成功之道是天命？怎么可能呢？没开玩笑吧？在很多人看来，刘邦一定又在宣传封建迷信那一套，整天就知道忽悠，结果把自己都给忽悠死了。实际上，这句话应该是刘邦的肺腑之言，有感而发。

刘邦一介布衣出身，四十八岁出来打天下，短短七八年时间就当上了皇帝，如此神速，堪称奇迹。所以，也难怪刘邦自认为是"天命"。

过去说一个人好命，往往会说他有"富贵相"；现在不这样说了，太土气，一般称之为有亲和力。

亲和力对人的一生非常重要。有的人天生就讨喜，人见人爱、花见花开，让人第一次见面，就有放电的感觉。回想一下，我们每个人身边都可能有这样的人。

刘邦应该就是这样的人，一个相貌不凡的人。史书中在多处都提到了刘邦的相貌和特质，最直接的，就是《史记·高祖本纪》中的记载："高祖为人，隆准而龙颜，美须髯，左股有七十二黑子。仁而爱人，喜施，意豁如也。”

所谓“隆准”，就是鼻梁高挺；所谓“龙颜”，就是眉骨圆起；所谓“美须髯”，就是胡子漂亮；所谓“左股有七十二黑子”，就是指左腿有七十二颗黑痣；所谓“仁而爱人，喜施，意豁如也”，指刘邦性格仁厚，与人为善，出手大方，心胸豁达。

这种相貌描述还是比较笼统的，《史记》中还有一处对刘邦相貌的评价，出自刘邦的老丈人吕公之口：“臣少好相人，相人多矣，无如季相，愿季自爱！”

虽然这里没有直接描述刘邦的相貌，但表达出了吕公对刘邦相貌的直观感受：“我擅长看相，而且给很多人看过相，都没有你刘季相貌好啊，希望你好自为之！”

正是有了这个感受，吕公才情愿把二十岁不到的女儿吕雉，嫁给了超大龄青年刘邦。可见，刘邦的亲和力有多强！

这就是命！它也是刘邦之所以能够成功的最基础要素。而其他很多成功特质，都是从这里逐渐发展出来的。

有个好相貌会占有先机。刘邦就是这样。当时周围的人都愿意跟他交往，喝酒都可以不给钱，因为没有谁会不想和一个讨喜的人来往。用老百姓的话说：“沾沾福气！”

所以，刘邦从小就有很多朋友。他又天生好动，待在家里闲不住，到处游荡，结交天下各路朋友。朋友一多，眼界自然就开阔了，眼界一开阔，想法自然大不一样，你再让他脸朝黄土背朝天就不大可能了。

《史记·高祖本纪》中对此时的刘邦这样记载：“常有大度，不事家人生产作业。”也就是说，刘邦平时都不把自己当一般人，总想着干一番大事业，不愿意从事劳动生产。 为此，老爸刘太公常骂他“无赖，不能治产业”。所谓“无赖”，就是没有才干、不中用的意思，与现在所说的“流氓无赖”的意思并不完全相同。

刘邦既不像二哥刘仲那样会干农活，又不像弟弟刘交那样好好读书，他整天游手好闲，可不就是“无赖”。刘邦的“无赖”名声便是由此而来。但“无赖”只是表象，刘邦有自己的理想，他想成为“战国四君子”一样的人。

“战国四君子”太出名了，前面也有提到过，这里就不多介绍了。他们都喜欢养门客，结交江湖人士，属于游侠一类的人。而刘邦当时就是一个游侠或者像游侠一样生活。

那么，“游侠”究竟是什么样的一群人呢？

司马迁在《史记·游侠列传》中这样定义：“今游侠，其行虽不轨于正义，然其言必信，其行必果，已诺必诚，不爱其躯，赴士之厄困，既已存亡死生矣，而不矜其能，羞伐其德。”

什么意思呢？这段话还是有点难理解的。我们这里用现代语言大致来翻译一下：“游侠的言行虽然一般不符合道德法律规范，但他们言必信，行必果，遵守诺言，诚实可靠，舍己为人，见义勇为，经得住生死存亡的考验，而且很低调，不自夸，不张扬，不炫耀。”

简单地说，游侠是一群不循规蹈矩的人，特立独行，且富有正义感。

虽然较为松散，但是游侠是有组织的，分级别，级别因地位不同而不同。“战国四君子”属于级别比较高的游侠，其中魏国的信陵君魏无忌就是刘邦的偶像。前面说过，刘邦临死之前，还没忘记给他这个偶像配备了五家守墓人。

魏无忌死的时候，刘邦还是个青少年。长大后，他曾经跑到魏无忌的门客张耳那里拜访，应该是为了了却年轻时的心愿。

关于张耳，前面说过比较多，也是游侠出身，那时在外黄县做县令。虽然刘邦当时是一个名不见经传的年轻人，但张耳非常看重他，并留他住了一个多月。县长留宿一个普通青年，这是不可思议的！足见刘邦的亲和力有多强。

刘邦这种类似游侠的生活一直持续到三十五岁，才不得不结束。因为那个时候，秦始皇统一了天下，实行郡县制，户籍管理非常严格，不允许百姓到处游走。

如果把刘邦的成功之道分成几个阶段的话，三十五岁之前的游侠经历，对刘邦一生来说，是一个非常重要的阶段，主要发生在战国时代末期。在这个阶段，刘邦通过结交朋友，到处游走，阅人无数，开阔了视野，增长了阅历。

俗话说："读万卷书不如行万里路，行万里路不如阅人无数。"阅人无数，让刘邦慢慢参透了人性，逐渐人情练达；阅人无数，培养了刘邦的悟性，能理解高人的想法。这些都为刘邦将来率兵打仗、知人善任，打下了坚实的基础。

游侠生活不能继续了，刘邦只好参加工作。他通过考试，做了泗水亭长，从此进入另外一个圈子，也就是秦朝基层官场。如果说游侠是黑道，属于体制外；那么官场就是白道，属于体制内。

这段工作经历持续了十年左右的时间，算是刘邦成功之道的第二个重要阶段。在这个阶段，刘邦有了四项重大收获：一是结识了萧何、曹参、夏侯婴等官场才俊，为以后创业打天下准备了最牢靠的班底。二是学会了怎么处理复杂的官场人际关系，熟悉了政府运作机制。三是娶吕雉做老婆，得到了吕公的指点。四是亲和力转化成号召力，而号召力才有可能让一个人脱颖而出，成为引领者。

"大风起兮云飞扬"，又让刘邦有机会发挥这种号召力。他一呼百应，连顶头上司萧何和曹参，都心甘情愿接受他的领导。

但只有号召力是不够的！因为号召力只是解决了有人愿意跟着干的问题，而创业打天下不是一蹴而就的事，中间的坎坷和诱惑特别多，难免会有人中途离开，甚至窝里反。如果要这种事情少发生或不发生，还必须有领导力。

什么是领导力？说穿了，要有手段！此时，刘邦的手段还停留在江湖义气层面，所以刚起兵没多久，雍齿便倒戈了，把他的老窝丰邑都给端了。刘邦被这件事刺激得不轻，甚至对自己产生了怀疑，病倒了。痛定思痛，在慎重评估了自己的能力和势力之后，刘邦投靠了项梁。

这就进入了刘邦人生的第三个阶段：找靠山、傍大款。找靠山、傍大款看似容易，其实很难，既要能屈能伸，又要能文能武。否则，要么被新老大边缘化，要么直接被吃掉。

刘邦通过跟项羽结拜，没被边缘化；通过战功，没有被吃掉。如果这样下去，项梁不死，刘邦也充其量做个将军，做皇帝恐怕要下辈子了。但项梁命浅福薄，战死沙场了。

这个阶段虽然时间很短，但让刘邦有机会见识到了项家正规军，并对项羽这个未来最大的对手有了深刻了解。而且，在项梁那里，刘邦学到了如何做一个有领导力的老大。

接着，便进入了刘邦人生的第四个阶段：西进关中，推翻秦朝。

西进关中，刘邦走了一条最长路线，堪称长征，但他很讨巧，一路招降，顺利入关。入关占领咸阳后，又还军灞上，约法三章，为此，收获了人心，为以后扎根关中，出关东征，打下了人心基础。

俗话说："得人心者得天下。"看似很虚，却有一种无形的力量。

刘邦屡次被打败，总是能够及时补充兵源、补给粮草，与他深得人心不无关系。反观项羽，西进关中既是树立威信的过程，也是失去人心的过程，而且入关后，在鸿门宴上又错失杀掉刘邦的最佳机会。这一方面是因为项羽的妇人之仁；另一方面，也再次体现了刘邦的亲和力，让项羽不忍心下手。

总之，刘邦命大，侥幸逃生，进入了他人生的第五个阶段：楚汉对峙。楚汉对峙，总的来说，是三场战争：

一是人才战。韩信、张良、陈平、英布、彭越、王陵等先后被吸纳到汉军队伍中。之所以能够吸引那么多人才过来，无非两个原因：首先，刘邦出手大方，封赏利诱；其次，刘邦知人善任，从谏如流。

二是消耗战。消耗战拼的是百折不挠的韧性。刘邦的坚韧不拔、越挫越勇，在这里体现得淋漓尽致，让他坚持到最后。

三是心理战。在战争的最后阶段，双方都精疲力竭，谁内心先崩溃，谁就彻底输掉。刘邦老成持重、阅历丰富、心理成熟，无论项羽用什么招，他都能从容应对。

最后，刘邦取得了胜利，建立了汉朝，做了皇帝。这就进入了他人生的第六个阶段：守成阶段。

刘邦没有因为当了皇帝而掉以轻心，相反，更加小心谨慎，为此增加了多疑的毛病。他始终在做长远打算，终于在临死之前半年，将所有异姓王都铲除了。

这个阶段，刘邦虽然收获了成果，但也尝到了苦果，他最好的朋友卢绾背他而去。卢绾和刘邦的生辰八字高度相似，两人的结局也差不多，先后称帝封王，又先后死掉。卢绾是在刘邦去世的第二年含恨而去的。这难道不是命运的巧合吗？

刘邦的成功之道，经过六个阶段，每个阶段都有出色表现。

刘邦死了，走得从从容容，把后事都安排得妥妥当当，但他无论如何都想不到，他刚死，一场杀戮就要上演了。

那么，这场杀戮由谁指挥？能得逞吗？

第十六章

吕后掌权

80. 吕雉的欲望

自认为妥善安排完了身后事，刘邦撒手人寰。刘邦这一生最得意的能力，莫过于识人用人。在临死时，他还不忘做好较为长远的人事安排，但千算万算还是失算，防来防去，却少防范了一个人。

这个人就是皇后吕雉。

“吕后为人刚毅，佐高祖定天下，所诛大臣多吕后力。”这句话是司马迁在《史记·吕太后本纪》中开篇对吕雉的概括性评价。评价分三个方面：第一个是性格，为人刚毅，用现在的话来说，就是女强人；第二个是功劳，稳定天下，在吕雉协助下，刘邦坐稳江山，也就是守成；第三个是手段，诛杀功臣，做了刘邦不能做或者不好意思做的事。

从这三个方面可以看出，吕雉不是一个甘居男人身后的女人，她是有野心的，而且心狠手辣！这一点，刘邦难道没有看出来吗？肯定看出来了！但他存有侥幸心理，某种程度上也是无可奈何。

所谓侥幸心理，主要是因为太子刘盈是吕雉所生，无论吕雉多么狠心，也不可能对自己的儿子下手。实际上，吕雉对儿子刘盈格外疼爱，早期所做的一切，可以说都是为了他。但世事无常，刘盈年纪轻轻，做了几年皇帝就死掉了，这是刘邦无法预料到的。

另外，刘邦也无可奈何。当时的局面，他不把大权交给吕雉，还能交给谁呢？别无选择！早在刘邦病重期间，吕雉已经开始代理朝中大事。现在刘邦死了，她便顺理成章完全掌控了大汉权柄。

按说，老公死了，老婆的第一件事就是发丧。皇帝刘邦驾崩了，吕雉理应通知皇子和功臣列侯过来奔丧，但吕雉没有这么做，而是另有打算。什么打算呢？

她打算秘不发丧，对功臣列侯搞突然袭击，来个一网打尽，全部杀掉。这个想法无疑是一条毒计，非常疯狂，我们现在想想，都心惊肉跳。

那么，吕雉为什么非要这么做呢？

她认为，儿子刘盈年龄太小，才十六岁，而且性情敦厚温顺，自己又是一介女流，母子俩难以驾驭那帮跟着刘邦打天下的遗老遗少。

既然打算这么干了，那就必须提前进行周密安排。

因为这事操作难度太大，一个人根本无法完成，所以刘邦刚死，吕雉就把一个人找来商议。这个人就是吕雉的心腹辟阳侯审食其。

审食其接到吕雉召唤，赶快来到后宫，才知道刘邦已经死了。

那么，这对男女会商议出什么样的结果呢？

81. 打草惊蛇

审食其应皇后吕雉召唤，赶快来到后宫。在后宫，吕雉双手紧攥在一起，在那里紧张兮兮地呆坐着。审食其正要上前行礼，吕雉急忙拦住，然后挥手屏退左右。待左右都离开了，她才对审食其严肃地说道：“皇帝已经归天了！”

审食其虽然知道早晚会有这么一天，但听到刘邦的死讯，心中还是直发紧，他一脸愕然，轻轻“啊”了一声。吕雉叹了一口气说道：“哎，本来应该立即颁诏发丧，拥立太子为皇帝，可我担心有些功臣列侯不服啊！这些人先前和皇帝一样，都是秦朝登记在册的平民百姓，后来不得已面北称臣。皇帝在的时候，他们就常常流露出不服气的样子，现在他们怎么会老实侍奉年轻的新皇帝呢？如果不及时全部族灭他们，天下就难以安定下来！”

这话把审食其吓得够呛，差点儿惊叫出来，他强压着内心惶恐，怯怯地问道：“这事可不好办，皇后准备怎么干啊？”

看审食其这副模样，吕雉倒显得镇定了，貌似平静地说道：“我打算先秘不发丧，诈称皇帝病重，召集诸将到宫中来，事先埋伏好刀斧手，把他们一网打尽，全部杀掉。你认为这么干怎么样？”

审食其听到这个计划，后背直冒凉气，心想这吕后够狠的啊，但他不敢表示反对，小心翼翼劝说道：“臣认为，这个办法不错，可以干！不过最好还是谨慎行事，布置周密才好，万一败露，后果不堪设想啊！”

被审食其这么一提醒，吕雉感觉不踏实起来，又召二哥吕释之等吕氏子弟进宫商议。

为什么不召大哥吕泽过来呢？这里交代一下，早在汉八年，吕泽已经死了。

不一会儿，吕释之等人来到了宫中。他们了解完情况后，心里也发虚，认为审食其说得有道理，不能太过草率行事。吕雉只好先让他们回去准备，一切等她指示。

转眼间已过了三天，吕雉仍然举棋不定，群臣得不到宫中皇帝的消息，疑窦丛生。这时，有个人走漏了吕雉的计划。

这个人名叫吕禄，是吕释之的儿子，也就是吕雉的侄子。他是怎么走漏风声的呢？

原来，吕禄有个好朋友，名叫郦寄，字况。关于郦寄，大家可能不熟悉，但他的大伯非常著名，也就是郦食其。前面说过，早在汉朝建立前，郦食其因为游说齐国失败，被齐王给烹了。他有个弟弟名叫郦商，被刘邦封为曲周侯。郦寄就是郦商的儿子。

郦寄和吕禄都是官二代，高干子弟，平时两个人比较玩得来，经常一起斗鸡走马、游玩打猎、泡妞赛车。

吕禄身为吕氏子弟，知道吕雉要屠戮功臣的计划，私下里告诉了好朋友郦寄，目的无非是想救老郦一家。郦寄一听，紧张得不行，赶快跑回家报告给了老爸郦商。

这段述说煞有其事，但并不是源自正史，仅供大家参考。正史中只说有人将吕雉的计划透露给了郦商，至于谁透露的，没说。因为吕禄和郦寄关系紧密，后人推断，应该是吕禄透露给郦寄，再由郦寄告知老爸郦商，否则别无渠道。

总之，郦商得知了吕雉屠戮功臣列侯的计划。

郦商是老革命，又是刘邦的心腹，觉悟多高啊，听说后，肯定不会坐视不管了，但为了顾全大局，他又不好明着通知群臣。如果那样做的话，很可能会引起天下大乱。郦商急中生智，想出了一个办法。

什么办法呢？

郦商和审食其的私交非常好，他直接跑到审食其家中，说有重要的事告知。审食其最近几天为了完成吕雉的计划，忙得头昏脑涨，慌得睡不着吃不下，看好友郦商突然造访，不敢怠慢，忙屏退家臣，问有何贵干。郦商佯装惊恐地说道："足下就要大祸临头喽！"

审食其心怀鬼胎，听到这话，不由得吓了一大跳，急问道："你老兄可不要吓我啊！这话从何说起？"

郦商凑到审食其身边，压低声音说道："我听说皇帝已经驾崩四天了，皇后却秘不发丧，还要杀掉诸将，可有此事？如果真这样做的话，天下可就不太平了！皇帝已派人令陈平和灌婴率领十万大军镇守荥阳，樊哙和周勃率领二十万大军平定燕地和代地，他们一旦听说这个消息，必定会把军队联合在一起，回过头来进攻关中。到那时，大臣们在朝廷内叛乱，诸侯们又在外面造反，'亡可翘足而待也'！"

有一个成语叫“翘足而待”便是出自这里。它的意思是说，只要一抬脚的时间就可以等到结果，比喻很快就能实现，有点像现在流行的“分分钟”的说法。

当然，郦商这段话真正的意思并不是说“分分钟”就可以灭掉吕雉一伙，而是告诉审食其，他们的计划已经败露了，不要再冒险了。

这就是所谓的“打草惊蛇”！有些事情，不好防范，怎么办？“打草惊蛇”无疑是一种好方法，让对方知难而退。

审食其被郦商这么一吓，心里更加惶恐不安，连忙掩饰道：“我……我从来没有听说过有这等事啊！怎么会有这样的传闻？我现在要到宫中向皇后禀报，防止有人趁机拨弄是非！”

看目的达到，郦商告辞回家等候消息。送走郦商后，审食其立即入宫面见吕雉，把郦商的那番话如实相告。吕雉正犹豫不决，知道计划已经败露，只好作罢，并派审食其转告郦商，不要再到处声张。审食其自然领命，前去叮嘱郦商。

郦商本意也是阻止吕雉的屠戮计划，既然已经成功，便发誓永远不再提起此事。审食其又像兔子一样，跑回宫中告知吕雉。吕雉吃了定心丸，这才传令发丧，大赦天下。

至此，刘邦已经死了四天多了，就这样，一场血雨腥风在悄无声息中被制止了。

群臣听闻刘邦死讯，纷纷赶到宫中，在太子刘盈的主持下，将刘邦尸体置入棺椁，安葬在长安城北，也就是今天陕西省咸阳市秦都区窑店镇三义村附近，号为长陵。

安葬完刘邦，群臣进谏道：“先帝起自细微，拨乱反正，平定天下，为汉太祖，功德最高，应上尊号为高皇帝。”于是，太子刘盈给老爸刘邦上谥号为高皇帝，后世称为高帝，或者高祖。

又过了两天，刘盈顺理成章继承皇帝大位，也就是历史上的汉孝惠帝，吕雉自然被尊为皇太后。接着，惠帝刘盈诏令各郡国诸侯，在各自封地，建高祖庙，要求每年按时祭祀。惠帝五年，刘盈想到老爸刘邦生前最思念、最喜欢的是老家沛县，于是下诏将沛县泗水亭的沛宫，定为汉高祖刘邦的原庙。刘邦生前回老家时曾亲手教习唱歌的一百二十个儿童，被诏令到原庙负责奏乐，以后有了缺员，随时加以补充。

刘邦驾崩的消息公布后，有人欢喜有人忧。那么，谁会欢喜，谁又会忧呢？

82. 反应不一

刘邦驾崩的消息公布后，天下皆知，自然也传到了刘邦的发小卢绾那里。前面说过，刘邦临死之前曾派樊哙率兵讨伐卢绾。因为卢绾压根没准备造反，所以并没作抵抗，带着家眷和几千骑兵逃到了长城脚下，他想等刘邦病好了，再去长安当面谢罪。

结果等来等去，等到了刘邦病死的消息。

听到这个消息，卢绾痛不欲生，后悔当初不该背叛刘邦。同时，他也认为，太子刘盈登基做了皇帝，皇后吕雉必定专权，自己是回不去了。但不能总在长城脚下待着啊，总要找个落脚的地方，究竟去哪里呢？

卢绾想来想去，最后一咬牙一跺脚，决定投奔匈奴。

燕王卢绾前来投奔，匈奴非常高兴，当即加封他为东胡卢王。说起来是王，但毕竟是汉朝的叛将，叛国之将终归是寄人篱下，低人一等，不受待见。匈奴有些部落甚至经常派兵侵扰卢绾的地盘，抢夺财物，这让卢绾很不爽，但也无可奈何。从此，他日夜思念回归汉朝，每每想到发小刘邦，总是不由得怆然泪下。

不久，也就是刘邦离世的第二年，卢绾在悔恨中病死在匈奴。后来，卢绾的老婆和儿子还是设法回归了汉朝，将来我们还会说到。

再说樊哙到了燕地。

卢绾不战而逃，燕地百姓无心造反，樊哙没费一刀一枪，把燕地顺利平定了。他本想乘胜继续追击卢绾残余势力，这天，忽然从京城长安来了一个使者。这个使者手持符节，声称皇帝刘邦派陈平前来宣诏，命令樊哙立即去几里地之外的土坛下接诏。

樊哙知道刘邦身体状况不好，一听陈平亲自过来了，认为必有大事发生，不敢怠慢，当即带着几个贴身随从跟着使者就过去了。行了没多久，远远望见陈平站在坛上等候。樊哙忙催马上前，飞身下来，跪倒在坛下听诏。

陈平也不搭话，佯装拿着诏书宣读起来。樊哙伏在地上，刚听了一小半，突然，坛两边窜出几十个武士将他死死按住。樊哙还没反应过来，已经被双手反剪，绑了起来，正要大声喧哗求救，陈平三步并作两步，从坛上走下，来到他身边，耳语了一番。

也不知道陈平究竟说了什么，樊哙顿时安静了下来，老实就范。樊哙手下那几个随从，眼见老大被抓，准备上来拼命。这时，周勃手持宝剑从坛后走了出来，大声喝住，命令他们一起回军中接诏。那帮随从一看是太尉周勃，不敢撒野，乖乖听从。

就这样，樊哙被成功抓捕，钉进了事先准备的囚车中。

这种夺将印的手段，是不是很眼熟？与当年刘邦两夺韩信帅印的套路如出一辙。这种手段看似有点不堪，却能以极小的代价获得极大的受益。

抓捕完樊哙，周勃和陈平就此告别。

周勃来到军营，取出诏书，展示给众将士，说明来意。将士们一向敬重周勃为人，又见他奉诏而来，都不敢违抗，纷纷跪倒听令。

周勃那边顺利掌控了军队，而陈平这边却一路上忐忑不安，押着樊哙向关中驶去。眼看就要入关，在路上驿站，刘邦的又一个诏书下来了。

什么诏书呢？前面我们说过，刘邦在弥留之际，派人下诏给陈平，命他杀掉樊哙后，不要回关中，直接去荥阳，协助灌婴镇守。

刘邦这么做的目的是防范诸侯在他死后，趁机叛乱，杀进关中。但陈平接到诏书后，多了一个心眼，他没有直接奉命行事，而是把下诏的朝使单独找来好好款待，向他了解刘邦最近的情况。

朝使与陈平关系不错，如实相告，说刘邦已经病危，可能活不了几天了。陈平得到这个消息，心中更加不安起来，便与他商量，放慢向前行进的脚步，静待局势发展。朝使向来敬佩陈平的智谋，欣然同意。

差不多慢慢向前行进了两三天，果然，刘邦驾崩的消息传了过来。一听到风声，陈平急忙安排朝使，替他押送樊哙，还没等朝使同意，他已经飞身上马，如风驰电掣一般，奔回京城长安。

陈平为什么那么着急回京城长安呢？因为樊哙的老婆吕媭是吕雉的妹妹。陈平判断，刘邦死后，吕雉一定会掌握朝中大权，自己虽然没有杀掉樊哙，但是难保吕雉和吕媭姐妹不了解情况，对他下达诛杀令。陈平这才急急忙忙赶回京城长安。

凡事都有时效，过了最佳时机再做解释，效果就差很多。

这次危机公关，足见陈平有多么机智过人！

陈平狂奔入京，家都没回，直至宫中。来到刘邦灵前，他扑倒在地，边爬、边拜、边号啕大哭，泪如雨下。刘邦对陈平有知遇之恩，陈平心痛是肯定的，但是搞得如此夸张，不排除有表演的成分在里面。

吕雉一看到陈平，忙从里面帷帐中钻了出来，责问他樊哙的下落。陈平强收住眼泪，哽咽着说道："臣奉诏，不得已去斩杀樊哙将军，但臣考虑到樊哙有大功，不敢擅自施刑，特将樊哙将军押解回京，听候发落！"

吕雉最担心的就是樊哙的安危，因为在军中，樊哙可以说是她最为倚重的将领。樊哙在，她才可能稳住军队，控制住局面。所以听到陈平这么说，吕雉转怒为喜道："哎，真难为你了！看来你是个能够顾全大局的人，有主见，有远见，不盲从啊！樊哙现在何处啊？"

陈平用手擦拭了一下眼角的泪水，恭恭敬敬地答道："臣听说先帝驾崩，顾不了那么多，一个人先跑回来奔丧，樊哙将军在后面有专人押送，不日就到了！”

吕雉大喜，如果不是在刘邦灵堂前，估计忍不住能大笑出来。她对陈平上下打量了一番，看陈平一副风尘仆仆的样子，有点感动，便安慰几句，让陈平先回去休息。陈平哪里敢去休息，他担心自己前脚刚走，后脚说不定就会有人在背后进谗言，于是哭着说道：“现在正值宫中大丧，臣怎么能去休息呢？臣情愿留下来守夜！”

一般父母去世了，子女才会守夜，陈平如此上心，该有多打动人啊！

吕雉和刘邦是患难夫妻，虽然因为废立太子的事搞得不太愉快，但那也是有感情的，又加上陈平哭得那么伤心，不由得心中升起几分哀怜，说道：“君千里迢迢从外面回来，已经够辛苦了，不好再守夜，先回去休息几天，再来不迟！”

陈平却仍然坚决地说道：“太子刚刚登基，国家正处于不稳定时期，臣受先帝厚恩，理应效犬马之劳，怎敢偷懒怕苦呢？”

陈平这戏演得太逼真了，估计把自己都感动了。吕雉更不用说，当时就动情地说道：“君的忠诚，世所罕有，我看在眼里，记在心里！现在皇帝年少，还需要君等这样的老臣来指导，烦请君为郎中令，辅佐皇帝，这样才能让我放心啊，也算是君不忘先帝吧！”

一番表演，得到了郎中令一职，足见吕雉已经完全原谅了陈平奉诏斩杀樊哙的行为。关于郎中令，前面说过，是负责宫中安全工作的最高长官，非常时期非常重要。

话都说到这个份上了，陈平不好再端着了，当即接受任命，谢恩告退。他这边刚离开，果然就有人到吕雉那里说坏话。

这个人就是樊哙的老婆吕媭。

吕媭听说陈平回来了，专门来找姐姐吕雉哭诉，目的是劝说杀掉陈平，为老公樊哙报仇雪耻。

那么，吕雉会听从妹妹吕媭的意见吗？

83. 权力是最好的春药

陈平前脚刚走，樊哙的老婆吕嬃后脚就过来向姐姐吕雉哭诉道：“我的亲姐姐啊，你一定要为妹妹做主啊！据我所知，正是陈平给先帝出主意要杀你的妹夫樊哙！别看他长得人模狗样的，其实一肚子坏水！”

吕雉已经被陈平的话先入为主了，听吕嬃这么说，并不以为然，耐心解释道：“你千万别错怪好人啊！如果陈平真想杀樊哙的话，樊哙就是有十个脑袋估计也早就搬家了！他干吗还傻乎乎押送樊哙回来呢？”

吕嬃仍然不依不饶，在那里嘟嘟囔囔劝说道：“姐姐，这正是陈平的狡猾之处！他听说先帝驾崩了，才不敢下毒手。这个人左右逢源、花言巧语，他的话不能轻信！”

吕雉有点不耐烦了，脸一沉，训斥道：“从长安到燕地，一去几千里，来回往返，马不停蹄也要几个月。当时先帝还在，特意命他在燕地立斩樊哙。即使他执行了这个诏令，那也是应该的，谁也无法追究指责，你怎么能说他事先得知消息，不敢下手呢？况且，我们这些人在先帝身边都无法解救樊哙啊！如今，人家冒死救了樊哙一命，带回长安，你不思感激，反倒去冤枉好人，这不是恩将仇报吗？”

吕雉这一番话，将吕嬃驳得哑口无言，吕嬃只好悻悻退去。不久，樊哙果然被人押送着，安全回到京城长安。吕雉当即下了特赦令，将樊哙放出。

樊哙从鬼门关逛了一圈，心有余悸，一放出来便跑到宫中拜谢。吕雉看樊哙一脸憔悴，示意他免礼，坐到一边，然后严肃地问道：“樊哙啊，我问你，你的命是谁救的啊？”

樊哙连忙回答道："蒙太后隆恩！"

吕雉听了很是满意，又问道："此外，还有其他人吗？"

樊哙稍微沉吟了一会儿，想到了陈平在他耳边说过的话，回答道："应该还有陈平吧！"

吕雉笑呵呵说道："是啊，看来你还是有良心的，不像你那个老婆吕媭，没眼色，非说陈平要害你！你要抽空去感谢一下陈平才是啊！"

樊哙"诺"了一声。

既然皇后吕雉说要感谢，樊哙从宫中出来后，直奔陈平的府邸。陈平趁机也向樊哙赔了不是，说自己有诏命在身，不得已而为之，如有得罪的地方，还请他多多包涵。

就这样，两人握手言欢，共同发誓效忠皇帝刘盈和皇太后吕雉。

结局看似很完美，其实心结并没有真正打开。吕媭坚持认为陈平是主谋，唆使刘邦诛杀樊哙，后来她又多次在吕雉面前状告陈平，将来我们还会说到。

实际上，以吕雉的精明，未尝看不出陈平在里面耍了花招，估计她也是装糊涂，做顺水人情，借此机会拉拢陈平而已。

为什么这么说呢？我们不妨分析一下刘邦死后的政治生态。

当时朝中有三派势力：一派是吕氏外戚派；一派是刘氏皇族派；一派是功臣元老派。这三派互相联系，互相依存，互相渗透，共同驾驶着汉朝这艘大船向前行驶。

先说吕氏外戚派。这一派主要由吕雉的两个哥哥吕泽、吕释之、侄子们以及亲戚朋友组成。特别是吕雉的大哥吕泽，战功卓著，曾经"发兵佐高祖定天下"，在军中相当有影响力，尽管早在汉八年就死了，但军中各种裙带关系都还在。当年刘邦之所以不敢轻易废立太子，某种程度上也考虑到了吕氏外戚派的势力。

再说刘氏皇族派。这一派主要由刘邦的八个儿子和孙子们组成，年龄最大的齐王刘肥也不过二十五六岁，其他都还未成年。另外，皇帝刘盈是嫡长子，自家兄弟，他们也没话好说，只有乖乖听话的份。

最后再说功臣元老派。这一派势力最强，主要是跟随刘邦打天下的一帮文臣武将：文有萧何、张良、陈平等人，武有周勃、灌婴、曹参等人。

文臣中，萧何和吕雉在沛县时就很熟悉，两个人还合伙杀掉了韩信，关系不言而喻；张良更不用说，官居太子少傅，是刘盈的老师；陈平如果被吕雉拉拢过来，那么文臣的核心人员基本都被收服。

武将中，周勃、灌婴、曹参等人和吕泽、吕释之等吕氏子弟是老战友，又加上樊哙身份特殊，既是功臣元老派，也是吕氏外戚派，一定会从中调和。只要过得去，这帮武将自然会对吕雉俯首帖耳。

这样分析来看，吕雉是在有意识地平衡功臣元老派中文臣和武将的利益，以便形成以自己为核心的新的利益共同体。

作为这个利益共同体中比较关键的人物，陈平受到吕雉格外倚重就不奇怪了。幸好，陈平圆滑变通，机智过人，非常配合，吕雉何乐而不为呢?

大家各得其所，看破不说破，从此，吕雉开始以太后的名义操纵朝廷大权。有一句西方谚语说得好："权力是最好的春药！"而且，药劲上来后，不分性别。特别是有的女人，天性欲望强烈，一旦拥有权力，做事会更加夸张过分。

吕雉就是如此，她掌握实权后，第一件事就是疯狂地搞打击报复。

那么，她首先会打击谁、报复谁呢?

不用说，肯定是那位昔日的情敌兼政敌，戚夫人及其儿子赵王刘如意。

这天，戚夫人正对着镜子暗自流泪，哀叹刘邦没把自己安排好，突然从外面吵吵嚷嚷闯进来一伙人。这伙人声称是奉吕太后之命而来。他们不容分说，上去把戚夫人的衣服扒了下来，给换了一身赭（zhě）衣，也就是当时囚犯穿的衣服。接着，又将戚夫人的头发连剪带拔，剃个精光。最后，拿个铁圈往戚夫人头上一套，拉到了宫中的永巷内。

永巷是哪里呢？永巷是皇宫中一条狭长的小巷，早期提供给那些刚入宫的宫女居住，通俗地说，就是宫女的集体宿舍。后来演变成幽禁失势或失宠妃嫔的地方，相当于宫中女子监狱。

戚夫人被关到了这里。在这里，不可能像以前那样有人端吃端喝伺候着，相反，还要从事体力劳动。戚夫人进去之后，主要是干舂米的活。

舂米是一种加工生产稻米的工艺，过程很简单，就是把谷子放在石臼或木桶里，用木棍反复捣砸，目的是去掉米壳。因为需要双手握着木棍用力捣砸，所以很伤手。

戚夫人的小玉手以前是干吗的？那是用来吹拉弹唱的，最多再侍弄一下刘邦，现在却干这样的粗活，能受得了吗？没几天，她的一双手已经磨出了血泡。旁边有人专门监督着，想偷懒不干都不行。

面对这种困局，戚夫人心中那个凄凉可想而知。那么，她会怎么做呢？

84. 一首要命的歌曲

面对这样的生活困境，不同的人会有不同的心态：要么忍辱负重，任劳任怨，坐等翻身机会，也就是积极应对的心态；要么愤愤不平，牢骚满腹，轻易暴露心迹，也就是消极对抗的心态。

心态不同，最后得到的结果肯定也会不同。

那么戚夫人会是什么样的心态呢？很不幸，她选择了消极对抗，不但心怀怨言，而且还编成流行歌曲，利用她的好嗓子在干活时边哭边唱道：“子为王，母为虏！终日舂，薄暮常与死相伍！相离三千里，谁当使告汝？”

这首歌就是历史上著名的《舂米歌》，也是一首要命的歌，翻译过来，大概意思是：“儿子为王，母亲却成了囚徒。整天舂米，从早到晚，常常与死神为伴。我们母子相隔三千里，我又能派谁去告诉你呢？”显然，这里的儿子指的是赵王刘如意。前面说过，刘如意已经到赵地上任。

这首《舂米歌》，音节和谐，朗朗上口，真实地反映了戚夫人的处境和心境，仅从文学的角度来看，不失为一首上乘之作。由于是发自肺腑，很能打动人，但打动的是局外人。对于吕雉来说，这首歌不但不打动人，而且有示威的意思在里面。这无疑是自寻死路，甚至还会连累戚夫人的儿子赵王如意。

戚夫人如果忍辱负重，老老实实在那里服刑干活，多唱一些忏悔的歌，结果又会是如何呢？最起码不会再节外生枝，牵连到儿子。现在，她天天在那里表达不满，宣泄情绪，自己心理可能得到了一时的慰藉，却忘记了旁人的感受。

果然，不久就有人把戚夫人唱的《舂米歌》报告给吕雉。吕雉闻听，勃然大怒，破口大骂道：“还想靠儿子翻身啊，休想！看老娘先不把你儿子给弄死！”

于是，她当即派人赶往赵国，召赵王刘如意入朝见驾。说是入朝见驾，其实就是召来杀掉。赵王刘如意接到诏令后，却推脱不来，说是自己生病了。吕雉不甘心，过了段时间，又派人过去召唤。赵王刘如意说自己病还没好，仍然坚持不来。

这样三番两次，吕雉感觉很奇怪，心想这小毛孩子还挺有心眼啊，便询问派去的使者究竟是什么情况。那使者告诉吕雉，赵王刘如意小孩子家家，倒没什么主见，每次都是赵相周昌挡住不让来。

关于周昌，前面我们有详细说过，就是那个做过御史大夫的口吃患者，曾经在朝堂上“期期不奉诏”顶撞刘邦，阻止废立太子。刘邦看他比较耿直，就派他到赵国辅佐保护儿子赵王刘如意。

所以，吕雉派人召赵王刘如意进京时，周昌挺身而出，说什么也不让过去。他对使者严肃地说：“先帝把赵王托付给老臣，赵王年纪尚小，老臣有义务保护他！老臣听说太后怨恨戚夫人，想把赵王召去杀掉，不知真假。因此，老臣无论如何不能让赵王进京。况且，赵王确实有病在身，也不可能接受诏命，等以后再说吧！”

周昌为人确实耿直，直接把吕雉的阴谋给揭穿了。这可能与他在废立太子的事上，有恩于吕雉母子有关。从这一点来看，刘邦派他辅佐赵王刘如意应该还是非常英明的。

吕雉是什么人？不斩草除根岂肯罢休？听到周昌的回复后，她那个火大啊，心想，不就是周昌从中阻挠吗，好的，那就先把周昌弄过来再说。

之后，吕雉不再召赵王刘如意了，改成召周昌进京。周昌一看诏书傻眼了，知道吕雉这是调虎离山之计，但也无可奈何，再耿直也不敢抗旨不遵啊，只好乖乖进京。

刚进京，他就被吕雉召进了宫中。在宫中，吕雉指着周昌的鼻子怒斥道：“好你个周昌啊！你怎么回事？老糊涂了吗？难道你不知道我最憎恨戚氏母子吗？你为何阻挠刘如意进京啊？”

周昌看吕雉一副母老虎的模样，心里也没底了，知道这女人比刘邦下手要狠得多，但他表现还算英勇，扭着头，憋红了脸说道：“先帝将赵王托付给老臣，老臣在赵国一天，就应该保护赵王一天！赵王是当今皇帝的亲兄弟，又特别受先帝疼爱，老臣以前曾力保过当今皇帝，得蒙先帝信任，先帝才让老臣再保赵王，以免兄弟相残！如果太后要泄私愤，老臣怎么敢干涉呢？但老臣现在也是不得已要听从先帝的遗命啊！”

这段话貌似铿锵有力，不卑不亢，仔细读来，还有点变通讨好的味道在里面。

周昌是耿直，但那要看面对谁：面对刘邦，他耿直得不留余地，让刘邦不得不服软，不废太子；面对吕雉，他耿直得留有余地，让吕雉有台阶可下，有机可乘。

吕雉一听就明白了，认为言之有理，做臣子的理应忠诚，既然你周昌说在赵国一天就要保一天赵王，职责所在，那就不让你再去赵国了，省得为难。于是下诏，令周昌留守京城长安，然后再派人召赵王刘如意进京。

赵王刘如意当时不过十二三岁的样子，周昌在身边，他听周昌的，周昌不在了，他只得应召而来。这件事被一个人听说了，他知道赵王刘如意此次来京凶多吉少，有心出面保护。

那么这个人会是谁呢？他能保护好刘如意吗？

85. 人彘事件

吕雉派人把赵王刘如意召到京城长安，准备杀掉。这事被惠帝刘盈知道了。惠帝刘盈性格“仁弱”，也就是仁厚懦弱，尽管弟弟刘如意曾经与自己争夺过太子之位，甚至差点取而代之，但是考虑到手足情深，他不愿意再作计较。

前段时间，老妈吕雉把戚夫人给抓了起来，惠帝刘盈愤愤不平，这次弟弟刘如意进京，他无论如何不能袖手旁观了，要出面加以保护。所以，还没等弟弟刘如意来到京城长安，惠帝刘盈已经亲自赶到灞上前去迎接。

刚到灞上不久，赵王刘如意的车队就到了。兄弟俩见了面，嘘寒问暖，非常开心。然后，惠帝刘盈安排弟弟刘如意到自己车上，一起入宫，拜见老妈吕雉。

吕雉看到赵王刘如意，眼睛都绿了，恨不得手刃了这小子，只是儿子刘盈在身边，不好太直接，于是勉强敷衍了几句，把他们打发走了。

惠帝刘盈此时已经十七八岁，差不多是成人了，怎么可能看不出老妈吕雉的杀心呢？因此更加不敢大意。出来后，他干脆将弟弟刘如意直接带到自己那里居住，两人同吃同睡，形影不离，以免刘如意被人暗中加害。

吕雉再狠，也不想在儿子刘盈面前杀人啊。再说儿子刘盈是皇帝，已经懂事，没有得到允许，也没人敢当着他的面杀人。

所以在这期间，赵王刘如意总算平安无事。但他毕竟是个孩子，时间长了，老想着见见自己的老妈戚夫人。惠帝刘盈哪里敢同意，只得好言抚慰，说以后设法会相见的。

刘如意见不到老妈戚夫人，又害怕吕雉凶神恶煞般的样子，整天哭丧着脸，提不起精神。惠帝刘盈真不愧是一个好哥哥，对他百般照顾，想着法子哄他开心。可吕雉早就不耐烦了，她让人时刻紧盯着惠帝刘盈和刘如意的行踪，叮嘱两个人一旦分开，便马上对刘如意下手。

一晃就到了惠帝元年十二月，这个时候正是寒冬腊月，天寒地冻。一天，惠帝刘盈早早起床，去外面射猎，准备打点野味回来。弟弟刘如意年幼，睡得正香，他不忍心叫醒，认为在自己卧室内，离开半天应该问题不大，于是独自带人走了。

这个消息很快被人报告给了吕雉。吕雉闻听大喜，忙派人拿着毒酒过去，给正在熟睡的刘如意强行灌下。等到惠帝刘盈射猎回到宫中，刘如意已经七窍流血而死。

走的时候还好端端的，半天工夫人却死了，这对年龄还不算太大的惠帝刘盈来说，精神打击非常之大。他抱着如意的尸首大哭了一场。

那个场面想想都让人心碎，一个是聪明可爱的弟弟，一个是宅心仁厚的哥哥，兄弟情深啊！

惠帝刘盈哭完，命人用王礼厚葬了弟弟刘如意，赐谥号隐王。

这事让惠帝刘盈始终无法释怀，他发誓要查到凶手，为弟弟刘如意报仇。结果查来查去，最后主谋逐渐锁定在老妈吕雉身上。

常言说："天大地大，母亲最大。"惠帝刘盈虽然贵为皇帝，但也拿老妈吕雉没办法，只好不了了之。后来，又查出直接行凶的人是长安城东门外的一个官奴。所谓官奴，就是在官府里打杂的，没有编制，相当于现在的临时工。惠帝刘盈也不管那么多了，把这小子抓来杀掉，才算出了一口恶气。

赵王刘如意死了，赵王的位子自然就空了出来。吕雉便将淮阳王刘友迁封到赵地做了赵王。刘友是刘邦的第六个儿子，最后也被吕雉弄死了，后面会详细说到。

周昌听说赵王刘如意终于还是被吕雉杀了，自感失职，对不起先帝刘邦的嘱托，从此不再过问政事，两年后也郁郁而终。

杀掉了赵王刘如意，吕雉仍然不解恨，不久又把魔爪伸向了戚夫人。她先让人把如意被杀的消息传了过去。戚夫人闻讯，如晴天霹雳一般，两眼一黑，当场晕厥。

然后，吕雉命人砍去戚夫人的双手双脚，挖去她的双眼，熏聋她的耳朵，给她灌下哑药，扔到了茅厕里，命名为“人彘”。

人彘是什么意思呢？“彘”，豕也，也就是猪的意思。所谓人彘，就是人猪或者猪人，像猪一样的人。

常言说：“杀人不过头点地。”

这种做法简直是畜生不如！

历史上这么干过的人，只有两个：一个是吕雉，正是她发明了这种刑罚；另外一个，就是唐朝的武则天，更加残毒，也是杀情敌时用的，以后我们还会详细说到。

将美丽的戚夫人搞成了“人彘”，吕雉心里甭提多爽了，她自鸣得意，竟然把这种残酷的刑罚当成自己的杰作到处炫耀，还特意派了一个太监叫儿子刘盈去参观。

这天，惠帝刘盈因为弟弟刘如意的惨死，还没缓过劲，正闷闷不乐，突然吕雉派来的太监说，有个“人彘”要给他开开眼界。

惠帝刘盈从来没有听说过什么“人彘”，感觉非常好奇，也想趁机转移一下注意力，调节一下情绪，就随他过去了。那个太监引导着惠帝刘盈左转右转，转到了永巷内的一个厕所边，然后把厕所门打开，用手指着被残害的戚夫人说道：“这就是‘人彘’啊！”

惠帝刘盈伸头朝里面一望，不由得打个激灵。只见有一个人身，既无双手，又无两脚，也无眼珠，身子在那里不停地抖动，像猪一样，嘴巴一张一张，却发不出声音。

看到这一幕，惠帝刘盈惊慌不已，鸡皮疙瘩起了一身，赶快缩回来，转过头责问那个太监道："这是什么东西，怎么会在这里？"

那个太监支支吾吾不敢明说。回到宫中，惠帝刘盈不肯罢休，硬逼着那个太监向他说明。那个太监被逼得没办法，咬着牙说出了三个字："戚夫人！"

惠帝刘盈无论如何不敢相信这是真的，一阵眩晕，险些摔倒在地，过了好一阵，才清醒过来。但他仍然惊恐不安，勉强站稳后，问那个太监究竟是怎么回事。那个太监便把行刑的经过说了一遍。还没等他说完，刘盈不禁失声叫道："母后，你好狠心啊！竟然对先帝的爱妃下如此毒手！至于吗？"

说完，双眼呆滞，眼泪如断了线的珠子一样，直往下流，他慢吞吞移到床边，扑倒在床上，又哭又笑，好像中邪一般。那个太监见惠帝刘盈突然变成这个样子，也慌了神，赶快回去向吕雉报告。

那么，吕雉会怎么办呢？

86. 险遭毒杀

惠帝刘盈听说所谓的"人彘"正是戚夫人时，精神受到极大刺激。他扑倒在床上，又哭又笑，好像中邪一般。那个太监见惠帝刘盈突然变成这个样子，也慌了神，赶快回去向吕雉报告。吕雉开始并没有当回事，认为过几天就好了。但一连几天，惠帝刘盈卧床不起，蜷缩在那里，浑身发抖，不吃不喝。

吕雉这才过来探望，见儿子刘盈像傻子一样，不由得着急起来，忙召御医过来诊治。御医看了后，认为是受到惊吓所致，便开了几副安神的药。

过了很长一段时间，惠帝刘盈才稍微好一些，从床上勉强可以下来，但一想起戚夫人和刘如意母子的惨状，就又哭个不停。这样反反复复，差不多持续了一年多的时间。后来，惠帝刘盈派人对老妈吕雉说道："此非人所为！臣为太后子，终不能治天下！"

什么意思呢？

很显然，惠帝刘盈是在骂他的老妈吕雉："这不是人干的事啊！我作为太后的儿子，再也没资格治理天下了！"

从此，惠帝刘盈每天饮酒作乐，纵欲无度，不问朝政。由于长期这么作践自己，惠帝刘盈年纪轻轻，一直患病在身。

说到这里，可能有人会认为吕雉脑子有病，怎么会让儿子去看由戚夫人做成的"人彘"呢？难道她没想到会吓坏孩子吗？其实，这没有什么想不通的，吕雉望子成龙的愿望太迫切了！

惠帝刘盈快到弱冠之年了，眼看就要成人，还是如此"仁弱"，怎么能掌控天下呢？吕雉有意借此机会锻炼儿子刘盈的胆量，让他早日成为一个像刘邦一样心狠手辣的皇帝。

正如现在的一些父母，看孩子比较软弱，在学校里总受同学欺负，便让孩子去练习武术。一样的道理，吕雉只是用力过猛了。

但这件事并没有引起吕雉反省，她反而心一横，不再顾及惠帝刘盈了，干脆自己直接主政，权力也就越来越大。

惠帝二年，楚王刘交和齐王刘肥等诸侯王听说惠帝刘盈生病了，趁着冬十月过年的时候，纷纷前来朝见问候。

前面说过，楚王刘交是刘邦同父异母的弟弟，也就是刘盈的叔叔；齐王刘肥是刘邦早年和情人曹氏所生的儿子，也就是庶长子，年龄比惠帝刘盈大七八岁的样子。

一天，皇宫组织家宴。在家宴上，吕雉自然高坐在上座。考虑到齐王刘肥是兄长，惠帝刘盈按照家人相聚的礼节，将他安排坐在老妈吕雉一侧，自己则坐在另一侧。这样一来，相当于齐王刘肥也坐在了上座。齐王刘肥当时没想那么多，一时疏忽，欣然接受了弟弟刘盈的安排。

这本来是两兄弟之间的客套，又是家宴，没什么不妥。但吕雉不干了，心想，你刘肥就是一个野种，胆敢不顾君臣之礼，也坐在上座，与我的皇帝儿子称兄道弟，不由得怒火中烧，眼睛直勾勾地盯着刘肥。她越看越别扭，一咬牙，竟然对齐王刘肥动了杀机。

吕雉这嫉妒心该有多强啊！一点小事就要杀人，简直不可理喻。

那么，吕雉因为这点小事会怎么对待齐王刘肥呢?

在宴会中途，她找了个理由，离席到了内室。惠帝刘盈和齐王刘肥看老妈吕雉走了，一下子放松了许多，两人在那里有说有笑，喝得非常开心。

当然，吕雉中途离开，并不是因为懂事，而是要搞事。

搞什么事呢?

在内室，她把一个心腹找来，悄悄叮嘱，让他上两杯毒酒，然后才一脸严肃地回到座位上。不一会儿，那个心腹抱着一坛酒进来了，嘴上说是太后特别要求上来的美酒，然后倒了两杯放在桌子上。这两杯所谓的美酒，实际上都是毒酒。

吕雉指着刘肥，让他给自己敬酒祝寿。

齐王刘肥闻听，忙站起身，走到前面，从桌子上端起一杯毒酒，准备上前向吕雉敬酒。这时，惠帝刘盈也站了起来，走过去，端起另一杯毒酒，意思是要和哥哥一起向老妈吕雉祝寿。

吕雉当时就慌了，担心儿子刘盈会把毒酒喝掉，她顾不上那么多，站起来走上前，把刘盈手中的酒杯打落在地。众目睽睽之下，来这么一手也太奇怪了！

齐王刘肥马上意识到，手中的酒应该不干净，便佯装喝醉了，放下酒杯。惠帝刘盈也不傻，他对老妈吕雉太了解了，知道酒中肯定下了毒，那个恨就甭提了，拉着齐王刘肥，气哼哼回了座位。

这样的气氛，太尴尬了，酒无论如何喝不下去了，家宴不欢而散。

回到王府，齐王刘肥不免惴惴不安起来，他越想越感觉不对劲，于是派人买通宫中侍从，打探消息。一打听，那两杯酒果然都是毒酒。齐王刘肥顿时吓出了一身冷汗，暗自庆幸自己躲过一劫，但是转念一想，自己身在长安，太后既然动了杀机，跑了初一，也跑不掉十五啊。怎么办呢？

齐王刘肥左思右想，没办法，只好把他的内史找来商议对策。

所谓内史，是行政管理最高长官，地位仅次于丞相。在诸侯国内，丞相是由中央政府任命，而内史是由诸侯王自己任命。所以，内史一般都是诸侯王的心腹之人。

此次齐王刘肥来京城长安朝拜，专门带着内史。这个内史在史书上的名字就一个字，叫“勋”，究竟姓什么没说。为了便于述说，我们就称呼他为“内史勋”好了。

内史勋皱着眉头对齐王刘肥说道：“大王啊，如果我们想顺利回到齐国，必须要有所牺牲啊！”

齐王刘肥点点头说道：“是啊是啊，寡人也是这么想的，但牺牲什么，能让太后满意呢？”

内史勋沉吟了一会儿，凑过来，轻声说道：“太后一共有两个孩子，一个是当今皇帝，一个是鲁元公主。当今皇帝就不用说了，坐拥天下，什么都不缺。鲁元公主就不同了，封地才不过几座城池，而大王您却拥有七十多座城池，大王如果能忍痛割爱，把齐国一个郡献给鲁元公主，太后一定会很高兴。她老人家一高兴，大王就不用再担心回不去了！”

听到这个主意，齐王刘肥真是一百个不情愿啊，但事到如今，也只得依计行事。第二天一大早，他来到宫中，将这个想法上报惠帝刘盈和太后吕雉。

那么，吕雉对齐王刘肥的做法会满意吗？

87. 认妹妹为干妈

齐王刘肥为了安全脱身，欲将齐国城阳郡献给鲁元公主。收到齐王刘肥主动割地的上书，吕雉果然大悦，毫不客气地让女儿鲁元公主刘乐接收了。

如果说刘邦是“流氓无赖”的话，多少还是有点冤枉的，吕雉那才真是当之无愧的“流氓无赖”！

过了几天，趁着吕雉高兴，齐王刘肥赶快提出回国的请求，但吕雉仍然不答应。这让齐王刘肥急得抓耳挠腮，不知道如何是好，心想，难不成这次当真要死在长安了，于是再找内史勋商议。商议了半天，两个人终于揣摩出了吕雉的心思。

什么心思呢？

吕雉从骨子里就看不起刘肥，甚至仇视他。因为当年刘肥的老妈曹氏先入为主，与刘邦有了私情，才让刘肥有机会成了长子。

这次，齐王刘肥又以兄长的身份坐在上座，不由得勾起了吕雉压抑已久的怨恨。吕雉认为，刘肥是野种，没资格与自己的孩子平起平坐。刘肥割地送礼讨好，她虽然很高兴，但思想深处还是耿耿于怀。

因此，内史勋建议，只有让齐王刘肥的地位在皇室宗族中低人一等，吕雉可能才会满意。

那么，怎么做才能使齐王刘肥低人一等呢？无非有两种途径：一种是刘肥主动降低自己的社会地位；一种是刘肥主动降低自己的家庭地位。

如果降低社会地位，那刘肥的诸侯王就干不成了，这属于政治利益，损失太大；如果降低家庭地位，虽然丢了面子，但保住了诸侯王的里子，政治地位仍然在。

这么一番分析后，两个人最后想出了一个令人不齿的办法。

什么办法呢？齐王刘肥准备尊吕雉的女儿鲁元公主刘乐，为齐王太后。说得通俗一点，也就是认鲁元公主刘乐为干妈。

刘肥和刘乐都是刘邦的孩子，而且刘肥还是哥哥，大刘乐几岁。现在刘肥却要认自己同父异母的妹妹为干妈，这是不是很荒唐啊？

我们今天也不知道他们当时是怎么想出来的，简直荒谬至极。很可能是吕雉平时说话时，就有所暗示，否则不符合常理啊！试想，如果没有提前暗示，万一吕雉不同意，以此为理由杀掉刘肥，那可是名正言顺的，因为此举违反了最基本的伦理道德。

这个提议上报给吕雉后，吕雉竟然高兴得手舞足蹈，当即同意。

看到这里，大家可能会感觉不可思议，关系怎么这么乱啊？其实，这还不算什么，吕雉以后还做了比这更乱的事，那可不是有失伦理了，简直是乱伦，后面我们还会详细说到。

既然吕雉同意了刘肥的提议，那就不能嘴上说说，是要走过场的，让大家都知道才行。这就像现在认干爹干妈一样，一般大家都要聚在一起吃个饭，亲戚朋友过来见证一下。

于是，齐王刘肥在王府内大摆宴席，举办认干妈仪式。

这天，齐王府张灯结彩，长安城内有头有脸的达官贵人陆续到来，说是来道贺，估计是想见识一下哥哥怎么认妹妹做干妈。

一会儿，吕雉携儿子惠帝刘盈和女儿鲁元公主刘乐，带着一帮宫女太监，乘着銮驾来到了齐王府。齐王刘肥闻讯，赶快跑到大门外跪地迎接。

只见吕雉由专人扶着，从銮驾上慢慢下来，然后一手扯着刘盈，一手扯着刘乐，昂首挺胸，得意扬扬地登堂入室。

在大堂内，齐王刘肥先拜过吕雉，估计嘴里喊着姥姥或者外婆都不一定。接着，他又按照母子相见的礼节，给妹妹鲁元公主刘乐行跪拜礼，以后刘乐就是他的“老干妈”了。

鲁元公主刘乐跟老妈吕雉有一拼，看哥哥刘肥来拜，并不推辞，居然恬不知耻，呼叫齐王刘肥“儿啊、儿啊”，顿时引得哄堂大笑。看到这一幕，吕雉也笑得前仰后合，拍手称快，满足感油然而生。

述说到这里，我都怀疑吕雉心理是不是变态。如果刘邦在天有灵，非气得吐血不可。

入席以后，吕雉自然被请到了上座，鲁元公主刘乐和惠帝刘盈分坐在她的两侧。刘肥这次比较知趣，与一帮人坐在下面小心伺候。

这种安排让吕雉很是扬眉吐气，上次宴席上，她憋的那股气才彻底顺了。

吕雉出气了，这酒喝得就顺畅一些，直喝到日落西山、月亮高悬，她还兴致盎然。酒席结束的时候，吕雉打着饱嗝下令，允许齐王刘肥回齐国，声称这次宴会权当饯行。

听吕雉这么说，齐王刘肥知道自己终于过关了，忙跪倒谢恩。送走吕雉一家子，他马上命人连夜收拾包裹行李，准备上路。

第二天，天还没亮，齐王刘肥一行人便带着行李，离开了长安这个是非之地，快马加鞭回到了齐国。

这次长安之行，犹如上刀山、下火海，让齐王刘肥摸着自己的胸口庆幸了很久。虽然受到了奇耻大辱，但总算保住了一条性命。性命在，就有翻身的机会。十几年后，第一个举起反吕大旗，导致吕氏覆灭的，正是刘肥的三个儿子，后面我们还会详细说到。

人生有时候就是如此，力量不够就得忍辱负重，可能会痛苦一时，不过一旦力量攒够，反戈一击，也会大快人心。

但此时，吕雉的权势如日中天，谁也管不了她。

中国古代有一个词，叫“天人感应”，指天意与人事的相互感应，认为天能影响人事、预示灾祥，人的行为也能感应上天。

吕雉专横霸道，为所欲为，不顾伦理，也可能惊动了上天。据《汉书·惠帝纪》记载：同年春正月，在兰陵，也就是今山东省临沂市兰陵县境内的一口井中，有两条龙现形，一直持续了两三天才消失；没多久，陇西郡又发生了地震；到了夏天，天下大旱。

在现代人看来，这些都是自然现象，但在那时，人们却认为是天生异象，暗示吕雉倒行逆施，遭天谴了。

吕雉表面上很嚣张，听说这些异象，心中还是不安的，特别是对诸侯王心存忌惮，担心他们哪天联起手来向朝廷发难，于是她下令增筑长安城墙，以防万一。

增筑长安城墙可不是小工程，谈何容易。为了这项浩大的工程，朝廷几乎每年都要征集劳动力过来施工。到惠帝四年时，才完成一半，直到惠帝五年底，才差不多全部竣工。整个工程累计动用劳力约三十万人次。

长安城增筑完工后，周围总长约三十公里，城南和城北如斗形，非常坚固，当时人称“斗城”。

按说，类似这样浩大的工事应该由相国萧何亲自来抓，但尚未动工，萧何已经一病不起，奄奄一息了。惠帝二年秋，惠帝刘盈听说萧何病危，亲自登门探视。

那么，萧何临死前会有什么交代呢？

第十七章

萧规曹随

88. 萧何病逝

惠帝二年秋，相国萧何病危。惠帝刘盈听说后，非常着急，亲自登门探视。只见萧何瘦骨嶙峋、精神萎靡，翻身坐起都需要专人帮助，显然已经病入膏肓。惠帝刘盈知道萧何已时日无多，深感惋惜，坐在床前唏嘘地问道："相国啊，朕想请教一下，您百年之后，谁可以接替您做相国呢？"

萧何用力抬起头看着刘盈，勉强答道："知臣莫若主！"

这句话我是原文引用，从这五个字足以看出萧何的为人，的确是"素恭谨"。那种恭敬谨慎的性格已经深入骨髓，都快死了，他都不敢或者不肯越权多说一句话。

官居相国貌似威风八面，其中的辛酸委屈又有谁懂呢？官做得越大，受的委屈越多，有人曾说过一句风靡一时的话："胸怀是委屈撑大的！"这句话虽然有点矫情，但基本还是比较符合实际情况的。

一个人受的委屈多了，胸怀自然就越来越大，因为什么事都见识过了，也就不当回事了。胸怀大了，眼界和理想也会随之变大，取得成功的可能性也就会高一些。

萧何也好，刘邦也罢，都是草根出身，曾经受到的屈辱不是常人所能承受得了的，所以他们的成功也在情理之中。

惠帝刘盈从小就和萧何熟识，对萧何还是很了解的，知道他不愿意直说，怕担风险。惠帝刘盈没有勉强，沉吟了一会儿，突然想起了老爸刘邦临死时说过的话，便试着猜测道：“相国看曹参可好？”

萧何呆滞的眼睛突然一亮，点头应道：“帝得之矣！臣死不恨矣！”直到惠帝刘盈说出了候选人，萧何这才说出自己的真实想法：“陛下已经找到合适的人选！臣死而无憾了！”

不难看出，萧何对曹参也非常认可。

说起萧何和曹参，前面说过，两个人有比较深的渊源。

秦朝那会儿，他们都在沛县做小吏，关系还很不错，可以说既是老同事，又是老朋友。刘邦起兵时，他们又共同跟随刘邦打天下。但自从汉朝建立以来，特别是刘邦分封诸侯后，两个人的关系发生了微妙变化。

一个是文臣代表，一个是武将代表，他们为了谁是第一功侯，明争暗斗了很久，最后萧何在刘邦的大力支持下胜出。在《史记·萧相国世家》中，有一句话形容两个人这段时间的关系：“何素不与曹参相能。”也就是说，萧何一向不能跟曹参和睦相处。

但到了临死的时候，在国家未来前途命运上，萧何还是选择了公事公办，唯才是举，推荐曹参做相国。这可能就是所谓的大局观吧，也是萧何胸怀宽广的直接体现。

惠帝刘盈听萧何这么说，心中有底了，抚慰了他一番后，起驾回宫。

不久，萧何驾鹤西去，去找那个让他既恨、又爱、还怕的先帝刘邦了。萧何死后，谥号文终，儿子萧禄继承了他酂侯的爵位。

因为萧何在历史上知名度比较高，我们这里还是简单对他做一下总结。

萧何这一生对刘汉政权主要有三大功绩：首先，他竭力举荐了当时首屈一指的天才军事家韩信，让刘邦在军事上能够逐渐反败为胜；其次，他忠诚且有效地经营关中之地，确保了后勤补给，让刘邦能够在军事上坚持到胜利；最后，他为汉朝建立了一整套治国理政的复杂管理体系，确保了刘汉政权能够基业长青。

而且，萧何职业操守非常好，廉洁奉公，秉公执法。晚年，出于自保，他曾违心地故意犯了点错误，但也及时进行了纠正，甚至因此还坐了一段时间的冤狱。

史书记载，萧何在世时，购置的田地住宅，一般都会选在贫瘠偏僻的地方。房屋破损了，他也不会进行维修重建，生活跟平民百姓差不多，很是节俭。为此，有人想不通，问他为什么不趁着身居高位，为后世子孙多谋点福利。萧何说了一句非常著名的话作为回应："后世贤，师吾俭；不贤，毋为势家所夺。"

这句话富有哲理，值得现代为人父母的来学习："后代如果贤能，应该会继承我俭朴的作风；后代如果不贤能，也可以防止被有权有势的人家所豪夺。"转化成老百姓的话来说就是："儿孙自有儿孙福，莫为儿孙做远忧。"

正是萧何这种大公无私的胸怀，赢得了世人的敬仰，从而荫庇了后世子孙。萧何的后世子孙中，曾经有四代因为犯罪而失去了侯爵封号，但每次继承中断时，皇帝总是设法再寻求他的其他后代，续封为酂侯。像这种情况，在功臣列侯中绝无仅有。

司马迁在《史记·萧相国世家》末尾，对萧何有过一个评语，还是比较恰当的，这里分享给大家："萧相国何于秦时为刀笔吏，录录未有奇节。及汉兴，依日月之末光，何谨守管籥（yuè），因民之疾秦法，顺流与之更始。淮阴、黥布等皆以诛灭，而何之勋烂焉。位冠群臣，声施后世，与闳夭、散宜生等争烈矣。"

这段话说得很拗口，不太好理解，我来大致翻译如下：

"在秦朝时，相国萧何仅仅是一个文职小官吏，碌碌无为，没有什么突出地表现。等到汉室兴起时，他跟随刘邦，恪尽职守，根据百姓痛恨秦朝苛法这一实际情况，顺应时代潮流，除旧更新。韩信、黥布等人相继被诛杀，萧何的功勋则更显得光辉灿烂。他的地位为群臣之首，声望流芳后世，以至于可以同周朝初年的闳夭、散宜生等人争辉媲美了！”

这样翻译过来好像还是有点拗口，其实简单地说，就是三个关键词：秦朝时，碌碌无为；汉朝时，恪尽职守；去世后，流芳后世。

好了，关于萧何，就总结这么多，仅供大家参考。

相国萧何病逝后，举国哀悼，这个消息自然也传到了曹参耳中。前面说过，曹参早年被刘邦派到齐国做丞相，辅佐齐王刘肥。

那么，他听说老朋友老对头萧何死了，又会有什么反应呢？

89. 曹参战功

相国萧何病逝了，这个消息传到了一直在齐国做丞相的曹参那里。曹参没有太伤感，反而马上命他的门客舍人收拾行李，整装待发。舍人们还以为要出差公干呢，就问他到哪里去，宾馆是不是要提前预订一下。曹参笑呵呵地说道：“预订什么宾馆啊，我老人家就要去京城做相国喽！”

舍人们互相对视了一眼，心说，看来丞相想到京城做官都想疯了，人家萧何刚死，他已经惦记上相国的位子了。但是没过多久，朝廷果然派来特使，召曹参进京担任相国一职。为此，大家无不惊叹曹参的先见之明。

曹参凭什么就那么确定自己一定会接萧何的班呢？因为无论战功，还是政绩，他在功臣列侯中都是首屈一指，无人能及。在之前的述说中，我们的注意力多集中在刘邦、项羽、韩信、萧何等人身上，而对曹参往往一笔带过。这里，不妨对曹参的历史做个详细回顾。

曹参跟刘邦、萧何一样，也是沛县人，秦朝时，在沛县做狱掾。当时，萧何是他的顶头上司，做主吏掾。汉朝时将这一职位改名叫功曹。

曹参和萧何既是同事也是朋友，关系很不错，互相照应。在县里，除了县令外，他们俩算是比较吃得开的官吏。但是汉朝建立后，为了争夺第一功侯，两个人明争暗斗了很久，面和心不和。其实，如果单纯按照战功封侯的话，曹参理应是第一功侯，也是众望所归，因为他的战功实在太大了，只是由于刘邦偏袒萧何，才让曹参屈居第二。

那么曹参究竟有哪些战功呢？这还要从刘邦起兵时开始说起。

刘邦被推举为沛公时，曹参以中涓的身份跟随左右。那时，刘邦的军队人数还比较少，不过几千人，战将更是少之又少了。曹参就是其中最重要的将领之一，很多时候，刘邦都是靠着他带兵打仗，冲锋陷阵。

起兵不久，曹参就打了几次漂亮仗。他率军进击胡陵、方与，大获全胜。接着，向东拿下薛县，在薛县西面，击败了泗水郡派来镇压的军队。然后，再次攻占了胡陵。然而好景不长，方与和丰邑两地相继反叛刘邦，投靠了魏王。曹参奉命，又率军前去平叛，最终收复失地。

这期间由于战功卓著，刘邦赐予他七大夫的爵位。

刘邦投靠项梁后，曹参的战绩仍然不俗。他先是率军在砀县东面打败秦军，夺取了砀县、狐父和祁县等地。之后，又奉命攻打下邑以西的地方，一直打到虞县，与章邯的军队曾短兵相接。

在攻打爰戚和亢父时，曹参表现特别英勇，身先士卒，率先登上城楼，为此，被晋升为五大夫；在项梁向北救援东阿城时，曹参率兵攻陷陈县，追击章邯到濮阳；在刘邦攻打定陶时，曹参成功夺取了临济，然后又往南救援雍丘，进击秦朝李由的军队，亲手俘虏了一个军侯，李斯的儿子李由就是在这次战斗中被杀掉的。

不久，项梁战死，刘邦和项羽率军东归。当时，楚怀王熊心任命刘邦为砀郡长，继续统领本部人马。这时，刘邦封曹参为执帛，号称建成君。

后来，刘邦奉楚怀王熊心之命西进关中，曹参一路跟随，中间也有突出表现。

攻打东郡时，在成武南面，他率兵打败了东郡的守军，之后进击王离的军队，在杠里，把王离打败。追击王离败军时，刘邦的军队到了开封，曹参率兵把秦将赵贲围困在开封城中。秦将杨熊奉命救援开封，在曲遇，曹参将其打败，俘虏了秦军司马和御史各一人，因此晋升为执珪。

刘邦攻打阳武时，曹参率军拿下轘辕、缑氏，封锁了黄河渡口，打败了秦将赵贲。刘邦向南攻打犨邑时，在阳城以东，曹参率军击败了南阳郡守军，夺取了宛县，最后完全平定了南阳郡。刘邦向西攻打武关、峣关时，又是曹参率兵夺取了这两个关口。接着，曹参先在蓝田南面攻打秦军，又在夜间突袭蓝田北面，彻底打垮了秦军。因此，刘邦才得以顺利兵临咸阳城下。

为最终灭亡秦朝，曹参立下了汗马功劳。项羽入关后，分封诸侯，将刘邦封为汉王，刘邦则封曹参为建成侯。曹参跟随刘邦到了汉中后，又晋升为将军。

韩信暗度陈仓重返关中时，曹参始终充当着重要角色。开始，由他负责攻打下辩、故道、雍县、斄（tái）县等地。

入关后，在好畤南面，曹参打败了章平，包围了好畤，夺取了壤乡。在壤乡东面，击溃了前来救援好畤的军队。然后，他又将章平所部重新包围住，章平侥幸从好畤突围逃跑。于是，曹参率兵进击赵贲，又取得了胜利。

接着，他又向东夺取了咸阳，将咸阳改名为新城。在那里，率兵坚守二十天，击败了卷土重来的章平所部。为此，刘邦把宁秦，也就是今陕西省华阴市，赐给曹参作为封地。

最后，曹参率兵将章邯牢牢包围在废丘。

不久，刘邦东征项羽，曹参以中尉的身份跟随左右。到了河内，他攻下修武县，渡过黄河，向东在定陶打败了龙且和项他。然后，继续向东攻取了砀县、萧县，直至彭城。

项羽回救彭城时，汉军大败，曹参则率军夺取了雍丘，也就是今河南省杞县。这时，汉将王武等人反叛，曹参率军前往平叛，都取得了胜利。此后，曹参在昆阳、叶县、武强县等地作战，一直打到荥阳与刘邦会师。

汉二年，刘邦任命曹参为假左丞相，也就是代理左丞相。一个多月后，魏王豹反叛，曹参以代理左丞相的身份与韩信一起率军进攻魏国。

在东张，他打败魏将孙遬，乘势又进攻安邑，捕获魏将王襄。在曲阳，他进击魏王豹，追到武垣，将其活捉。接着，夺取了平阳，抓获了魏王豹一家老小，从而全部平定魏地，共得五十二座城池。因此，刘邦把平阳赐给曹参作为封地。

韩信进攻代地时，曹参又跟随前往；在邬县东面，他斩杀了代相夏说。韩信井陉之战前，曹参奉命率兵返回敖仓，中途在邬县城，斩杀赵国戚将军。

韩信攻打齐国时，曹参以左丞相的身份参战，在历下击溃齐军后，夺取了临淄；接着，又平定了济北郡，攻取著县、漯阴、平原、鬲县、卢县等地。在潍水旁，曹参跟随韩信打败了援救齐国的楚军，斩杀了楚将龙且，俘虏副将周兰。齐国七十余座城得以平定。这其间，曹参还俘获了齐相田光、代齐相许章和胶东将军田既等人。韩信奉命与刘邦会合追击项羽时，曹参留在齐地，继续平定尚未降服的地方。

项羽死后，天下大定，刘邦做了皇帝，韩信被加封为楚王，齐国暂时划为郡，曹参归还了左丞相的印绶。

韩信被降封为淮阴侯时，刘邦把长子刘肥加封为齐王，同时任命曹参为齐相国；汉六年时，刘邦分封诸侯，将平阳的一万零六百三十户赐给曹参作为封地，封号为平阳侯。陈豨叛乱时，曹参以齐相的身份率领齐军，攻打陈豨部将张春的军队，取得了胜利。

英布反叛时，曹参以齐相的身份率领齐国十二万军队参战，与刘邦合攻英布，取得了胜利。之后，曹参又率军继续向南打到蕲县，回军时又平定了竹邑、相县、萧县、留县等地。

好了，到此为止，我们按时间顺序大致罗列了曹参的战斗历程。其中涉及的人名地名比较多，大家不必太纠结，知道就行了。有很多内容，前面或多或少都提到过，这里只是以曹参为主线重新梳理了一下。

从以上的述说中，我们不难看出，曹参几乎参与了汉朝建立前后的所有重大军事行动，而且战功显赫。《史记・曹相国世家》对曹参的战功还特别做了总结：总共参与打下了两个诸侯国，一百二十二个县；俘获了两个诸侯王，三个诸侯国丞相，六个将军，其他郡守、司马、军侯、御史等若干人。

这样的战功，除了韩信能够媲美外，在军中无人能及，所以在分封第一功时，曹参能够得到群臣支持就不足为奇了。但我们从中不难发现一点，曹参之所以取得如此大的战功，与他长期跟随韩信作战不无关系。韩信战无不胜，攻无不克，曹参作为主要将领沾光不少，比如攻打魏国、齐国这些非常重要的大规模战役。

不管怎样，论战功，除韩信外，曹参当之无愧应该第一。

上面我们罗列了曹参的战功，其实他在治理齐国时，也有独到之处。

那么，曹参究竟是怎么治理齐国的呢？

90. 黄老之学

关于曹参的战功，前面述说完了。单从战功来看，让人很容易联想到，曹参应该是一个四肢发达、头脑简单的赳赳武夫。

其实不然，他在文治方面也有独到之处。

刘邦将齐地加封给庶长子刘肥时，同时派曹参过去担任齐相国辅佐。惠帝元年，朝廷颁布法令，废除了诸侯国的相国一职，于是曹参又被改任命为齐国丞相。无论是相国，还是丞相，曹参在齐国都发挥着举足轻重的作用。

刘肥刚被加封为齐王时，年纪还很轻，齐国地域又很大，有七十多座城池，而且田氏兄弟在那里经营了很久，老百姓对外来新生政权难免会有抵触情绪。所以治国理政的重担自然就落在了曹参身上。

曹参早年不过是县里面的狱掾，后来驰骋疆场，天天打仗，对如何治理国家一头雾水，一片茫然。但他常年跟着刘邦混，得刘邦真传，学到了很多用人诀窍，自己不在行，便主动去请教懂行的人。

到任不久，曹参就先把那些学富五车的读书人召了过来，询问他们安抚百姓的办法。

齐国是一个文化底蕴比较深厚的地方，好读书的人非常多。但当时的大多数读书人都是教条主义者，缺乏实践经验，说起来头头是道，做起来就会乱象丛生。这些读书人在曹参面前之乎者也，各执己见，谁也不服谁。

曹参被这些人吵得脑袋嗡嗡直响，感觉好像都有道理，也好像都没道理。正在左右为难的时候，他听说胶西有个被称作盖（gě）公的人非常厉害，德高望重，精通黄老之学。

什么是黄老之学呢？顾名思义，就是黄帝和老子的学说。

黄帝是上古时代的人，被尊为中华“人文初祖”。老子是周朝春秋时期的人，姓李名耳，字聃，出生在陈国的苦县厉乡曲仁里，也就是今河南省周口市鹿邑县太清宫镇。

按说，黄帝和老子不是同一个时代的人，他们俩怎么会搞到一起弄了个学说呢？如果仔细说起来，容易跑题，我们这里不妨简单说一下。

有一个典故，叫田氏代齐。

齐国最早是姜子牙的封地。关于姜子牙，大家应该非常熟悉了，姜姓，吕氏，名尚，字子牙，号飞熊，今河南省卫辉市太公泉镇人；也就是说，齐国本来姓姜或氏吕，后来被姓田的给取代了，所以叫田氏代齐。

田氏跟老子是老乡，都是陈国人，他非常推崇老子的道家学说。为了提高道家的权威性，压制同时代的儒家、墨家等学派，田氏政权便把黄帝搬了出来，说黄帝就是道家的创始人，老子是继承和传播者。这样一来，就有了“黄老”一说。

其实，田氏政权还有一个目的，就是为抢来的政权提供合法性的理论背书。当时传说，吕氏是炎帝的后裔，田氏是黄帝的后裔，黄帝曾经打败了炎帝，这就预示着田氏理应取代吕氏统治齐国。

由于田氏政权的推崇，黄老之学得到了长足发展，后来在齐国甚至出现了“黄老独盛，压倒百家”的局面。但它并不完全等同于我们通常所说的道家，而是道家学派的一个分支，主要侧重于治国理政方面。

简单地说，黄老之学是道家和法家在治国理政方面相互妥协的产物，既赞同依法治国，也强调领导者要“无为而治”。

汉朝初年，像刘邦、萧何这些人都自觉或不自觉地在践行黄老之学。因为国家常年战乱，百废待兴，各种阶层和势力需要调和，百姓需要休养生息。黄老之学在这种社会氛围下便有了用武之地。

盖公就是一位“黄老之学”的专家。

曹参听说后，派人带着非常厚重的礼物，把他请过来虚心请教。盖公对曹参说道：“治道贵清净而民自定。”什么意思呢？也就是说：“治理国家贵在清净无为，这样百姓才会安居乐业。”

根据这个原理，他又把之所以要这么做的道理，给曹参详细讲了一遍。曹参深受触动，认为该原理符合当下的实际情况，对盖公佩服得五体投地。

为了让盖公能够安心在丞相府好好工作，曹参干脆把自己办公的正堂让出来，给盖公使用。

这种礼贤下士的精神一般人是很难做到的，相当于把自己的办公室让给了下属，试想哪个领导肯干。

此后，曹参治理齐国就全面采用了黄老之学，而且政绩斐然。当丞相九年，齐国安定繁荣，百姓们无不盛赞他是一位贤明的丞相。

把齐国治理得这么好，所以刘邦和萧何临死时，不约而同想到了曹参，曹参也因此才自信能够接萧何的班，去京城做相国。

既然曹参要上调中央了，朝廷自然会派过来一位大臣接替他的齐相职位。与现在新旧领导交接一样，不管真假，新来的领导总要貌似虚心地向前任领导讨教一下管理经验。如，怎么把齐国治理得如此繁荣昌盛，秘诀是什么，以后他也好学着干。

那么，曹参究竟会说出什么高明的秘诀呢？

91. 无为而治

当新来的齐相请教曹参治国秘诀时，他捋了一下胡须，得意地说道：“这个很简单啊，只需密切关心两个地方就可以了，一个是刑狱，一个是集市，其他不要太多干涉！”

新来的齐相很是纳闷，睁大好奇的眼睛问道：“治理一个国家，难道除了这两件事，其他都是小事吗？”

曹参轻轻摇摇头说道：“当然并非完全如此啊！只是刑狱和集市两个地方涉及人员比较集中，善恶并容，此消彼长。如果无论什么事情，都追查得太过仔细，那么很多有点毛病的人将会无容身之地，没有了容身之地，就可能闹事，一闹事，社会问题就会多起来，岂不是‘天下本无事，庸人自扰之’吗？所以啊，我才把这两件事看得比较重要啊！”

常言说：“水至清则无鱼，人至察则无徒。”曹参差不多也是这个意思，主要是鼓励百姓放下思想包袱，努力生产，休养生息。

而这种做法只是大乱之后的权宜之计。因为过于包容，就是纵容，持续这么干，早晚会产生不良后果，社会问题也会逐渐突出。

新来的齐相不管是否认可曹参的观点，都直竖大拇指，啧啧称赞。毕竟曹参要进京做相国了，以后就是顶头上司，马屁还是要好好拍拍。

交接完，曹参又专门到齐王刘肥那里告别，相处那么多年，两人感情应该不错，吃吃喝喝肯定少不了。然后，曹参立刻赶赴京城长安，拜见惠帝刘盈和太后吕雉，领了相国大印，就算是走马上任了。

一般情况下，看到新领导上任，最心慌的莫过于那些老领导的心腹旧臣。因为按照常规，新官上任总要烧三把火，而这三把火多是冲着老领导过去的政策和心腹而来。不改旧立新，怎么显得自己有水平啊？不调换新人，怎么树立自己的威信啊？

所以，当时朝臣都私下里议论纷纷，说曹参和萧何关系不佳，他上来肯定要推翻萧何过去的人事和政策，换上自己的人马，推行新规。用现在的话说，就是“翻烧饼”。大家人人自危，谨慎行事，唯恐一言不合，把自己好不容易熬出来的前程给葬送了。那些相国府的工作人员，更不用说了，担心得要命。如果曹参真的换人，首当其冲的就是他们。

可是，过了一段时间，曹参好像没事人似的，上午来喝杯茶，看会儿文件，下午早早就回家睡大觉了，清闲得很。

又过了一段时间，依然如故。

这个时候，大家都在观望，什么文件审批、政务审议，都尽量拖延办理，专等曹参出台新政策。不久，曹参还真发了一份文件，但没有实质内容，大意是说，凡是过去的人事行政都不变，均按照萧何时期办理。

下面的人听说后，心里总算安定了，为此，大家交口称赞曹参为人大度，不计前嫌。就这样，差不多过了几个月，大家刚想放松警惕，曹参突然有了动作。

什么动作呢？原来这期间，曹参表面上不管不问，实际上一直在暗中观察，甄别下属。待心中有数后，他便将那些喜于咬文嚼字、能说会道、追名逐利的人全部赶走了。另外，又从诸侯国中，把那些质朴厚重、不善言辞、安贫乐道的人提拔了上来。不过，政策依旧没变，继续沿用萧何过去那一套办法。

从此，曹参就整天饮酒作乐，不理政务。

朝中一些大臣看不下去了，他们有人自恃跟曹参关系不一般，纷纷好心过来规劝。可是这些人一来，曹参就立即拿出美酒让他们陪自己一起喝。他们想趁机进言规劝，可曹参顾左右而言他，继续喝酒，直喝到酩酊大醉离去，始终不给大家开口的机会。反正无论谁来，曹参都是这个套路，大家都习以为常，干脆也不劝了，一起喝酒。

俗话说："上有所好，下必甚焉。"也就是我们常说的上行下效。曹参这种做派对下属官员影响非常大，官场风气开始坏起来，很多官员经常聚在一起胡吃海喝。

在相国府的后院附近，有一处小官吏的宿舍。这些小官吏一有空，就躲在宿舍里饮酒歌唱，大呼小叫。曹参的随从下属很厌恶这件事，心想，京城这帮小官吏也忒没规矩了，在相国府眼皮底下纵酒享乐，但对此也无可奈何，毕竟人家没犯法。

一天，他们有意请曹参到后院中游玩，想借机引起曹参的重视。

当听到那帮官吏又在醉酒高歌、淫声浪语、大声喧哗时，这帮下属义愤填膺，怂恿曹参一定要严惩不贷。可是曹参非但没有生气，反而好像被吊起了兴致，马上命人在后院摆开酒席，痛饮起来，欢声笑语不绝于耳，大有与隔壁宿舍里的小官吏们相互应和的意思。

对这样的事包容也就算了，毕竟是个人生活作风问题，不影响工作就行。但曹参在工作上也格外宽容，相府中有人犯了小错，他总是睁一只眼闭一只眼，甚至有时还设法帮助隐瞒。因此，他深得下属爱戴，碰到这样的领导没人不爱戴。

时间长了，朝中便有好事大臣将曹参这副样子，报告给了惠帝刘盈。

那么，惠帝刘盈会怎么处理曹参呢?

92. 萧规曹随

惠帝刘盈因为反复受到刺激，又加上老妈吕雉太过强势，生活比较消极，也是每天借着杯中物、房中乐打发时间。现在听说曹参跟自己情形差不多，感觉很不爽。心想，这老头身子骨不错嘛，难道在和我比赛，看谁先放纵死啊，这不明摆着看不起我这个小年轻吗？

这天，他正在那里胡思乱想呢，有一个人进宫汇报工作。这个人名叫曹窋（zhú），是曹参的儿子，官居中大夫一职。待曹窋汇报完工作，惠帝刘盈对他说道："你回家时，帮朕办一件事，私下里问问你们家老爷子：'高帝撒手人寰，永别了群臣，皇帝还很年轻，您身为相国，整天饮酒作乐算怎么回事啊？遇事也不向皇帝请示报告，这样能管理好国家吗？'看他怎么说，有消息赶快回来向朕禀报！"

其实，曹窋对他老爸曹参到京城以来的做法也很不认同，一大把年纪了，总是喝得昏天黑地的，不是作死的节奏吗？所以接到这个任务，曹窋非常高兴，满口答应。正要离开的时候，惠帝刘盈又喊住他嘱咐道："记住，这些话千万不要说是朕教你的，朕要听到真心话！"

听刘盈这么说，曹窋心里叫苦不迭，他知道老爸曹参的军人脾气，动不动就要打人的，但也不敢不从命，只好应声而退。回到家中，闲暇之时，趁着老爸曹参高兴，曹参便把惠帝刘盈的意思变成自己的话说了出来。

别人这么说，曹参是用美酒搪塞，可面对儿子，他就没那么客气了，顿时勃然大怒，当即拿出戒尺打了曹窋两百板子，而且边打边骂道："你个兔崽子，翅膀硬了，敢教训我了，你懂什么！快给我滚回宫侍奉皇帝去，国家大事不是你应该插嘴的！”

曹窋好心传个话，结果那么大一个人了，却被揍了一顿板子，那个气啊。但俗话说：“老子打儿子，天经地义。”所以他只有忍着，也不敢违命搬出皇帝，真叫有苦说不出啊！

挨完揍，曹窋捂着屁股回到宫里，哭丧着脸给惠帝刘盈做了汇报。惠帝刘盈闻听，又好气又好笑，看来自己必须亲自出面了。第二天早上，朝会结束，待群臣散去，他专门将曹参留下来责备道：“相国啊，朕问您，为什么要打曹窋啊？那些话都是朕让他说的，专门规劝您的，有什么不妥吗？”

曹参听到惠帝刘盈这么说，心里咯噔一下，原来儿子是奉命而来啊，忙摘下帽子谢罪道：“陛下，老臣实在不知这是陛下的意思啊，还请宽恕老臣！”

惠帝刘盈摆摆手，略微不满地说道：“朕没有怪罪您老的意思，只是想让您老把道理给朕说明白！”

曹参“哦”了一声，没有直接回答，而是反问道：“好吧，那老臣先请陛下认真思考一个问题。在圣明英武上，陛下跟先帝相比，谁更强啊？”

惠帝刘盈不由得脸一红，暗骂曹参不怀好意，但又不得不回答道：“朕怎么能与先帝相提并论呢？”

曹参又问道：“哦，那在陛下看来，老臣跟萧何相比，谁更贤能呢？”

惠帝刘盈稍微犹豫了一下，怕伤了曹参这个老同志的面子，轻轻说道：“似乎有点不如萧何啊！”

曹参点点头，严肃地说道：“是啊，陛下说得太对了！先帝平定天下后，让萧何制定了严谨适用的法令，已经非常成熟，如今陛下只需垂拱而治，臣等只要恪尽职守，按章办事就可以了，难道我们还想超过先帝和萧相国吗？”

惠帝刘盈一听，恍然大悟，拍手说道："朕明白了，相国您可以回去好好休息了！"

于是，曹参拜谢而出，以后依然如故，过得逍遥自在。

曹参担任相国，前后有三年时间，完全按照以前萧何的法度治国理政。为此，后人从他的事迹中总结出一个成语，叫"萧规曹随"，意思就是说，萧何创立了规章制度，曹参照着施行，现在多比喻后人按照前人的成规办事。

对于曹参这种看似消极的做法，百姓们非常认同，歌颂道："萧何为法，顜（jiǎng）若画一，曹参代之，守而勿失。载其清净，民以宁一。"

什么意思呢？百姓们认为："萧何制定了清晰统一的法令，曹参不折不扣地沿用执行，清净无为，从而使百姓们能过上安宁的生活。"

用现在的话说，就是不折腾。

前面说过，曹参之所以如此被百姓认可，与当时的社会大背景有关。天下经过大乱，进入大治，百姓的要求不高，只求不要再折腾，国家安定、减少赋税徭役即可。而萧何的政策正是顺应了时代潮流，所以曹参的"无为而治"，对老百姓来说就是最大的福祉。

在萧何和曹参两代丞相的精心管理下，国内还算太平无事，但是北方边疆的匈奴又开始蠢蠢欲动，对汉朝虎视眈眈。

匈奴当时的单于仍然是冒顿单于。关于冒顿单于，前面我们详细介绍过，是一个很没人性的家伙，"弑父代立，妻群母"。按照汉族人的道德标准，杀父本来就天理难容，再把父亲年轻漂亮的妻妾占为己有，更是禽兽不如了。

但就是这么一个没人性的家伙，东灭东胡，西击月氏，南并楼兰和白羊，一口气统一了整个匈奴。当时匈奴的疆域，横跨欧亚大陆，国力空前强大。后来，历史上著名的成吉思汗南征北战，其实就是沿着冒顿单于的足迹在进军。

汉朝刚建立不久，刘邦曾经北伐过一次，想杀杀冒顿单于的威风，结果被围困在白登山七天七夜，险些送命。领教了冒顿单于的厉害之后，为了避免与匈奴正面冲突，刘邦迫不得已采用娄敬的和亲政策，将一个假公主嫁给了冒顿单于做阏氏，总算让北部边疆和平了很多年。

那么多年过去了，年轻貌美的汉朝假公主差不多人老珠黄，冒顿单于估计早就审美疲劳，移情别恋了。刘邦死后，他又听说汉朝的新皇帝刘盈年纪轻轻，生性仁弱，大政方针都是由太后吕雉一个女流之辈做主，很是瞧不起，于是慢慢骄横起来，想趁机讹诈汉朝。

想讹诈，那就要先试探一下汉朝的反应。怎么试探呢？

冒顿单于派使者给汉朝送来了一封书信，而且写明收信人是太后吕雉。惠帝刘盈纵情酒色，无心理政，来信既然是给他老妈的，他也就懒得管，直接派人转交给了太后吕雉。

吕雉不看则已，一看险些气昏过去。

这是为什么呢？

第十八章

风波四起

93. 来自匈奴的一封情书

匈奴冒顿单于给太后吕雉写了一封书信。吕雉看完，险些气昏过去。

为什么呢？因为这封书信的内容极为粗俗无礼。为了便于理解吕雉当时的心境，我们不妨将书信内容摘抄如下：

“孤偾之君，生于沮泽之中，长于平野牛马之域，数至边境，愿游中国。陛下独立，孤偾独居，两主不乐，无以自虞，愿以所有，易其所无。”

用现在的眼光来看，这段古文字好像也不是很过分。相反，有人可能还会倍感亲切，犹如男女之间的情书一样。我们不妨意译过来再看一下：“我是一位孤独寂寞的君主，生在水草丛生的沼泽地，长在牛马成群的草原上，曾经多次来到两国边境，希望有一天能到你们中原游玩一番。陛下您现在处于单身状态，我也是孤独寡居，看来我们俩是同病相怜，过得都很不开心啊，既然没有什么东西可供自娱自乐，不如我们取长补短，各取所需吧！”这样翻译过来，大家可能看明白了，原来冒顿单于出言不逊，明目张胆地在调戏吕雉。

汉族人比较讲究辈分，按照辈分来说，冒顿单于应该是吕雉的女婿，不管真假，名义上女儿嫁给他了。这女婿娶了人家女儿还不算，又打上了丈母娘的主意，成何体统！即便是放在平民百姓家，那也是大不敬！吕雉贵为汉朝的皇太后，被这么侮辱，还不要气昏过去啊？

看完书信，吕雉恼羞成怒，将书信扔在地上，又踩上几脚。面对冒顿单于的公然挑衅，她不甘示弱，当即将朝中诸将召集过来开会，商议对策。在会上，吕雉气哼哼地把情况向大家介绍了一遍，而且率先表态道：“匈奴太无礼了！是可忍，孰不可忍！我打算先把匈奴来使杀掉，然后立即发兵讨伐，大家意下如何？”

吕雉刚把自己的想法说出来，她那个狗屠出身的妹夫樊哙就跳了出来，恶狠狠地说道：“臣愿意率领十万大军，横扫匈奴全境！”

这个时候，樊哙官居上将军，位高权重，不过他的年龄已经很大了。年轻时，樊哙还是很神勇的，但毕竟岁月不饶人啊，这把年纪了，能有什么作为？事实上，没多久他就死了。

樊哙身体都这样了，还敢这么吹，其他将领也不能干瞪眼啊，纷纷出列响应，赞同吕雉。这帮人如此积极，无非是讨太后吕雉开心而已，顺便给老领导樊哙壮胆。

吕雉果然大悦，心里那个激动啊，胸脯一起一伏的，好像吃了兴奋剂一样。正当朝堂内热血沸腾，人人喊打时，突然有一个人出列，大声说道：“太后，樊哙口出狂言，应该斩首啊！”

吕雉和诸将被这一嗓子吓得不轻，大家定睛一看，原来是中郎将季布。关于季布，想必大家已经非常熟悉了，之前说到过很多次了。由于他说话算数，有“一诺千金”的美誉，是项羽手下的重要战将之一。当年项羽兵败、乌江自刎后，季布亡命天涯，流落江湖。幸好在大侠朱家和太仆夏侯婴的帮助下，得到刘邦赦免，被封为郎中，负责宫中安全工作。现在，季布已经晋升为中郎将。

但是他的级别跟上将军樊哙还是差很远，而且樊哙被封为舞阳侯，位居列侯。季布胆敢在樊哙面前说如此过激的话，也算是不负当年刘邦的栽培吧。

樊哙听到他这么说，气得哇哇直叫，两眼怒视，这要再年轻几岁，非上去拼命不可。吕雉也不爽，樊哙是她的亲妹夫，大家拍马屁正过瘾呢，结果被季布当头一棒，很是扫兴。但她知道季布的为人，不是那种随便乱讲话的，一旦讲了，肯定有他的道理，所以强压怒火问道："季布，今天你必须当着众将的面，把话说清楚，何出此言啊？"

季布不慌不忙、不卑不亢地说道："当年，高皇帝率领三十二万大军北伐，被围困在平城白登山上，记得当时的上将军就是樊哙，也没见他冲破重围，横扫千军啊！为此，天下百姓还编成了歌谣：'平城之下亦诚苦，七日不食，不能彀（gòu）弩。'那次战役实在是太艰苦了，士兵们七天七夜不吃不喝，最后连弓都拉不开了！如今歌声犹在耳边，在战斗中身负重伤的人估计刚能站立起来，而樊哙竟敢妄言能带十万大兵横扫匈奴，怎么可能呢？这就是欺君罔上啊！况且，像匈奴这样愚昧野蛮的民族，就好比禽兽一般，'得其善言不足喜，恶言不足怒也'，他们说的话，无论好坏，我们都不能太当回事了！再说，当年秦王朝也正是因为对匈奴过度用兵和防范，才直接引起了陈胜等人带头起义，最终导致天下大乱。直到现在，百姓们受到的战争创伤还没有完全医治好，可樊哙不顾实际情况，当面阿谀逢迎，他这是想要天下再次陷入动荡不安啊，难道不应该被杀吗？"

季布这段话有点长，简单地说，他主要从两件事上阐述了樊哙应该杀的原因：第一件事，白登之围。樊哙身为上将军，一败涂地，差点把刘邦给困死在白登山。第二件事，陈胜起义。秦王朝对匈奴防范过度，劳民伤财，导致天下揭竿而起，最终灭亡。

这两件事虽然都是出自季布之口，但是史书中的记载有比较大的差异。《汉书·匈奴传》中，季布只把第一件事详细说出来作为原因，而且将白登之围发生的时间搞错了，说是陈豨叛乱时发生的，其实应该更早一些；《史记·季布栾布列传》中，季布把两件事都粗略说出来作为原因。

同一个人说的话，为什么记载不一致呢？

这可能与《史记》作者司马迁的生活年代有关。司马迁生活在汉武帝时期，他对汉武帝过度用武力解决匈奴问题，是持反对意见的，所以把秦朝灭亡的原因也借季布之口说了出来。这一点只是我个人的猜测，仅供大家参考。但为了述说的完整性，我特意把《汉书》和《史记》中的记载糅合在了一起。这里特别说明一下。

季布的这番话刚说完，朝堂内一片哗然，众将不由得面露惊恐之色。这些话也正中吕雉下怀，让她不得不冷静下来重新思考。于是，吕雉宣布罢议退朝，改日再议。

那么，吕雉究竟会对匈奴采取什么对策呢？

94. 以柔克刚

吕雉回到后宫，辗转反侧，反复认真思考季布的话，最后决定，委曲求全，向匈奴妥协。

怎么妥协呢？

第二天一早，吕雉又把群臣召来商议。这次，她不容大家分说，直接下了结论："季布的意见是对的，我们现在还是应该与匈奴继续保持友好关系啊！"

季布的那番话虽然不中听，道理却很清楚，诸将也深知其中的利害关系，没有人敢跳出来反对。上将军樊哙一大把年纪了，装装样子就行了，才懒得再出来争个你长我短。

于是，吕雉当即命令大谒者张释执笔写一封回信。

所谓谒者，前面我们提到过，游说英布投靠刘邦的随何就是谒者，主要负责迎来送往，内传外达的工作，相当于现在的领导秘书。大谒者那就是秘书长了。

关于张释，后面还会多次说到，他是吕雉的心腹，大家这里先有个印象。按照吕雉的意思，张释草拟了一封回信：

“单于不忘弊邑，赐之以书，弊邑恐惧。退而自图，年老气衰，发齿堕落，行步失度，单于过听，不足以自污。弊邑无罪，宜在见赦。窃有御车二乘，马二驷，以奉常驾。”

考虑到书信是文言文，这里也意译出来供大家品味：“单于百忙之中还记得给我写信，看到书信的内容，我深感不安。经过认真考虑，我认为自己无法满足您的要求，因为我已经是一个年老气衰的老太婆了，头发牙齿都脱落了，路也走不稳了。单于可能被人误导了，实在不应该为了我一个老太婆，而玷污了您自己。我们国家没有得罪过您，还请您放过我们吧！为了表示友好，我有两辆四匹马的御车，特别奉送给您日常使用。”

看到这封书信，大家有何感想？

很多人肯定会觉得太丢人了，汉朝的脸被吕雉给丢光了。实际上，历代对吕雉这封书信评价都不高，认为言语过于谦卑了，搞不好会让冒顿单于得寸进尺。

吕雉真的那么懦弱吗？我们不妨再研究一下吕雉的这封书信，它主要表达了四个意思：

第一，挑明汉朝畏惧匈奴；第二，说明自己是个老人；第三，表示没有得罪匈奴；第四，愿意继续保持友好。

这四个意思的表述很朴实，像拉家常一样，总的来说就是示弱。示弱方式概括起来就是八个字：“有情有理，有礼有节。”

同匈奴这样的民族如此谈问题，是不是有点对牛弹琴？

匈奴从来都不是礼仪之邦，相反，是毫无礼仪可言的蛮夷。那么，吕雉为什么还要这么写呢？这可能与她的生活阅历不无关系。

吕雉是一个经历极为丰富的女人，身边接触到的都是英雄般的男人。她坐过秦朝监狱，也做过项羽的人质。特别是做人质那段经历，让吕雉增长了见识，从一个农村妇女，见识到了除刘邦外，类似项羽这样的英雄人物。

类似项羽这样的英雄人物，表面上，像老虎狮子一样，凶残无比，一旦不顺他的心意，就可能血流成河。实际上，这类人对弱者有同情的一面。比如，项羽曾经要在外黄县屠城，谁都拦不住，但是一个小孩子出面成功阻止了他，这是不可思议的。

吕雉作为一个阅历丰富的女人，对英雄一样的男人非常了解，有极强的驾驭能力。她应该是把冒顿单于归为了这类男人，想用她女人特有的表达方式，有情有理，有礼有节，去打动冒顿单于，使其改变想法。试想，如果吕雉回信措辞严厉，结果会如何？汉朝边境肯定再无宁日。

由于这封书信在历史上非常著名，解读的人比较多，我这里也试着发表一下自己的看法，权当抛砖引玉，仅供大家参考。

书信定稿后，吕雉将自己的车驾腾出来，连同书信一起交给匈奴来使，让他回去报告冒顿单于。果然，冒顿单于看到吕雉如此谦卑的书信内容，有点不好意思了，感觉自己之前的书信太不讲究，有失大匈奴的风范，竟然欺负一个老太婆，于是良心发现，又派使者到汉朝谢罪："未尝闻中国礼义，陛下幸而赦之。"

匈奴向来仰慕汉族文明，所以冒顿单于的这句话，应该是发自肺腑的："我们不懂中原礼节，太冒昧了，陛下幸好不计较，宽恕了我们！"

吕雉以柔克刚的做法奏效了！

此外，匈奴又献上马匹，希望与汉朝继续和亲。显然，冒顿单于想让吕雉继续做他的丈母娘，再送他一个女儿。

吕雉求之不得啊，就又从刘姓宗室中挑选了一个漂亮的女孩子，冒充公主嫁给了冒顿单于。冒顿单于对汉族女孩子估计比较喜欢，看到新来的公主，心花怒放，以后很少再找汉朝的麻烦。

这边好不容易把匈奴安抚住，吕雉自己又碰到了一个有口难言的事。

什么事呢？

95. 不是一路人

什么事呢？原来，她那个所谓的情人审食其，被儿子刘盈给抓了起来投进监狱，而且刘盈扬言要处死他。

按说，审食其长期为刘盈家服务，刘盈年幼的时候很可能经常跟着他一起玩耍，两人感情应该不会太差，可事实上并非如此。为什么呢？

原因史书中没有详细交代，仅在《史记·郦生陆贾列传》中有过这样一段记载："辟阳侯幸吕太后，人或毁辟阳侯于孝惠帝，孝惠帝大怒，下吏，欲诛之。"

这里的辟阳侯，前面说过，指的就是审食其，所以这段话的意思就是："审食其特别受太后吕雉宠爱，因此有人在惠帝刘盈面前说审食其的坏话，惠帝刘盈闻听大怒，把他逮捕下狱，准备杀掉。"

根据这段话，有人推测说，审食其经常到宫中与吕雉鬼混，渐渐传入惠帝刘盈耳朵中，为此，惠帝刘盈恼羞成怒，欲杀之而后快。

这种推测，我个人认为还是比较符合情理的，惠帝刘盈为他老爸刘邦出气嘛，否则没必要对一直照顾他们全家的审食其痛下杀手。而且，这段话下面紧接着还有一句话，更加印证了这种推测。也就是审食其被抓起来后，吕雉的反应很奇怪："吕太后惭，不可以言。"

什么意思呢？就是说，吕雉对于审食其被儿子刘盈抓捕，感觉不好意思，很惭愧，所以不方便出来说情。

吕雉那么宠幸审食其，为什么这个时候不好意思出面呢？究竟什么事能让她在儿子刘盈面前感觉惭愧呢？我们不得而知。后世普遍认为，只有不正当的男女关系才会让母亲在儿子面前"惭"。

情人吕雉因为“惭”，袖手旁观，群臣对审食其被抓又是什么态度呢？“大臣多害辟阳侯行，欲杀之。”这就是他们的态度：“大臣们大都对审食其的行为表示不满，深受其害，也想杀掉他。”

审食其平时仗着太后吕雉的宠幸，结党营私，权倾朝野，群臣早就看不惯了，才会在这个时候落井下石。

一般受领导宠信的人，都会犯类似的错误，仗势欺人，嚣张跋扈。这种人即便夹着尾巴做人，因为受领导偏爱，也会遭到同事的嫉妒，何况工作中表现得目中无人呢？没事的时候，大家都在后面跟着拍马屁，显得他人缘很好，实际上都巴不得他出事、出大事，甚至在后面小动作不断，故意制造事端。这种人一旦真出事了，肯定会墙倒众人推，死得很难看，让人拍手称快。所以，在领导面前吃得开，是一把双刃剑。只有得意时多积德行善，遇到问题时被人暗算的几率才稍微小一点，说不定还会有贵人出手援助。

审食其应该就是如此，平时仗着情人吕雉宠幸，在群臣面前没摆正自己的位置，结果现在面临的局面非常尴尬。本来全指着吕雉呢，可吕雉在那里只顾着“惭”，坐视不管。

无论男人还是女人，在涉及重大利益方面，什么情啊爱啊，全然不顾了。

吕雉袖手旁观，大臣同僚落井下石，审食其知道这次在劫难逃，但他又不甘心。他要面对现实，自我拯救。

怎么拯救呢？在监狱中，审食其反复梳理自己的朋友圈。

人只有在落难时，才知道朋友的珍贵，也才知道谁是真正的朋友。

梳理来梳理去，审食其好不容易梳理出来一个人，这个人名叫朱建。

朱建是何许人也？好像从来没有听说过，其实他还是有点来头的！

朱建人称平原君，楚国人，早年担任过淮南王英布的丞相，因犯了事，逃跑了。至于犯的什么事，史书上没说。后来，可能得到了英布的谅解，他又重新回到英布手下做事。

英布造反之前也征求过朱建的意见。朱建的态度很明确，极力反对，认为对抗朝廷，必败无疑。英布听不进他的话，而是听从了另外一个人的意见起兵造反了，果然兵败被杀。

在清算英布下属时，刘邦听说朱建曾经极力劝说英布不要造反，而且自始至终没有参与造反活动，就没再追究他的责任，并赐封号为平原君。

从这件事可以看出，朱建看问题有一定的深度，当然也说明刘邦是个恩怨分明的人，不滥杀无辜，否则他也活不了。

之后，朱建举家迁到京城长安。在长安，他混得很不错，有口皆碑。为什么呢？

因为朱建为人有两个特点：一个是口才非常好，能言善辩，能说会道，用老百姓的话说，就是讲话中听；另一个是为人刚正不阿，廉洁无私，“行不苟合，义不取容”。

“行不苟合”“义不取容”这两个成语便是出自这里，主要是评价朱建的品行。

所谓行不苟合，就是做事有主见，不随便附和别人，这样的人一般都有独到见解，深受众人信服。所谓义不取容，就是追求正义，不随便取悦他人，这样的人一般都比较有原则，深得大家敬服。

总之，朱建是一个说话中听、品行端正的人。这种人我们常会用一个词来形容，叫“外圆内方”。一个外圆内方的人，口碑自然好了。由于口碑太好，京城长安内很多达官贵人都以能结交到朱建为荣，朱建却保持着自己的高洁品格，对这些人一般是敬而远之。

对达官贵人敬而远之，自己又那么廉洁无私，所以朱建家里很穷，但他安贫乐道，独善其身，从不因此放弃原则。不过后来，朱建竟然和审食其成了生死朋友。

审食其是一个品行不端，靠阿谀逢迎、走下三路得势的人，与朱建应该不是一路人，怎么会有交集，而且还是生死朋友呢？

96. 人穷志短，马瘦毛长

审食其和朱建秉性完全不同，按说不是一路人，但他们成了生死朋友。这是为什么呢？因为他们有一个共同的朋友，这个朋友名叫陆贾。

关于陆贾，前面有专门说过，是当时的“有口辩士”，说服过南越王赵佗，还给刘邦写了一部书，叫《新语》，主要总结过往朝代兴衰成败的原因。

不错，就是这个陆贾。他既是朱建的朋友，也是审食其的朋友。

朱建不愿意和京城的达官贵人来往，却与陆贾是好朋友，估计两个人的见识水平差不多，有共同语言；审食其品行不端，名声不好，而陆贾为了实现个人的政治抱负，自然也愿意与他做朋友，给他拍马屁。

就这样，陆贾成了朱建和审食其共同的朋友。

审食其因为自己口碑不好，常常被朝中大臣看不起，所以他一直想找一个有口皆碑的人做朋友，给自己脸上贴金。

其实，口碑不好的人，一般都有这种心理，再坏的人，也不希望别人在背后骂自己是坏人啊。人心向善也是人的本性之一。

审食其听说陆贾和朱建关系不错，便拜托陆贾引荐结交。陆贾引荐了几次，朱建因为看不上审食其的人品，都婉言谢绝了。

这让审食其很是郁闷，最后干脆也放弃了，心想自己只有认命了。但不久后发生了一件事，让审食其有了结交朱建的机会。

什么事呢？朱建的老妈去世了。

朱建是个大孝子，可家里太穷，连给老妈出殡送丧的钱都没有。正当他准备四处借钱置办丧葬用品的时候，好友陆贾前来吊唁。

了解到朱建的窘境后，陆贾大手一挥说道：“不要去借了，你只管发丧，我会替你想办法的！”说完就走了。朱建信以为真，开始赊账办葬礼。

陆贾能有什么好办法呢？总不至于自己贴钱吧？肯定不会，他是一个谋士性质的官僚，手中没有实权，主要靠薪水俸禄过日子，家境也一般。陆贾的所谓办法，其实就是找有钱有势的审食其来帮忙。

这天，陆贾急急忙忙跑到审食其家中，双手一抱拳，说是来道贺。有人无缘故来道贺，审食其自然又惊奇又高兴了，笑呵呵地问道：“陆兄，我有什么事好恭贺的啊？”

陆贾走上前，笑嘻嘻地说道：“平原君朱建的母亲死了！”

这句话刚说完，差点把审食其的鼻子给气歪了。他心想，我有这么坏吗，有这么小心眼吗，朱建不愿意和我来往，人家老娘死了，就来恭贺我啊，这不是在骂人吗？于是把脸拉得老长老长的，当时就想翻脸，强压怒火问道：“这话说得怎么那么难听啊？他母亲死了和我有啥关系？干吗恭贺我呢？”

陆贾笑着回答道：“君侯您忘记了，前些日子，您让我拿着重礼结交朱建，当时他母亲健在，家教比较严，他才不敢接受您的礼物。现在他母亲死了，家里很穷，办不起丧事，君侯您可以再派人给他送去重礼，朱建一定会对您感激不尽。我敢保证，以后他肯定会死心塌地为您所用，将来如果遇到什么事，凭着朱建的能耐，一定能帮上忙。这难道不值得道贺吗？”

审食其认为言之有理，转怒为喜，当即表示同意，马上命人带着一百金的厚礼去朱建家慰问。正所谓：“人穷志短，马瘦毛长。”钱不是万能的，没有钱是万万不能的！

朱建正东拼西凑、东挪西借，为了筹办老妈的丧事，愁得睡不着觉；看到审食其的重金，非常高兴，也顾不上什么原则了，欣然接受。

我们反复说过，再有原则的人，也有弱点，就看你能不能发现，一旦发现，对症下药，便能让他就范。

朱建也不例外。

另外，听说当今太后吕雉眼前的大红人审食其公开给朱建馈赠了礼品，京城长安内那帮趋炎附势的达官贵人，也纷纷效仿，趁机巴结朱建。朱建已经在审食其那里破了规矩，不好再端着了，厚此薄彼岂不坏了名声？收这个人，不收那个人，以后还要不要在京城长安混啊？于是，他索性来者不拒，照单全收。少则几金，多则几十金，没几天，朱建就收到了五百金。

有了这么多钱，朱建把母亲的葬礼办得热热闹闹，很有排场。

办完丧事，按规矩，还要到葬礼赞助方那里道谢，朱建自然也要去审食其家回礼。审食其看朱建来了，非常热情，殷勤招待了一番。朱建虽然骨子里看不起审食其，但毕竟受了人家恩惠，只好与他来往，做了他的门客。

从此之后，两人便成了朋友。

这次，审食其下狱，眼看就要被处死了，他从朋友圈中把朱建给找了出来。心想，通过他的能力和影响力，上下打点，说不定会有办法。于是，派了一个家人去找朱建，让朱建到监狱中探望他。结果，朱建对审食其派来的人说道："现在朝廷正严办此案，我现在不方便过去啊，烦请转告君侯原谅！"

那个人听朱建这么说，认为没戏了，把朱建的话原封不动，传达给了审食其。审食其闻听，彻底绝望，暗骂朱建是个忘恩负义的东西，但也没其他办法，只有在狱中等死。

其实，朱建表面上拒绝了审食其的请求，暗中一直在到处活动，营救审食其，只是不想搞得太声张，以免坏了大事。

那么，朱建究竟是怎么活动的呢？他能够救出审食其吗？

97. 走歪门邪道

经过活动，朱建凭借着自己的好口碑，结识了一个非常关键的人物。

这个人名叫闳孺。

据《史记·佞臣列传》记载，闳孺“非有才能，徒以婉佞贵幸，与上卧起”。也就是说，这小子是小鲜肉，无才无能，只是靠着婉顺谄媚得到宠幸，经常与皇帝同吃同喝同睡。用现在的话来说，他是皇帝的“男宠”。司马迁的描述很直白，一点也没给老刘家留面子，把这点丑事抖搂得干干净净。

由于闳孺太讨刘盈宠爱了，有时候，连公卿大臣都要通过他才能进入宫中汇报工作。为此，在《史记·佞臣列传》开篇，司马迁便感叹道：“力田不如逢年，善仕不如遇合。固无虚言！”这话一点都不虚啊！再努力种田，也不如遇到丰收之年；再好好为官，也不如得到皇帝赏识。

其实，这个道理至今也不过时，领导的赏识，确实能够让一个人的成就事半功倍。

当然，闳孺这小子，不是简单地投其所好，而是投惠帝刘盈的癖好。

那个时候的惠帝刘盈还没有结婚，闳孺与他朝夕相处，吃穿睡在一起，随时都可以吹枕边风，影响力可想而知。如果闳孺愿意出面帮忙的话，审食其完全有可能被放出来。

另外，审食其是吕雉的男宠，闳孺是刘盈的男宠，某种程度上，两个人属于同一类人，命运有一定的相关性。

所以，经过盘算，朱建决定从闳孺下手。

这天，朱建在中间人的引荐下，亲自登门拜访闳孺。听说广受好评的知名人士朱建来了，闳孺非常高兴，激动得小脸蛋红彤彤的，赶快到门口迎接。他也一直想结识朱建，来提高自己的声誉，只是苦于没有机会，怕被朱建看不起。

这个时候，朱建展现出了他圆滑的一面，与闳孺有说有笑，来到大堂，相对而坐。一番东拉西扯的寒暄之后，朱建突然话锋一转，脸色一沉，说有特别重要的事相告。闳孺一听是要事，赶快屏退左右。看旁边没有人了，朱建才低声说道："有件事，我要提醒足下啊！辟阳侯审食其被皇帝抓起来了，外面风言风语，都说是足下的意思，究竟是真是假啊？"

这句话非同小可，让闳孺吃惊不小，他忙解释道："怎么可能呢？我向来与审食其无冤无仇，井水不犯河水，为什么要害他啊？您这话是从何而来？"

朱建佯装无奈地说道："哎，有些事啊，说不清楚，大家也只是这么疯传而已。不过啊，人言可畏！即便不是足下的意思，有了这个嫌疑，总归不好。万一审食其真被处死了，足下可就危险喽！"

闳孺年龄不大，小鲜肉一枚，被朱建这么一吓，大吃一惊，赶快抱拳请教。朱建低头呷了一口茶，说道："足下被皇帝宠爱，无人不知；辟阳侯审食其深得太后信任，也是无人不晓。如果今天审食其被皇帝处死了，而且大家都认为是足下从中使坏，那么明天，太后肯定会找个借口报复杀掉足下！这就叫一报还一报，所以我才说足下很危险了！"

朱建的话非常符合情理，以吕雉的性格，说不定还真会这么干。闳孺长期混迹宫中，对吕雉太了解了，听朱建这么分析，吓得浑身哆嗦，但他故作镇定地问道："按照您的说法，只要设法保全辟阳侯的性命，我才可能躲过这一劫？"

朱建点头道："这个自然！足下如果肯出面在皇帝那里求情，放出审食其，并让他官复原职，太后肯定会对足下心存感激。以后，足下就可以同时得到皇帝和太后两人的欢心，地位肯定比以前更加牢固，富贵荣华也会加倍啊！"

闳孺当即表态道："多亏平原君指点，我马上就按照您的意见去做！"接着，朱建又教闳孺一些如何说服惠帝刘盈的办法，然后才回去静待佳音。

晚上，闳孺来到宫中，将朱建交代的话说了出来。经不住他软磨硬泡，惠帝刘盈终于松口答应。

第二天，有一道诏令从宫中传出，审食其被无罪释放。

审食其压根没想到自己能活着出来，突然被无罪释放，喜出望外，还以为吕雉给儿子刘盈施加压力所致。他心里暗自得意，心想，这吕雉总算没有辜负自己那么多年的殷勤伺候。但不久，有人告诉他，真正救他出来的是惠帝刘盈的男宠闳孺，而不是吕雉。审食其很是诧异，心想这个小同志和自己平时没有交集啊，怎么会平白无故为自己说话呢。既然是闳孺帮的忙，也别想那么多了，还是应该当面道谢。于是他直奔闳孺的府邸。

审食其和闳孺见面后，难免有几分尴尬，大家都是男宠，走的是同一条道嘛。不过，毕竟两个人专业相近，很快就熟络起来。闳孺便把自己出手搭救的原因说了出来，同时将朱建如何劝说自己的事也和盘托出。

审食其闻听，恍然大悟，才明白真正促成这件事的人，原来是朱建。对闳孺千恩万谢之后，他又赶快跑到朱建家表示感谢。朱建见到审食其来了，只是道贺，闭口不炫耀自己的功劳，这让审食其由衷地敬佩。从此，两人的关系更上一层楼。

但凡事都有利弊两面，也正是因为与审食其交好，朱建后来受到了审食其的连累，甚至自杀了事，以后我们还会详细说到。

审食其出狱的消息很快传到了吕雉那里。

那么，吕雉又会是什么反应呢？

98. 甥舅婚配

吕雉听说审食其安然无恙，很是欣慰。

别看吕雉那么心狠手辣，在利益冲突时能做到忍痛割爱，其实她内心对审食其还是恋恋不舍的，因为在最困难的时候，是审食其一直陪伴左右。

也正因此，审食其对吕雉的袖手旁观非常不满，心想吕雉也太无情无义了，说翻脸就翻脸。所以，从狱中出来后，吕雉好几次召他进宫，他都装病不过去。当然，这只是原因之一。

更主要的是，审食其担心惠帝刘盈看到他又溜进后宫，说不定会再次把他扔进监狱。因为这个时候，惠帝刘盈和老妈吕雉还都住在长乐宫，一不小心就可能碰上。

但总推脱不进宫，也不是办法，吕雉岂肯罢休啊？

不得已，这天，审食其硬着头皮，偷偷摸摸，跟着吕雉派来的太监溜进了后宫。见到吕雉，审食其惴惴不安，他强装镇定，一副若无其事的样子。

吕雉细细打量了一番审食其，发现他略显憔悴，人也瘦了很多，心中不由得有点心疼，于是走上前，轻轻抚摸他的脸庞，温柔地询问在狱中可否受苦。审食其淡淡地“嗯”了一声，不经意间流露出一丝不快。吕雉并不计较，让人安排好酒菜，又温柔地抚慰解释了一番。看吕雉对自己这般体贴，审食其稍微好受一些，不再使性子，见坡下驴，称自己能够理解吕雉的苦衷。

既然理解了，晚上就别想走了，吃喝完后，吕雉硬是把审食其留宿在宫中闲聊。作为男人，那么多年了，审食其对吕雉真心没什么兴趣了，只是碍于吕雉手中的权力，让他身不由己。

这一聊，两个人便聊出来一个回避惠帝刘盈的办法。什么办法呢？就是设法让惠帝刘盈从眼皮底下搬走。

惠帝刘盈现在和吕雉同住长乐宫，抬头不见低头见，吕雉无论干点什么事都不方便，特别是一些见不得人的事。

吕雉认为，儿子刘盈已经登基三年多了，眼看到了弱冠之年，早该册立皇后了。一旦册立了皇后，就不得不搬到未央宫那边独立居住。

俗话说："眼不见，心不烦。"这样，吕雉就可以和审食其潇洒快活度过后半生，不会再"惭"了。

听到这个办法，审食其感觉不错，如释重负，给吕雉狂拍了一阵马屁。

以上这段描写，煞有其事，但很遗憾，正史并没有记载，主要源自野史，想象的成分比较大。大家姑且听之。

既然要册立皇后，那么吕雉心目中有合适的人选吗？

当然有！吕雉早都物色好人选了，只是因为女方年龄太小，否则刘盈即位那会儿，可能就已经被册立为皇后了。

那么，女方是谁呢？

正史中并未记载她的名字，在野史小说《汉宫春色》中说得比较详细："汉孝惠皇后，张氏名嫣，字孟媖，小字淑君。"显然，女方的名字叫张嫣。

张嫣并不是外人，她是吕雉的亲外孙女，也就是鲁元公主刘乐的女儿。

前面说过，汉七年，为了避免被和亲到匈奴，吕雉将女儿鲁元公主刘乐嫁给了当时还是赵王的张敖。婚后不久，两人生了一个女儿，就是这个张嫣。

张嫣从小长得就很可爱，又非常漂亮，深得刘邦和吕雉喜欢。

说到这里，有人可能感觉怪怪的，鲁元公主刘乐不是惠帝刘盈的亲姐姐吗？按照这个辈分来推，张嫣应该是惠帝刘盈的亲外甥女，她怎么能够嫁给舅舅惠帝刘盈呢？这不是乱伦吗？

是的，不错，你感觉对了，吕雉这么搞，就是乱伦！不但是乱伦，而且张嫣还是个幼女。

我们不妨计算一下张嫣的年龄。

鲁元公主刘乐和张敖结婚是在汉七年之后，如果他们婚前没有发生关系的话，按照十月怀胎，那也要到汉八年才能生出女儿张嫣，而张嫣被正式册立为皇后的时间，是惠帝四年。前后一加，周岁最多九岁，按虚岁也不过十岁。十岁的女孩子，按照现在的法律标准，就是一个幼女。

既乱伦，又是幼女，吕雉究竟要搞什么？

《史记·外戚世家》中说明了吕雉这么干的原因："吕太后以重亲故。"说白了，就是为了亲上加亲，以保证刘汉政权永远不变色。

吕雉肯定不懂科学，她不知道近亲结婚的危害，否则，无论如何不会冒险这么干。

这种乱伦的事情，我们现在看来，不可思议，其实当时，也是为人所不齿，但是皇家的事，谁敢说三道四啊。

最可笑的是，鲁元公主刘乐先前刚做了哥哥刘肥的干妈，现在竟然又做了弟弟刘盈的丈母娘。这辈分差不多乱成一锅粥了，见面的称呼，都是麻烦事！吕雉才不管这些呢，先让外孙女把皇后的位子给占了再说。

从这里可以看出，吕雉为了个人私欲，无所不用其极，比刘邦厚黑多了。

那么，惠帝刘盈是什么态度呢？他能接受这种甥舅婚配吗？

99. 孝治天下

吕雉准备将外孙女张嫣嫁给儿子惠帝刘盈，册立为皇后。惠帝刘盈非常抵触。娶自己从小抱大的外甥女做老婆，没法不抵触。不过，他是个大孝子，最终还是不得不接受了老妈吕雉的荒唐安排。惠帝刘盈的这种孝顺，其实是“愚孝”。

身为一国之君，拥有至高无上的地位，为什么会如此愚孝呢？这也不能完全责怪惠帝刘盈，因为这与汉初建国时的指导思想有一定的关系。

汉高祖刘邦是一个特别注重孝道的人。在家里，他尊老爸刘太公为“太上皇”；在家外，他让“三老”辅助管理地方政务。

之所以这么做，也是当时政治形势的需要。

天下由大乱到大治，人心混乱，这个时候，必须有一种大多数人都认同的思想，将人民凝聚在新兴政权的统治之下。“孝治”无疑是最大的公约数。

刘邦想通过“孝治”，来教育臣民对刘汉政权忠诚，因为忠孝的核心理念是相通的。既然要求臣民“重孝”，那么皇家后世子孙，就要起到带头表率作用，如惠帝刘盈表彰“孝悌”，太后吕雉“举孝授官”，文帝刘恒“置《孝经》博士”，等等。

也正因为汉朝皇帝以孝立身，所以死后的谥号前面都加了一个“孝”字，如：汉孝惠帝、汉孝文帝、汉孝景帝、汉孝武帝……

到了汉武帝时，开始“罢黜百家，独尊儒术”。汉武帝通过对汉初“孝治”成功经验的总结，正式确立了“以孝治天下”的思想管控模式。比如，用人制度采用“举孝廉”；解决分封制度的弊端，采用“推恩令”。

简而言之，“孝治”贯穿了东西两汉始终。

这样看来，惠帝刘盈的愚孝并不是凭空而来，而是有它的政治背景在里面。在这种强大的政治背景下，以刘盈“仁弱”的政治能力，不可能反对强势老妈吕雉的决定。

于是，惠帝刘盈和外甥女张嫣的婚事就这样迫不得已确定了下来，太后吕雉亲自操办。

婚事定下后，不用说，首先是择吉日选良辰，无论帝王人家还是普通人家，都是如此。专门为皇家算命的太史，经过反复推算，将好日子定在了惠帝四年冬十月，也就是差不多刚过完年的时候。

当然，对于即将到来的皇后册封大典，最忙碌、最高兴的莫过于鲁元公主刘乐一家了。不管怎样，女儿做了皇后，刘乐也从皇帝的亲姐姐，摇身一变，成了皇帝的丈母娘，荣誉地位更上一层楼。

说到鲁元公主刘乐，前面提到比较多，关于她的名字，我们这里顺便也交代一下，省得有人误解。

“刘乐”这个名字，在正史中从未记载过，而是一直以“鲁元公主”的称号出现。而在学者柏杨所著的《中国帝王皇后亲王公主世系录》中说到，鲁元公主的名字叫“刘乐”。至于柏杨先生是从哪里看到了这个名字，我们不得而知，反正此后很多人开始相继沿用。

这一点大家知道就行了，不必深究。

惠帝刘盈和外甥女张嫣的这种甥舅配，虽然违反人伦，但它终究是皇帝家的私事，朝中大臣没有哪个不要命的去据理以争，自惹祸端。相反，他们噤若寒蝉，都各自备办厚礼，到鲁元公主家道贺，说一些言不由衷的吉祥话。什么天作之合了，什么亲上加亲了，惹得鲁元公主刘乐兴奋不已。

到了太史推定的大婚日子这天，长安城未央宫内张灯结彩，场面宏大、豪华气派的封后大典在这里正式举行。百姓们纷纷向未央宫方向涌来，想一睹未来小皇后的风采，更好奇甥舅配究竟怎么配。

只见惠帝刘盈身着婚礼服，站立在未央宫殿前，准备迎娶他的小皇后。可是，人们无法从他年轻的脸庞上看到大婚的喜悦，看到的反而是忧虑、无奈和悲愤。

在一番繁文缛节的皇家婚礼之后，张嫣被册立为皇后，也就是后来的汉孝惠皇后。之后，按照吕雉的要求，小两口从长乐宫中搬了出来，住进了未央宫中。

从此，吕雉就过上了无拘无束的单身生活，更加逍遥快活，儿子刘盈由外孙女张嫣看着，她也格外放心。

张嫣娇小玲珑、楚楚动人，刘盈虽然对这桩婚事很不满意，但他对可爱的外甥女并没什么意见，两个人相处还算和谐。

不久，惠帝刘盈颁布诏令，在全国各地选拔"孝悌力田"的人，免除他们的徭役负担。所谓孝悌力田，也就是孝敬父母，尊敬兄长，努力务农。这类人有点像现在的"劳模"，奖励他们，主要是为了树立一种正能量的社会风气。

我们不知道这种做法是出自惠帝刘盈的本意，还是吕雉的规划，但最早开始于惠帝时期。到了文帝时期，"孝悌力田"更是成了选拔基层官吏的制度。

所以，这也算是惠帝刘盈的政绩之一吧。

到了三月二十七日，吕雉为儿子刘盈举行了冠礼。为此，朝内上下又忙活了好一阵子。

什么是冠礼呢？也就是我们现在常说的成人礼。

成人礼自古都有，最早起源于原始社会，正式施行于周朝，男女都有。男子的成人礼，称之为冠礼，也称之为"成丁礼"，一般在十五岁到二十岁之间举行，因人因地而异。

女子的成人礼称之为笄（jī）礼，俗称"上头"或"上头礼"。"笄"，也就是女人头上的簪子。笄礼在女子订婚以后、出嫁之前举行，一般在年满十五岁的时候。如果女孩子一直没有许配人家，则要等到二十岁时行笄礼。

冠礼也好，笄礼也罢，都是我国汉民族传统的成人礼，是汉民族重要的人文遗产之一。它在历史上，对个人成长有非常大的激励和鼓舞作用。现在很多地方也在逐渐恢复这种成人礼，只是形式有所变化而已。

行完冠礼，惠帝刘盈诏令大赦天下，同时又对汉朝的法律法规进行了改革：首先，删除妨害百姓生产的规定，进一步解放生产力；其次，废除“挟书有罪”的法令，允许民间藏书流传，这变相放开了对儒家的管制，因为秦朝时期的法令，主要禁止的是儒家。

以上举措深得民心，也算是惠帝刘盈的政绩吧。

从这里可以看出，惠帝刘盈不完全是一位昏庸的皇帝，还是想有点作为的，只是被他老妈吕雉的“光辉”给遮挡住了。

惠帝刘盈仁孝，尽管结婚了，也不忘每隔三五天便到长乐宫中朝拜老妈吕雉。

长乐宫和未央宫分别位于长安城的东西两边，中间隔了好几条街，惠帝刘盈每次过去，都要封路，这很是影响城中百姓的生活。为此，惠帝刘盈感觉太麻烦，下定决心要解决这一问题。

那么，他会怎么解决呢？